U0830535

电子信息类实践教学管理研究系列专著

基于校企合作的
科技创新实践教学模式研究

马学条　杨　柳　陈　龙／著

中国纺织出版社有限公司

图书在版编目（CIP）数据

基于校企合作的科技创新实践教学模式研究 / 马学条，杨柳，陈龙著 . -- 北京 : 中国纺织出版社有限公司 , 2022.7
ISBN 978-7-5180-9585-8

Ⅰ . ①基… Ⅱ . ①马… ②杨… ③陈… Ⅲ . ①高等职业教育—产学合作—技术革新—教学模式—研究—中国 Ⅳ . ① G718.5

中国版本图书馆 CIP 数据核字（2022）第 091366 号

责任编辑：郭　婷　　责任校对：寇晨晨　　责任印制：储志伟

中国纺织出版社有限公司出版发行
地址：北京市朝阳区百子湾东里 A407 号楼　邮政编码：100124
销售电话：010—67004422　传真：010—87155801
http://www.c-textilep.com
官方微博 http://weibo.com/2119887771
三河市宏盛印务有限公司印刷　各地新华书店经销
2022 年 7 月第 1 版第 1 次印刷
开本：710 × 1000　1/16　印张：12.75
字数：250 千字　定价：65.00 元

凡购本书，如有缺页、倒页、脱页，由本社图书营销中心调换

前　言

习近平总书记多次就科技创新发表了振奋人心、催人奋进的重要讲话——“我国科技发展的方向就是创新、创新、再创新”“科技创新、制度创新要协同发挥作用，两个轮子一起转”“创新驱动实质上是人才驱动”等，激发了科技工作者的创新创造热情，为新时代科技事业发展指明了方向。

2017 年国务院办公厅出台了《关于深化产教融合的若干意见》，提出要着力构建教育和产业统筹发展格局，探索多方协同育人模式的改革与实践。高等学校开展科技创新教育是当前国家经济转型和产业升级对高等教育提出的迫切要求和需要，如何有效激发学生的科技兴趣，培养实践动手能力强、具有工程创新精神的专业人才是科技创新实践教育首要解决的问题。

本书对校企联合实验室建设、校企联合实践教育基地建设、科技创新实践活动等内容进行了剖析并给出了相关的实例，旨在为探索校企合作实践教学模式提供一定的启发，并为教育工作者实施大学生科技创新能力培养工作提供一定的借鉴。本书涵盖了科技创新教育概况、校企合作教学模式分析、校企合作背景下创新人才培养模式研究、校企联合实验室建设探索与实践、校外实践教育基地建设研究与实践等内容，并突出介绍了如何实施大学生科技创新活动及实例。本书共 7 章，具体如下：

第 1 章为科技创新教育概况，主要介绍了科技创新教育的内涵、科技创新教育的意义，揭示了本书研究的背景及意义，让读者了解科技创新教育的重要性。

第 2 章为校企合作教学模式分析，通过对校企合作教学现状、国外校企合作教学模式分析、我国校企合作教学模式分析，让读者系统地了解国内外校企合作教学的特点及实施方式，为科技教育工作者如何更好地开展校企合作教学提供了借鉴。

第 3 章为校企合作背景下创新人才培养模式研究，围绕高校人才培养定位与模式、校企合作背景下人才培养模式改革、电子类专业科技创新教学改革研究案例进行撰写；对当前校企合作教学模式进行分析研究，探索适应新技术发展的科技创新人才培养模式，优化高等教育布局结构，促进教育和产业联动发展。

第4章为校企联合实验室建设探索与实践，通过杭电—微芯单片机联合实验室概述、杭电—微芯单片机联合实验室管理制度、杭电—微芯单片机联合实验室人才培养管理等内容介绍，对校企联合实验室的建设和运行给出了看法和建议，为科技教育工作者如何建设校企联合实验室提供解决思路。

第5章为校外实践教育基地建设研究与实践，通过介绍实践教育基地建设概况、实践教育基地建设方案研究、杭电—杭实实践教育基地建设等内容，借助信息化技术，重构实践教学环节，进行科技创新实践教育基地建设与探索，为科技教育工作者如何建设科技创新实践教育基地提供可借鉴的经验。

第6章为大学生课外科技活动设计，介绍了国家级大学生创新创业计划、“挑战杯”全国大学生课外学术科技作品竞赛、浙江省大学生科技创新活动计划等实践活动的组织形式。

第7章为校企联合实验室课外科技创新活动实践，通过介绍多个科技活动的实施过程，总结该类活动取得的经验收获，展现科技创新活动多彩缤纷的魅力，激发读者科技创新兴趣，为相关学科的大学生或对此领域感兴趣的青年朋友开启创新之门。

本书获教育部产学合作协同育人项目（202002109041），浙江省产学合作协同育人项目和杭州电子科技大学高等教育教学改革研究重点项目（DJG202101）出版资助。本书第1章、第3章、第4章、第6章6.3节、第7章7.1节由马学条编写，共计13万字;本书第2章、第5章、第6章6.4节、第7章7.2节由杨柳编写，共计11万字；本书第6章6.1节和6.2节、第7章7.3节由陈龙编写，共计1万字。在素材整理方面，本书得到了杭电—微芯单片机联合实验室2020级朱志伟、王亮、段金松等同学的帮助，在此一并表示感谢。编写过程中，还引用了许多学者的观点和成果，由于难以查明文献来源而未标注，在此一并致以敬意。

限于著者水平，书中难免有欠妥、疏漏和错误之处，恳请读者指正。

著者

杭州电子科技大学

2022年4月

目　录

第1章　科技创新教育概况

1.1　科技创新教育的内涵

1.1.1　科技创新教育的概念

（1）科技创新教育的概念

伴随着信息时代的到来，科学技术的创新开始代表着一个国家的实力，以知识技术创新为特征的新经济时代即将来临，也将成为当代各国竞争的主要方面。在知识经济时代，知识、技术已经成为推动人类社会进步的主要动力，经济的发展与知识的创新密切相关，高新技术产业将成为经济增长的支柱产业。高新技术产业的发展在很大程度上是依赖于科技创新人才，正是因为有科技创新成果的发现，科学技术才能得到发展。科技创新人才资源是科学技术这第一生产力的集中体现，其水平直接体现着一个国家科技发展的强弱。在当今知识经济时代，科技创新人才作为社会发展的人才资源，国家对科技创新人才的培养刻不容缓，也将成为知识经济时代发展的首要目标。

党的十九大报告中提出，“坚定实施科教兴国战略、人才强国战略”，培养造就一大批具有国际水平的战略科技人才、科技领军人才、青年科技人才和高水平创新团队。可见，我国已经把人才培养提升到了国家战略层面，所以培养一大批具有创新精神的科技创新人才是我国发展的必然要求。

实施高等教育是我国实现现代化建设的重要途径，高等院校的基本职能有人才培养、科学研究和社会服务，在这三方面都发挥着不可替代的作用。人才培养是高等院校的根本职能，对我国建设创新型国家有着战略性和指导性的作用。在政府颁布人才战略、创新战略之后，我国各大高校积极响应，对高等教育的规模做了量的扩张，使我国高等教育的规模跃居世界首位。但是，高等院校在进行扩张时，政府、企业等用人单位也对人才培养的质量提出了疑问。钱学森在晚年所提出的“钱学森之问”，也表达了他对高校人才培养问题的担忧。可以看出，现阶段我国高等院校所面临的已不再是教育发展规模问题，而是我国高校在当代国情下，如何对创新人才培养模式做出转变的问题。

（2）科技创新教育的内涵

科技创新教育的内涵主要体现在人才培养、科技创新、经济发展、文化传承和社会进步等方面，具体阐述如下：

①从人才培养的角度来看，科技创新教育是一种重要的教学实践活动，是创新教育、素质教育的重要载体和平台。高等教育以高深、专门、实践性区别于其他教育类型，其教学过程实际上是一个教学科研和社会实践多种活动形式相结合的过程；教育的成效以大学生这一主体的科技创新能力提高与否和提高程度为标志。这是大学生科技创新教育最基本的内涵。

②从科技创新的角度来看，大学生科技创新教育是整个大学科技创新体系乃至国家创新体系的重要组成部分，教育活动的积极有效可以有力地、直接或间接地促进科技进步与发展。

③从经济发展的角度来看，大学生科技创新教育取得的成果，应用到生产、建设的实践中，可以推动生产力的发展，产生直接的经济效益。因此，科技创新教育在知识经济条件下占有越来越显著的地位。

④从社会进步的角度来看，大学生科技创新教育可以引导、推动社会的发展和进步，可以有效地促进科技创新对社会的创新、创业起到示范、启示和推动作用。

1.1.2　科技创新教育的特点

科技创新教育是由科技学术活动来体现的，并具有多样性和系统性。由于大学生自身各方面条件的限制和大学生所在学校不同而受到的教育和影响不同，导致大学生科技创新教育既有一般科技创新的共性，又有自身的特性。

（1）教育的层次性

首先，大学生群体有不同的学历层次，包括专科生、本科生和研究生。即便是同一学历层次，高年级学生与低年级学生之间的科技创新能力也是有差别的。

其次，从客体来说，不同地域的高校，所在地的人文环境、社会环境、经济环境的不同也会导致学生科技创新能力的不同。不同学校的教师教育水平、科研水平不同，对学生科技创新能力也会产生重要影响。

最后，文科院校和理科院校之间的差异，也是影响学生创新能力的一个重要因素。

（2）教育的宽广性

随着教育体制的改革和学校、社会、家庭育人体系的完善，学生科技创新教育不再局限于校园，已经延伸到广阔的社会，教育的空间越来越大、范围越来越广。特别是随着高校教育理念的转变，尤其是创新教育、素质教育的蓬勃开展，课内与课外的界线逐渐模糊，形成了课堂内外紧密结合的整体培养体系。

此外，教育的内容也越来越丰富，不单单局限于学术讲座和交流，已逐渐扩大到科学研究、发明制作、撰写学术论文，进而延伸到科技咨询、技术开发等科技的推广应用方面，使得教育的内涵越来越丰富。

（3）教育的多样性

教育目的是与教育内容紧密相连的。育人的目的，即通过培养大学生的创新意识、创新精神和创新能力，引导大学生关注社会、了解社会、进入社会、服务社会。应用的目的，即多出科研成果，并把科技成果转化为现实生产力，为国家的经济建设提供直接的理论和技术支撑，创造出更多的经济和社会效益。文化的目的性，即将科学与人文统一起来，营造浓厚的学术氛围和高层次的文化品位，造就学生将科学文化与人文文化相融合的理念，塑造具有时代特征的精神文化环境。教育目的的多样性必然导致教育过程的复杂性。科技创新从学习到创新再到应用，其本身就是一个复杂的过程。

1.1.3　科技创新教育面临的挑战

21 世纪是电子信息的世纪，以集成电路发展为原动力，嵌入式系统、计算机技术、工业控制等信息技术领域蓬勃发展；科技创新教育的地位和重要性也被推到了前所未有的高度，也对这一方面的实践教学内容提出了极大的挑战。然而，国内众多高校科技创新教学内容难以适应信息技术的发展需要。

①人才培养成本增大，软硬件资源欠缺。随着电子信息技术不断朝高频化和微型化发展，电子系统设计辅助仪器软硬件设备也朝着精密化和复杂化演变，成本骤然提高，高校在有限教育经费下只能购买一定数量的仪器设备。传统实验方式下，学生对高精度、高复杂度的软硬件接触机会有限，必须在实验方式上进行革新。

② MOOC（Massive Open Online Course）等网络化教学模式的兴起向传统课堂

教学模式发起了挑战，各大高校都开始开放式网络教学的探索与研究。与之相对应的实践模式和手段也必须进行创新，虚拟仿真平台是基于互联网的实验教学、技术交流、共同研究和协同工作平台，能够与 MOOC 等网络化教学方式有机结合。

③在国防、军工、化工、能源等领域涉及高危或极端环境、不可及或不可逆操作、高成本、高消耗和大型系统中，学生鲜有机会进行系统检测、控制等工业自动化方面的实验设计，如何借助信息化技术进行远程实验或仿真实验已成为高校进行实践教学必不可少的选择。

2012 年 3 月，教育部出台了《教育信息化十年发展规划（2011—2020 年）》，明确提出了推动信息技术与高等教育深度融合，创新人才培养模式的要求，利用信息技术开展启发式、探究式、讨论式、参与式教学，鼓励发展性评价，探索建立以学习者为中心的教学新模式，倡导网络校际协作学习，提高信息化教学水平。2017 年 7 月，教育部下发《关于 2017—2020 年开展示范性虚拟仿真实验教学项目建设的通知》，指出以现代信息技术为依托，以相关专业类急需的实验教学信息化内容为指向，建设示范性虚拟仿真实验教学项目，推动高校积极探索线上线下教学相结合的个性化、智能化、泛在化实验教学新模式。

随着电子信息技术的发展和“互联网 +”技术的应用，新工科建设和工程专业认证促使基于教育信息化的实践教学改革不断深化，需要不断更新教学资源和教学模式。传统的电子类专业实践教学存在以下问题：

①现有实验教学与管理滞后于信息技术发展，实践教学模式单一、教学效率低下，难以适应新技术的发展需要。

②实践教学内容围绕理论知识点设立，很少超越书本，脱离工程实际，学生分析研究空间不足，不利于多学科交叉复合型人才培养需要。

③创新实践环境和资源开放共享机制滞后匮乏，忽视能力培养和形成，难以满足学生自主研学和创新实验设计的需求。

1.2　科技创新教育的意义

1.2.1　创新人才培养的基本要素

人才培养模式是对一定教育机构或教育工作者群体所认同和遵从的实践规范和操作样式的简要概括。它到底由哪些要素构成呢？这一问题看似简单，其实十分复杂。有“两要素说”：培养目标和培养方法；有“三要素说”：培养目标、培养过程、培养方法；有“四要素说”：一是培养目标、培养过程、培养途径、培养方法，二是培养目标、培养制度、培养过程、培养评价。当然，还可以列出“五要素说”“六要素说”。分歧主要在于，是否要将指导思想、培养制度、培养评价、培养主体、培养客体等作为单独的要素列出。笔者以为：对人才培养模式的构成要素有多种分析方法。如果要列入指导思想、培养制度，则适宜从“观念—制度—行为”的维度进行分析，这样的分析方法虽然有许多好处，但行为层面的分析不会凸显出来，况且，行为有的来自制度要求，有的并不来自制度要求。如果要列入培养主体、培养客体，则适宜从“主体—中介—客体”的维度进行分析，这样的分析方法虽然也有许多好处，但中介的分析不会凸显出来。人才培养模式主要涉及三方面问题：一是培养什么人；二是用什么培养人；三是怎样培养人。第一个问题主要涉及价值层面的培养目标和培养规格；第二个问题主要涉及知识层面的课程计划和教育内容；第三个问题主要涉及行为层面的教育途径和教育方法。下面主要围绕上述三个方面进行分析，而将教育思想、教育制度、教育评价等要素的分析渗透其中。

（1）目的要素

教育目的也称教育目标，它是全部教育工作的核心，是一切教育活动的出发点和归宿，同时也是确定教育内容、选择教育方法、检查和评价教育结果的依据。教育活动作为一种认知活动，毫无疑问应该有明确的目的要求。然而，给十分广阔的教育活动规定统一的目的要求是十分困难的。强调统一，必定要高度抽象；高度抽象，必定不会具体、明确。1938 年美国提出的《美国民主教育之目的》中，教育目的被分为人自身发展目标、人际关系目标、经济效益目标、公民责任目标等若干细目。在联合国教科文组织国际教育发展委员会所著的《学会生存》一书中，关于教育目的的内容和结构，大体沿用了上述框架。在我国现阶段，教育目的指把受教育者培养成什么样的社会角色或具有什么样的知识和能力结构的人，具体内容是：培养青年、少年、儿童在品德、智力、体质等方面全面发展，成为有理想、有道德、有文化、有纪律的建设人才。这是对整个教育活动的总体要求，各级各类学校、各专业的培养目标或人才规格是教育目的的具体化。

人才培养模式中的教育目的是教育工作者用来对教育活动进行导向的、作用于受教育者身心的目的要求。它有“应如何”和“已如何”两种存在形态。“应如何”

是理想形态，“已如何”是事实形态。就事实形态而言，它可能是与国家的教育目的相一致的，也可能是与国家的教育目的相背离的。分析教育目的，不看文件上是怎么规定的，也不看方案中是怎么阐述的，主要看教育实践过程中主导教育活动的动机和目的是什么。

教育活动中的目的要素可能受某种现实的功利要求的驱使，也可能受某种社会评价的直接影响。我国人才培养活动中就存在应试教育倾向。应试教育在一定程度上扭曲了人才培养活动的目的要求，主要受现实的功利要求的驱使。应试教育倾向是面对教育竞争而采取的一种态度选择，是教育活动中存在的竞争引发的直接结果。过度的竞争会使考试变得至高无上，教师为考试而教，学生为考试而学。这样的考试不仅左右了学的目的，也左右了教的目的，最终使教育活动“异化”为与教育目的相对立的活动。

（2）内容要素

教育内容是为实现教育目标经选择而纳入教育活动过程的知识、技能、行为规范、价值观念、世界观等文化总体，一般以课程的形式体现。教育内容从人的发展结构看，包括德、智、体、美、劳等方面；从知识结构看，包括政治、经济、文化、科技、军事等方面。教育内容是为实现教育目的服务的，今天的内容结构就是学生明天的素质结构。在高等教育人才培养活动中，教育内容包括专业设置和专业开设的课程门类、每门课程所选用的教材、每种教材所涵盖的知识以及提供教学内容的方式方法和制度要求等十分广阔的内容。

教育内容就其本质来说，都是人类在漫长的历史中不断劳动、不断实践、不断探求而形成的对于客观世界的认识。人类对客观世界的认识是一个庞大的体系，其中任何一点对人类生活来说都具有某种意义或价值，但它的范围实在太大了，要求每一个个体掌握人类所创造的所有知识是不可能的，于是就产生了如何选择知识、组织知识、提供知识的问题。不同教育类别的差异，说到底就是知识选择和提供的差异；不同人才培养模式的差异，说到底也是知识选择和提供的差异。

（3）方法要素

教育方法是为实现教育目的、掌握教育内容而采用的程序、方式和手段的总和。教育方法既包括教育者施教的方法，也包括在教育者指导下受教育者领教及自我教育的方法；既包括教育活动的方法，也包括教育活动的程序；既包括教学方法，也包括考核评价方法。

方法是从某一初始条件走向特定目标的整个动作体系。人所制订的目标总是借助系统的动作或操作行为来实现的。一般来说，目标不是凭一种动作或操作就能实现的，而是通过一连串的复杂动作或操作才实现的，对人的培养活动尤其如此。一连串的复杂动作或操作，任何时候都是以慎密的顺序和步骤为前提的，这种慎密的步骤和顺序便是程序。程序在方法中具有特别重要的意义，没有程序就没有方法。人才培养活动的程序，在大的方面，有学制安排和教学计划安排，在小的方面，有单元教学程序和课堂教学程序等。

1.2.2　科技创新教育的培养原则

加强大学生科技创新实践能力培养，既是对高校人才培养现状深刻反思的结果，也是实施科教兴国和建设创新型国家的客观要求。大学生科技创新实践能力培养旨在提高学生科学文化素养，增强科技人才服务社会的能力，同时为区域经济社会发展贡献智慧。大学生科技创新实践能力培养是一个复杂的系统工程，各大高校的教育工作者进行了大量的研究与探索，取得了不少的成绩。在有关文献研究和实践的基础上，本课程组就科技创新实践途径做了相应的探索。大学生科技创新实践能力培养要遵循教育规律和人才成长规律，培养工作应遵循以下原则：

（1）坚持"一切为了学生的发展"原则

发展是教育的永恒主题，教育的目的从根本上说是要促进人的发展。社会面临生存型向发展型的转型，绝大多数社会成员的聚焦目标由物质的追求向对发展的追求转变，大学生对发展与自由、权利与义务的追求更加强烈。大学生科技创新实践能力培养工作只有坚持把学生的发展作为开展工作的基地，才能提高教育的针对性、增强实效性。也只有实现了学生的发展，才能推动经济社会的发展，体现教育的价值。大学生科技创新实践能力培养提升工作要做到"一切为了学生的发展"，最重要的是服从并服务于"帮助大学生实现全面、协调、可持续的发展"。

（2）坚持整体性与重点论相结合的原则

强化和提升大学生科技创新实践能力，既要讲整体性，也要讲重点论。大学生科技创新实践能力培养的整体性与重点论可以从两个方面来理解。一方面是教育对象的整体性与重点论相结合。大学生科技创新实践能力培养的目标是大学生总体科创水平的全面提升，在培养内容、培养方式、培养具体目标的制度上要考虑到教育对象的整体性特点，同时，在教育投入的配置上，应该对大学生和社会迫切需要的实践资源进行重点性倾斜投入。另一方面是教育内容的整体性和重点论的结合。大学生科技创新实践能力培养工作的重点是面向全体学生、促进学生全面发展，同时又要侧重提高学生服务社会的责任感、勇于探索的创新精神和善于解决问题的实践能力。

(3) 坚持自我教育与学校教育、社会教育的有机统一

内因是变化的条件，外因是变化的依据。学生是学习的主体，教师起的是导向作用。要使大学生科技创新实践能力得到切实的提高，必须激发学生的内在动机。当前的部分大学生自我意识比较突出，以自我为中心，缺乏高远的追求和脚踏实地的意志品质，如果不激发他们提升自我的内在动力，单纯的外部努力难以达到期望的教育效果。由此，首先，在教育中必须把激发他们提升自我的内在动机放在重要位置。其次，要研究学校教育和社会教育在提升他们科创能力中扮演的角色，要创新教育方式方法，采取能被他们普遍接受的新方式、新方式进行教育。

1.2.3 科技创新人才培养的意义

随着社会进步和现代科技的发展，培养大学生的科技创新意识和创新能力，已经成为新时期人才培养工作的重要内容。大学生科技创新活动作为课堂教学的重要补充和拓展，即作为第一课堂之外的第二课堂，已经成为提高大学生实践动手能力、创新意识和创新能力的重要环节。为国家建设培养科技创新人才是教育发展的必然选择，高等院校在人才培养方面具有多项优势，在欧美国家，之所以有如此多的科技奖项获得者，得力于高等院校对人才的培养，在知识创造中一直起着重要作用。

(1) 高等院校是知识创新体系的主体

一个国家的核心竞争力主要得力于其创新能力，一般来说一个国家的创新能力越强，其社会地位也将越高，而一个国家创新能力的发展主要依靠知识创新与人才的培养。高等院校和科研机构是我国科技创新人才培养的摇篮，而高等院校不仅承担着科学研究的职能，还肩负实施高等教育的重担，在创新型国家建设中发挥着重要作用。伴随着知识经济时代的到来，各国政府已逐渐意识到，科学研究与高等教育在国家知识创新体系核心竞争力中有着重要的作用，即意识到高等院校在知识创新体系中的地位，并都将科学研究与高等教育上升到了各国的国家战略层面。高等院校所特有的优势，决定了它在建设创新型国家中发挥着独特的作用。要充分发挥高等院校人才聚集的优势，积极探索产、学、研相结合的新机制，使其在技术创新中发挥推动作用。

（2）高等院校是科技创新人才的培养基地

一个国家科技的发展首先离不开人，因为科技发展的基础是拥有科技创新人才，而高等院校是科技创新人才培养的基地。如何改革教育体制机制，与国家战略对接，培养我国经济发展所需要的科技创新人才，成为高等院校面临的重要挑战。目前，对于科技创新人才的培养，高校具有学科门类齐全、科技人才密集、研发能力强、整体实力在全国处于前列等优势，长期以来，培养了大批创新人才，创造了一大批优秀科技成果，为国家经济建设、社会发展、建设创新型国家发挥了重要作用，做出了重大贡献。因此，要重视我国高等教育的发展，营造自由、浓厚的学术氛围，培养建立适合我国科技发展的人才结构，为我国科技发展提供人才支撑。

（3）高等院校是先进科学技术的增长点

科技创新人才广博的专业知识、卓越的个性品格、创新的思维方式以及实践的关键能力都不是天生的，而是通过接受先进的教育、学习总结前人的经验以及参与社会实践等逐步形成的。各高校应注重培养当代学生创新意识、创新能力，引导他们在学习的过程中，逐渐形成新的想法、新的知识及新的科学技术成果等。高等院校的科技创新人才培养状况与一个国家的科技实力直接相关，从人类发展史的角度来看，总体上来说，教育水平越高的国家或地区，创新人才的数量也就越多，该国的科技也就越发达。高等院校在科学技术的发展过程中起着重要的作用，也成为国家科技发展的人才储备基地。

第2章　校企合作教学模式分析

2.1　校企合作教学现状

2.1.1　校企合作双方认知差异

在进行校企合作时，企业与学校之间也存在矛盾。校企合作本应是一种有利于我国人才资源发展的新模式，但可能因合作双方的认知存在差异而使得合作双方之间出现矛盾。有很多企业不愿意进行校企合作，认为校企合作需要前期投入太高的成本，且收益无法预期。这些企业认为，即使不进行校企合作，企业也可以获得所需人才。这是企业合作积极性不高的主要原因。对于学校而言，渴望能够改变校企合作的固有模式，为社会培养出更多能够迅速适应社会所需的人才。此外，合作办学培养科技创新型人才理应以培养人才为目标，但一些学校把这视为创收的门路，忽略了合作办学的根本。企业与学校对合作办学存在认知错误或差异时，就可能影响合作的进行。政府应着力向企业和学校宣传合作办学的宗旨，使二者对合作办学培养高层次应用型人才都有清晰的认知，使这项利于解决我国人力资源问题的事业得以进行下去。

企业对校企合作的认知通常包括三个因素：一是校企合作有助于提升企业的社会形象；二是校企合作有助于为企业招聘到合适岗位所需人才；三是校企合作能够使企业的固有知识得到更新。这三种有利于企业发展的因素促成了企业接受学校与其进行合作培养人才，否则不会有企业愿意无偿地花费时间和精力投入校企合作的各项事务中。但是，这三种因素都存在替代因素，也就是说企业能够通过其他形式实现这三种因素给企业带来的效果。企业社会形象的提升可以通过捐助各种慈善事业，制造高品质的低价格产品等形式实现；企业采用广泛的招聘形式也能招到适合岗位所需的人才；企业可以通过聘请专家和讲座的形式改善企业的固有知识结构。这些替代因素的存在使得企业在进行校企合作时常将校企合作视为成本，而非投入。企业通常会思考校企合作形式是否比其他形式的活动更有利于企业的发展，企业通过校企合作的形式成本是否会过高。校企合作招聘人才投资大、时间长，在市场经济运作下的劳动力市场显示社会型招聘要比校企合作招聘人才更经济、更实用。对于企业而言，校企合作更新知识结构能否实现要看校企合作进行的效果，企业对这种充满模糊与不确定的知识革新方式有时并不看好。

学校在与企业合作时很难发觉企业与其合作存在这么多的顾虑，学校通常都是满怀激情为着双方互惠的设想积极进行。学校的观点是，校企合作不仅有利于培养社会型人才，更有利于改变学校固有的人才培养模式。以往的教学模式多以培养普适性人才为主，是非专职型培养。这种方式培养的人才在进入社会后需要首先经历磨合期，在适应了社会环境成功实现身份转换后才能适应企业的岗位。毕竟，从学校走入社会，从一个学习了十余载的环境进入一个完全没有进入过的环境还是需要一个适应社会的时长，校企合作能够提前教会学生如何适应社会、如何在入职后做好本职工作。学校通常将当前经济发展中紧缺的专业型人才作为培养的主要目标，认为只有校企合作模式才能实现专业型人才培养的目标。学校对于社会对某专业型人才的需求量、需求标准、需求预期等都缺乏有效的认知，对于该如何与企业合作培养这样的专业型人才也处于试探性状态，没有清晰的认知和明确的培养方案。

合作办学是一种培养科技创新型人才的有效模式，但校企合作双方对该模式的认知差异是阻碍校企合作顺利进行的一大致因，双方应该首先着力解决这一问题。企业应将校企合作视为人才培养的一个投资过程，大学是我国向社会“供应”人力资源的主要结构，与大学合作培养科技创新型人才对推动社会科技进步能够产生巨大的影响。学校应对校企合作培养科技创新型人才的培养模式做深入探索，多调研、多论证、多总结，力争熟练掌握校企合作培养人才的业务流程。政府在此过程中应起到桥梁的作用，一方面鼓励企业对一些特定职位与就近选择的大学进行合作培养，对于参与合作办学的企业应该给予一些鼓励性的政策支持。另一方面，政府也应监督学校与企业的合作，不应该一味地为了合作而合作，不注重合作办学人才培养的效果。对于参与校企合作培养人才的学校或专业应进行定期审核、中期考核，没有达到合作预期标准的应给予相应处罚或终止其合作办学资格；对于高标准完成培养目标的学校可以适当扩大其合作办学的规模，并提供相应的奖励性政策支持。

合作办学只有成功培养出一批又一批的科技创新型人才，这项事业才能顺利发展下去。否则只能是昙花一现，浪费资源。政府在合作办学双方认知差异中起着重要的调和作用，政府既要鼓励企业与大学合作办学培养人才，又要监督二者合作培养的效果。有监督的合作办学才能持续进行下去，否则办好办坏无人问津，办成办不成无人管辖，势必造成你争我抢、资源浪费的局面。由政府作为合作办学的保障体，企业才有动力和意愿与大学合作培养人才，学校才能够切实将合作办学作为一项重要的事业来做。

2.1.2 校企合作双方关系薄弱

当前，学校与企业间构筑起合作的规范性很低，无法经受市场经济的冲击。一旦建立起合作的当事人之间出现小利益纠纷，很可能使校企合作这个大项目被搁置，最终不得不流产或终止。在大学，为了培育出科技创新型人才，负责人会通过各种渠道寻找合作对象。然而，企业是否适合作为合作对象，学校应该在前期进行大量的调研工作，论证后再进行合作，而不应该随机选择。

与学校相比，企业在市场经济的大环境中遇到的不确定性要高得多。企业一旦出现竞争危机，就会把主要精力放在如何开拓市场、创造利润方面，很可能随时终止合作培养人才。企业无法预知合作是否会给其带来利润，投入的成本能否获得高市场标准的收益。当这种合作关系与市场环境中竞争关系相比过于单薄，企业很可能在进行战略改革时首先终止此类合作以降低不必要的成本。

缺乏有效的法律和制度约束，校企合作中的任何一方都可能随时终止合作并给对方带来高风险。因此，合作双方在合作前应进行认真调研。调研工作做得越充分，合作双方对彼此的了解也会越透彻，构筑的关系也会越牢固。

2.1.3 校企合作双方存在风险

由于没有相应的法规、制度支撑校企合作培养科技创新人才模式，合作双方都可能随时给对方带来无法规避的风险。对学校而言，校企合作得以进行势必需要对师资队伍建设、专业知识、教学模式等事项进行改革，而这一系列的改革通常都会朝向利于当前合作的方式进行。师资队伍建设可能更倾向于利于合作企业日后吸纳人才的方式进行，而在教授学生时更多地是以当前企业为案例进行教学。专业知识的学习也会倾向于定位当前企业所需的知识层面，教授与当前企业密切相关的理论知识。教学模式改革也会以利于学生融入当前企业发展的方式进行，教师、学生与企业间通过形成互动体的方式进行教学。这一系列的改革，学校需要耗费大量的人力、物力和财力才能完成。然而，一旦企业单方退出合作，所形成的一系列的固有资源和模式能否适应下一个合作目标，对学校而言将是一个未知数。

同样，对于企业而言，学校的突然退出，也会给其带来极大的风险。企业为了与学校合作，需要派遣人员进行实践指导、需要接纳学生进行实习、需要协助学校进行各项改革、需要洽谈企业文化与教学模式和内容的融合，这些事项会给企业带来很多成本，包括机会成本。一旦学校单方面终止合作，企业可谓前功尽弃。企业再想与其他学校合作，就需要重新进行新一轮的人员、时间和物力投入。校企合作失败带来的风险对企业而言可能远大于学校，学校在校企合作中接收到了新的合作理念、新的专业知识，并为之进行了很多事项的改革，建设了师资队伍，培养了人才。但是，企业在合作中除了付出成本外，几乎没什么成效可言。企业受益通常在合作成功，“订单式”培养的人才很好地融入企业为企业发展做出卓越贡献时才能被实现。显然，企业与学校相比，更不希望合作半途而废，这可能也是企业合作积极性不高的原因所在。

此外，对于企业来说还存在着人才流失的风险。在进行校企合作时，企业需要付出大量的成本才能获得“订单式”培养人才的优先选择权。然而，一旦合作培养的人才在企业中的需求无法被满足时，就可能存在人才流失风险。人才的流失也预示着企业在合作中失败，但对学校而言已经完成了人才培养的过程，与学生在企业中是否跳槽并不相关。

2.2　国外校企合作教学模式分析

2.2.1　德国“双元制”模式

德国是在“二战”结束后的废墟上发展起来的世界经济强国，作为现代大学理念的首倡者和实践者，它的成功在于扩大高等教育规模的同时把发展应用型技术教育作为高等教育改革的重中之重，其理念和行动也在相当长的时间内影响和控制了现代大学教育的发展方向。德国过去的高等教育重心是旨在建立“教学和科研相统一”的学术性大学，但在 20 世纪 60 年代初，随着工业化、信息化的服务性社会快速发展，以及高等教育大众化等因素影响下，德国提出了以应用性大学培养应用型人才，综合性大学培养科学中坚的高等教育改革目标。在此期间，德国建立起了新型的高等职业教育机构——应用技术大学，以此来实现职业教育和应用型技术教育的并重，从而形成了一套具有德国特色的教育体系，应用技术大学也成为德国两大高等教育支柱之一。回顾德国应用型人才教育的发展历史：从 1968 年，西德各邦决定整合原有的造型设计学校、工程师专门学校，创办专业学院。德国统一后，东德地区也普遍设立高等应用型人才培养性质的专业学院。这些院校的学制一般是 4 ~ 5 年，其中有公立亦有私立。但由于课程重视职业导向和实用技术，起先被视为一种非大学性质的高等教育机构，就此成为高等职业技术学院的雏形。直至其中的一些学院开设了学士与硕士课程，且获得培养工程师的教育资格认证后，这些学院才正式成为德国学制中的技术学院或应用技术大学。现在德国拥有 156 所应用技术大学，以及 115 多万的应用技术大学学生。

长期以来，大学垄断了德国的高等教育，且德国大学的固守学术取向传统，坚持一种统一的培养和学习标准，反对分层、分类型的观念。“二战”时期德国的高等教育是典型的精英机构，与现在比较而言，可以说是只有极少数的人才有机会进入大学进行深造，大学生在 18 ~ 25 岁的仅占 0.85%，每万名居民中的大学生人数也仅为 11 人。正是为了满足德国经济发展对于大量实践能力突出的应用型人才的迫切需求，德国的教育民主化运动才会不断地发展。在这些人才的培养上，原本德国中等教育层次的职业技术教育已经不能满足各界的需求，也无法适应和满足大量非传统学生对于实用导向和职业导向的高等教育需求。社会的需求必将引起社会的关注，大学教育因此站在了改革的风口浪尖。起初，在没有十足把握、面对前方朦胧的情况下，德国选择在大学开办应用型专业来解决人才的需求，但在大学内部占据了多年统治地位的传统势力的深刻影响下，该措施无法有效地实施，这个尝试也以失败告终。在变革失败之后，这个社会需求的现实矛盾依然存在。20 世纪 70 年代初，联邦德国在克服了诸多不利因素后，终于在卡塞尔建立了第一所高等学校。而在此后的十年间，联邦德国先后建立了 11 所综合性的高等学校。随着不同地区都建立起了综合性的高等学校，招生人数也从 1971 年的 2900 人增加到 1978 年的 6 万多人，占学生人数的 6.5%。之所以说综合性的高等学校是德国教育史上一次重大的变革，是因为其促进了高等教育机会的平等性，也打破了传统学术性大学在高等教育上的垄断地位，使得大学教育不再是精英独享的“盛宴”，终于让大学教育走向了大众化。

如今在德国，根据高等教育的人才培养方向及其办学层次，可以分为以下四个类型：第一，综合性大学及其同等的高校。这些学校具有博士学位授予权，担负着培养学术人才培养的任务；第二，应用技术大学，应用技术大学即高等专业学院，这些学院的发展历史虽然比较短，但如今应用技术大学已然成为德国高等教育的重要组成部分；第三，高等艺术与音乐学院，包括高等艺术学院和高等音乐学院两类院校；第四，职业学院，职业学院最初作为改革试点，于1974年在德国巴登设立。这几类大学主要在办学的定位上有比较大的区别，并非只是等级上的差别，也就是说不能武断地根据大学类型来判断学校或者学生的优劣。

2.2.1.1 德国“双元制”教育内涵

(1) 德国“双元制”产生的背景

由于受中东石油危机的影响，“二战”后资本主义世界的经济危机大幅蔓延。本次经济危机持续时间长、规模较大，客观上较大地改变了德国职业教育的走向。受经济危机的影响，劳动力市场供求关系从“人力供不应求”转为“人力供过于求”，供求关系发生了根本性变化。高层次实践性、应用型人才越来越符合市场的需要，而专科学校的人才应用性方面远远低于企业培训的人才。由于就业的压力使得专科学校开始寻求与企业合作开发新的适应社会需求的道路，在职工培训和学徒培训中加强与学校的合作。这种学校—企业的职业教育模式即“双元制”在德国高等职业教育领域孕育而生。

(2) 德国“双元制”的内涵

“二战”后，德国“双元制”模式成为德国经济起飞的“秘密武器”。德国“双元制”是德国人才培养的主要模式，为德国的经济做出了重要的贡献，为德国劳动力就业市场输送了高素质、高质量的人才，为德国国民经济保持持久竞争力发挥了不可磨灭的作用。“双元制”中的“双元”分别为教育机构和企业，二者互为依存，相辅相成。这种模式是由教育机构和企业按照角色分配来共同承担学生的文化教育和专业技能培训。学生在充分利用双方优势和资源的基础上，具有学生和学徒双重身份，将理论和实践相结合，从而培养兼具专业理论知识和专业技能的高素质技术人才的一种教育制度。

德国“双元制”模式实质上是校企合作办学、工读交替进行的办学体制和教学模式。教学培训过程分别在学校和企业进行，分工合作实施。学校负责基础文化课程和理论知识，企业则负责实际操作培训，是以企业训练为主、学校教育为辅的职工培训制度。这种制度的实施办法为：一些不进入全日制学校的青年，向具有资格招收学徒的企业报考相应的一种培训专业，被录取后可以成为企业的学徒工，并与企业签订培训合同。学徒期一般为2~3.5年，培训期间每周三天半到四天在企业学习实际操作，一天到一天半到职业学校学习理论知识。学徒期满参加全国统一考试，考试合格者发给相应的毕业证书。在学生就业方面，毕业证书作为就业的依据，实行双向选择。学徒工毕业后既可以在该企业工作，也可以到其他单位；同时企业也有权力拒绝学员继续在企业工作。

德国“双元制”模式教育的内涵主要有以下几个方面：

①培训主体为职业学校和企业两个主体。

②学生接收理论和实践两种知识。职业学校教授理论和文化知识；企业传授职业技能和职业经验。

③教材的选取来自两种不同标准。培训企业的实训教材是全国统编教材，由联邦职业教育研究机构编写；职业学校的理论教材不是全国统一的，而是由各出版社组织编写。

④培训主体采取不同的实施方式。企业遵循德国联邦职教机构统一制订的各专业框架教学计划；职业学校则遵循所在州文教部颁发的教学计划组织教学。

⑤教育主体包括由企业雇员组成的实训教师和由国家公务员组成的理论教师两类教师。

⑥学生同时兼有企业学徒和职校学生两种身份。

⑦学生需要参加由行业协会组织的企业技能考试和学校组织实施的资格考试两类考试。

⑧学生毕业获得培训证书和毕业证书两类证书。

⑨相应的经费由企业和职业学校分别承担，企业占多数。

⑩培训主体接受不同类型的法律约束。职业学校则遵循《职业义务教育法》，企业培训遵循《职业教育法》。

2.2.1.2 德国“双元制”教育特点

（1）校企合作、工学结合，以企业为主的办学模式

德国的“双元制”最明显的特点是学校与企业合作，共同参与学生的培训。企业在经费、设备投入、师资配备、业务参与等方面，发挥着主要作用。

①在经费投入中，企业负担学习材料、培训场地、实训设备、培训师傅的工

资和学生的津贴。

②在设备投入中，企业还设有专门的培训车间，并配备精良的设备和实训原材料。培训学生在工作岗位之外，还可以从培训班车间接受专业的知识和技能。

③在师资配备中，企业要有高水平的培训师傅。培训师傅通过国家统一的师傅考试，取得培训师资资格。他们的综合素质一般都比较高，除了具有娴熟的职业技能，还要有心理学、劳动法等方面的知识。在企业中的学生，在工作岗位和培训车间，都会有专门的培训师傅来指导，学生从师傅身上吸取必要的理论知识和专业技能。

④在业务参与中，体现了企业的需求，按照培训规章、培训规格，结合企业的实际，制订相应的培训计划。培训规章是由雇主联合会、雇工联合会、有关的联邦部及联邦职教所共同参与制订的，培训规章中对培训职业的名称、培训年限、培训规格、培训总计划、考核等有明确的说明。

（2）“双师型”“双技能”，以职业能力为主的培训模式

“双师型”指的是来自学校的优秀教师和来自企业生产活动第一线的技术人员和工程师。“双技能”指的是专业基础技能和岗位实践技能。“双元制”的特点是通过校企合作，构建学校、企业“双课堂”，依托校内文化教育、校外企业实践双基地，培养专业基础技能和岗位实践技能双向的以职业能力为主的培训模式。“双师型”教师队伍的建设，采用了先进、科学的教师培养模式。通过三种方式来体现：一是让教师走进企业，了解企业的经营管理模式和就业环境，教师有针对性地学习企业中的实践技能，应用于课堂；二是教师需经过两次国家考试；三是为了使教师积累更多的实践经验，需要基本具备职业教师的全部条件，即通过一年的指导教学和一年的独立教学。

“双技能”的培训主要在企业中以职业能力为主来进行。“双元制”职业教育培训的学生是企业所需要的人才，学生大部分时间是在企业进行实践操作技能培训，能够将学习的理论知识尽快运用到企业的生产实践，并在实践中使用最先进的设备和技术，目的在于让学生培训结束后能够很快地适应工作岗位。

（3）“立法保障”“行业协会”，共同约束的评价准则

“双元制”是在国家立法和行业协会双保障下的一种办学制度。德国是一个法制比较健全的国家，其《基本法》中对教育的条款是德国教育事业最重要的法律依据。

从立法的保障来看，德国关于职业教育的法规较多集中在各行业的企业、青少年的权利和义务，“双元制”形式确立的立法是在1938年《义务教育法》，之后1959年，东德人民会议通过了《关于学校事业社会主义发展的法律》，1960年通过《青少年劳动保护法》，1976年又通过其修订法案。《手工业法》于1965年颁布，其后曾作多次修正。1969年颁布的《职业教育法》是德国职业教育最重要、最主要的法律基础，对德国的职业教育起了极大的推动和促进作用。此后在1972年颁布了关于企业生产、销售经营等方面的《企业基本法》；1981年12月，颁布了《职业教育促进法》，1983年开始实施。

此外，德国还相继出台了《职业教育促进法》《关于工商业协会权利的暂行规定的法规》等，这些法律构成了联邦职业培训的主要法律框架，成为职业培训中若干问题纲领性的文件依据。

德国的职业教育是在法律框架体系下，由政府部门、企业、社会机构、职业学校、行业协会共同参与，共同保证了职业名称、职业要求、职业教学计划、职业教学、职业考核的顺利实施。行业协会在校企合作中充当着不可或缺的管理角色，是职业教育的业务主管机构。德国“双元制”模式下的考核由行业协会来负责。行业协会同时具有对学校和企业培训资格的认定，还负责组织统一的职业培训考试。考试也是从理论和实践两个环节对学员进行考核，分为期中和期末两次。合格者由行业颁发全德国有效的证书。

（4）“市场化”“需求性”，共同导向的运行机制

德国具有完善的劳动力市场和培训市场。各州的劳动部门也都设有职业咨询中心，年轻人可以根据自己的兴趣和爱好去咨询中心了解劳动力市场和培训市场的供需状况，选择适合自身的培训职业。德国的职业教育办学机构对于专业的确定，依据企业发展的现实需要和中长期愿景，结合企业生产规模、经济效益以及劳动组织结构的调整情况，选择出具有综合性、适用性和相对科学、稳定的专业课程。

所以在“双元制”的培训下，培训企业和学校分别按照各自的职责对学徒进行专业技能和文化理论知识，行业协会和各州的文化教育部也按照各自的“分工协作”对职业培训进行监督和管理。由此可见，“双元制”不仅是一种成功的培训模式市场化和需求性共同导向的运行机制，而且是一种完善的职教制度。

2.2.1.3　德国“双元制”教育分析

（1）“双元制”教育在德国取得成功的原因

德国的“双元制”教育的成功取决于特定的历史原因、特殊的经济结构和社会传统文化的影响。

①历史原因。

13 世纪，学徒培训制度就广泛存在手工行业。十六七世纪的星期日学校的兴办，使得学徒培训与星期日学校最初合作，也成为“双元制”模式的萌芽。19 世纪，德国技术的变革、经济的发展，机器生产逐渐取代手动操作，在农业社会向工业社会转变的过程中，对劳动力的需求也提升了层次，极大地推动了职业教育的发展。19 世纪末 20 世纪初独立于生产的实训工场及跨企业培训场所得以迅速发展，实训体系逐渐完善，但是还未制度化。从 20 世纪 30 年代至 70 年代“双元制”培训模式完成了其制度化过程。1969 年，德国联邦政府公布了《职业教育法》，这是德国企业培训的法律基础。

②经济结构。

德国人口只有 8200 多万，却是仅次于美国、中国、日本的第四大经济体。德国以重视出口、重视制造业，具有良好的基础设施和教育资源的“德国模式”而闻名。探究德国的经济结构，其特殊性如下。

德国的产业结构中，第二产业占比重较大。1970 年，第二产业所占的比重为 49%，即便是到了 2010 年也还占 40% 左右。德国的传统产业为手工业，发展到今天以尖端制造业、机械、精密仪表制造、电子光学仪器较为发达，成为德国的支柱产业。这样的产业结构也势必带来注重专业化程度高、技术工人需求性强的就业结构。“双元制”正是重视实践技能的培养，适应于工业生产过程中对技能岗位需求的针对性。

德国的原材料相对缺乏，主要依靠进口自然资源，进行加工输出工业制成品和服务。人力资本是保证工作运转的重要力量，也是保护国家市场安全的重要资源。

德国的跨国公司重视人力资源的开发，把员工的培训纳入企业的发展规划，将员工的素质与企业效益相结合。家庭式的小企业则很自然地能将一些传统手工艺代代相传。近年来，新兴产业的兴起，对传统工业造成了冲击。市场全球化的加剧、服务业的增长、生产和服务的流水线作业凸显出高素质的劳动者在创新管理模式与新材料生产中的作用。

（2）德国“双元制”教育面临的问题

尽管目前德国“双元制”教育是一种比较理想的培训方式，但本身也面临着许多问题。

企业在“双元制”教育中发挥主导作用，“双元制”过分依赖于企业，与经济发展联系紧密，所以易受经济危机的影响。在经济发展良好时，企业会注重人力资源的培养和储存，会把更多的经费投入教育。但是按照市场经济的原则，在经济发展不景气的时候，企业首先会考虑到的是企业运营与生存，在投资行为上就会非常谨慎。近年来，拥有一流培训供给条件的大型企业连年削减“双元制”培训岗位，高失业率势必减弱雇主参与培训的积极性，导致“双元制”处于困境边缘。

《职业培训条例》是培训计划实施的依据，是以职业为本位、培训专业专门化的培训。其优点就是职业针对性强，学徒毕业之后能很快进入工作状态。其缺点是培训工种单一、培训方式相互隔阂、培训专业过分专门化，使得培训者适应能力降低。

培训主体之间的协调至关重要。如果学校和企业在教育上没有达到共识，一方面企业认为学校的理论教育与企业的训练脱节，致使对学生的培训难以取得较好的成效；但另一方面学校由于经费投入跟不上经济部门的发展，特别是现代化的服务部门的职业，导致在理论教学上出现质量问题。

（3）我国借鉴德国“双元制”教育的经验

①健全法律法规。直到 1996 年中国才有了第一部职业教育法。我国现行的《中华人民共和国职业教育法》并没有明确地限定企业的职责，企业参与职业教育的程度还远远不够。只有形成完善的法律监管体系，明确政府、企业、学校、行业协会等多方面的职责和义务，使之积极参与形成有效合力，才能保障职业教育改革、职业教育走上可持续发展道路。因此，健全的法律法规是中国校企合作教育发展的基石。

②加强校企合作。德国的“双元制”最明显的特点是学校与企业合作，共同参与学生的培训。企业在经费、设备投入、师资配备、业务参与等方面发挥着主体作用。而目前中国基本上是学校方一厢情愿，企业方却缺乏合作的动力和愿望。这样的状况下，难以获得充足的资金来源，缺乏实训的基地、培训的师傅、就业

的机会等。加强校企合作，在现阶段显得尤为重要。校方要主动联系企业，获取企业在实训设备、实践基地、信息资源、技术指导等方面的支持，使企业和学校实现双赢。中国的企业应该肩负职业教育的培训，为自身企业的发展储备后备力量，实现学校与用人单位的无缝对接。

③完善课程体系。职业教育的社会需求性充分体现在专业设置应与当前经济发展变化及产业结构相适应。“双元制”的课程模式充分体现了以职业活动为核心的设计思想。在课程体系上按照企业需求原则、相对稳定原则、广泛适应原则来设置。现代化的产业对员工要求须具备团队精神、创新思维、适应能力、外语能力等多方面的综合素质。因此，传统职业教育的知识和技能并不能满足 21 世纪职业人才需求的专业素养。中国的专业教育应把教育重心转移到培养高素质的应用型人才上来，使其具备跨岗位、跨专业、跨职业的基本素质，探索一条有中国特色的专业教育改革之路。

④重视师资培养。中国一方面要借鉴德国的教育模式，另一方面要结合自身的实际情况，建立具有中国特色的师资培养模式体系。目前，专业教育的师资问题主要反映在三个方面：一是师资数量不足，二是教师学历亟待提高，三是教师的知识结构不合理。教师自身应该具有终身学习的观念，在教学的同时不断提高自己的学术修养和教学技能，以满足新时期专业教育的需求。“双师型”师资队伍越来越成为我国高等院校发展建设的重要评价指标。借鉴德国“双元制”的教育理念，培养培训模式、教师任用和考评制度，切实做好“双师型”教师队伍建设，促进我国高等教育健康持续快速发展。

2.2.2　美国“合作教育”模式

美国学校和企业之间的合作以 1906 年辛辛那提大学实施的合作教育拉开序幕，经历一个多世纪的发展，逐步走向成熟。美国校企合作的历史较长，由于时代背景的变化、社会经济的发展等原因，涌现出多种各具特色的校企合作模式，主要有：合作教育模式、技术准备计划、青年学徒制、校企契约、赛扶计划、高级技术教育等。

教育是产业竞争力提升的基础。合作教育是美国高校通过职业实践以提高学生综合能力的一条有效途径，也是当今世界各国高等教育积极倡导的一种教育模式。合作教育的思想起源于美国哲学家和教育家约翰·杜威创立的实用主义教育思想，他的思想对美国的教育产生了一定的影响。他提倡教育与实践相结合，教育必须适应现实需要，注重实用知识与实际技能，使受教育者为将来进入社会打好基础。

合作教育在上述理论背景下产生美国辛辛那提的教育改革是产学合作教育产生的标志。美国的辛辛那提大学赫尔曼·施耐德1906年首次提出合作的理念，以“工学交替”模式来培养人才，每学年分为“理论学期”和“工作学期”。“理论学期”学生会在校园内进行，学习理论课程;“工作学期”学生会在相关工厂进行，从实践中获取知识技能。这种把课堂教学与工作实践相结合的教育方式，当时被称为“合作教育”。

合作教育是学生、教育机构和雇主间的一种伙伴关系，参与的各方有自己特定的责任。为了有效进行合作教育，各个学院成立了职业实践处以负责计划的管理。职业实践处可作为一个重要的中间机构来协调学校、雇主、教师之间的沟通，进而完成各个教学环节的实施。通过该管理模式，可有效控制合作教育的质量，并做到持续改进。

2.2.2.1 合作教育的基本模式

以“工学交替”为主要特征的“辛辛那提计划”，在美国被称为合作教育古典模式。后来对这种模式进行了改进,附加了专门的合作教育管理机构。1909年，美国东北大学新建立的工程学院，实行所有学生必须参加的合作教育模式。1921年，文科学校也开始实行合作教育模式，标志着突破了专业的限制、性别的区分，使合作教育模式基本建立起来。1960年，合作教育模式出现了巨大变化，即合作教育平行计划模式。20世纪七八十年代，美国高等院校在合作教育计划上采用交替式，80年代以后，实现交替式和并行式双轨，即采用双重制。

（1）并行式模式

实现并行式模式的学习一般是针对全日制的学生。学生在进行全日制的理论学习外，还要利用业余时间去参加每周20~25小时的工作，工作时间学校是认可的。并行式模式的优势：学生的学业不会因工作的打扰而中断；同时可以从雇主方得到相应的报酬；业余工作岗位转化为将来的合作教育的实习岗位。并行式模式的劣势：受交通、时间的限制，寻找愿意为学生的业余时间提供重要工作岗位的雇主比较困难；学生专业学习时间作适当集中安排，以留出工作实践的时间，比如上午学习理论知识，下午去实习，实习时间安排必须与雇主协商，这是一个比较困难的问题。

（2）交替式模式

交替式模式是全日制学习学期和全日制工作学期交替进行的一种模式。在全日制工作学期的工作是学校认可的。交替式模式的优势：学生获得比较集中的工作时间，雇主会安排更重要的工作岗位；学生可以选择的实习地点比较宽泛；学习和工作相对都是集中独立的，相互没有受到干扰，更能够把理论知识完全应用于实践。交替式模式的劣势：学校应该把教学计划安排得比较紧密，使学生在学习学期把四年内的知识全部吸取，对学生而言消化起来势必比较困难；工作学期的工作完成后重返学校，要求学生对在校的学习有很好的衔接。

（3）双重制模式

根据合作教育项目的要求，美国院校的学制灵活多样，长短不一，针对不同的学校类型和不同的人才培养类型就出现了二年制、三年制、四年制、五年制合作教育计划，这些多采用双重制模式。双重制模式为学生提供了更多的机会，吸引更多的学生参与到项目中。

以上三种模式，它们具有相同的共性，即都涉及学校、教师、雇主、学生等主体；每种模式的运行都由准备阶段、实施阶段、反思阶段三个阶段组成。在对合作教育实践的文献进行梳理的基础上，构建了当前合作教育项目运行的镜像模式。

2.2.2.2 合作教育的运行机制

（1）合作教育的运行环境

我们在对美国合作教育实践的探索中，把宏观因素作为一个重点的考察因素。合作教育的运行环境在宏观层面包括市场机制、社会和经济发展对人才需求、学校自主办学、法律保障、约束机制等。市场的特点就是开放式的，因此市场机制促使学校、学生、雇主积极主动参与，在人才市场开放的条件下，雇主自主用人、学生自主择业，按照各自的利益来各自发挥作用。社会和经济的发展势必会对教育的改革带来压力和动力，更高层次人才的需求促使合作教育向适应社会需求的方向培养人才。社会的认可成为人才质量的标准之一，社会认可度也推动了合作教育的发展。学校自主办学，在运行和管理上实行学分制。这种制度保证了学校在政策、资源，以及合作教育计划实施的主动权。美国政府对合作教育曾经立法拨款，对合作教育的发展起到了巨大的推动作用。由于合作教育的特点，学生会在不同的环境下学习，也会涉及人身安全、医疗保险等问题，法律是保障这些问题得以解决的关键；同时三方签订相应的合同书，作为对相互的约束和担保，使得合作教育计划顺畅执行。

（2）合作教育的管理方式

从管理角度看，美国合作教育分为强制式、任选式、选择式。从是否计入学分角度看，合作教育还可以分为有学分和无学分两种。在具体的管理方式上，美国合作教育分为集中管理、分散管理和集中与分散相结合的管理。但无论哪一种管理方式，校方在合作教育的整个协调过程中，起到了主导性作用。强制式是所有注册的学生必须参加合作教育项目，合作教育也作为学校办学基本思想的主调；任选式是学生具有选择权，可以在合作教育和非合作教育中选择；选择式是学校具有主动选择权，根据学习成绩及综合表现选择具备条件的学生参加合作教育。美国的集中管理是学校设立专门机构，由学校指定专门的专职人员进行管理和运作；分散管理是学校把权力下放到二级学院，由教学人员作为兼职管理；集中与分散结合的方式则由专职协调员和教师共同承担合作教育的管理协调工作。

（3）合作教育的利益驱动

参与合作教育的各方主体，在利益驱动机制下发挥着自身的作用，为社会和经济发展带来巨大利益，并最终实现学校、学生、雇主、社会的多方共赢。学校的利益：学校利用工作场所教授的知识，拓展了学生教育的机会；合作教育给学生带来收入和减轻家长的负担，使得学生家长提高了对学校办学的信心，提高了学校的声誉度；学校的教师和学生都有更多的机会接触到工作场所的高级设备，使得学校更能够顺应社会的发展，更新知识资源；教育界与工商业界的联系更加紧密，通过加强就业率增强公众对高等教育的支持。学生的利益：将理论学习与工作经验结合，强化了对理论知识的认知；具备相应领域一段时间的工作经验，积累了职业选择的筹码；学生在校期间已经和雇主之间建立了关系，并且从中获取找工作的技巧，大大提高了毕业后的工作机会。雇主的利益：雇主可以提前物色雇员，大大改善人事录用过程，并节省了人力资源成本；劳动力结构变得更加多样化；通过合作教育项目招募、雇用雇员，可以提高永久雇员的保有率；增强企业与大学和学生的关系，雇主同时也可以确保课程教学计划和实施的有效性。社会利益：通过合作教育，向社会输送了具备社会责任感、全球竞争力的劳动力；雇主支付给学生的工资，对低收入和中等收入水平的家庭尤为重要，也减轻了国家经费支付学校所需要的花费。

2.2.2.3　美国合作教育分析

(1) 我国的“校企合作”与美国“合作教育”的差距

①缺乏有力的政策和法规支持。美国政府为了保证职业教育的顺利实施，对职业教育进行了立法，于 1862 年颁布了第一个职业教育法《莫雷尔法案》后，1962 年国会通过了《职业教育法》，1984 年《卡尔·波金斯职业教育法案》修订。在众多职业教育法规的保证下，企业把职业教育作为“企业行为”来看待，企业内有相应的生产岗位供学生生产实践，有规范的培训车间供学生教学实践，有完整的培训计划和充足的培训经费，更有合格的培训教师和带教师傅。

在我国，1958 年 5 月 30 日，中共中央政治局扩大会议提出了“半工半读”的教育形式。1958 年 9 月 19 日，半工半读学校、全日制学校、业余学校成为我国主要的三类学校。之后受“文化大革命”的影响，校企合作停止。改革开放后，1980 年，国家颁发了《关于改革城市中等教育机构、发展职业技术教育的意见》，加强学校和企业的联系与合作，增强政策建设。1991 年，《国务院关于大力发展职业技术教育的决定》提倡产教结合、工学结合，企业作为实习基地。2005 年国务院颁布《关于大力发展职业教育的决定》，2006 年颁布《关于全面提高高等职业教育教学质量的若干意见》，实现了新时期我国职业教育改革和发展的新突破。2010 年《国家中长期教育改革和发展规划纲要（2010—2020 年）》强调政府主导、行业指导、企业参与的办学机制，进一步推进校企合作制度化。

从以上对我国发展职业教育的制度的梳理，可以看出我国的校企合作还停留在口头上、宣传上，并没有明确的条目对企业减免税收、提供经费等。并且我国校企合作受政府重视比较晚，需要一些具体的政策支持和制度保障，要形成法律条文来保障合作的顺利开展。

②认识程度不够。我国相对于美国的合作教育来说，首先是对校企合作的认识不够，突出地表现在：理论与实践教学孤立结合，追求短期的利益，重技能、轻理论等。

理论与实践教学孤立相结合。由于认识的误区，人们往往认为理论教学是在课堂上完成，实习、实训在企业的负责下，在实验室中完成，这就导致了教学是离开实践的教学，实践是没有教学实践的结果。这种观念是与顶岗、在岗实习的目标相违背的，因此在实践中应转变观念，更好地实现理论教学与实践教学的无缝对接。

追求短期的利益。职业教育的定位是为地方经济的发展服务，大部分院校能够获得地方政府的财政资助。但是由于区域经济的发展不平衡，使得政策导向不同，获得的资助也是参差不齐。学校看到与企业合作带来的短期利益，会尽量满足企业的要求，在没有指导教师、打乱上课计划的前提下，也会去迎合企业，这样使得学生变成了低层次的打工仔，学校将办学成本转嫁给企业。而企业为了追求利益的最大化，并不是以培养人才为根本目的，追求短期利益最大化，违背了教育的根本宗旨，对学生、教育和社会都是有害的。

重技能、轻理论。我国职业教育的一个明显的思想误区是“理论够用、注重技能”，认为只有企业能锻炼学生的技能，将企业引入学校或将学生送进企业就可以达到培养目标。但在实际的培训中，学生接触到的往往是单一的技能，不具备完善的职业能力，更没有创新能力、持续发展的能力。

③服务功能、支持系统不健全。美国的合作教育为学校科研成果转化提供了平台，使得科技成果和信息能在学校和企业间打通。而我国部分高职院校的专业设置与人才需求是不匹配的；同时国家在技术创新、重大项目方面也未给予政策倾斜，高校的科研水平不高，对企业的作用也不明显。因此，我国开展校企合作，应该在人才培养创新、人才资源开发、科研项目上制定相应的政策保障。

（2）美国合作教育对我国的借鉴与启示

①制定配套的法律法规，成立专门保障机构。我国在1996年颁布了《职业教育法》，但并没有相关的配套职教法规，缺乏完备的职教法规体系。中央教育部和各地方政府应明确相关规定，制定专门的校企合作法规，明确校企合作双方的权利和义务，确保合作做到实处。同时，《高等教育法》和《企业法》应修订相关条款，明确规定高职院校与企业加强合作的文件。

美国早在1962年就成立了国家合作教育委员会，后来又成立了合作教育协会。委员会和协会负责协调合作教育工作，学校自身设有自己的合作教育部。在我国，可以起到类似作用的是行业协会。行业协会是一种民间组织，行政上不受政府约束。职业院校根据自身需要可以加入行业协会，企业为协会会员，这样协会发挥着“桥梁”和“纽带”的作用，通过协会的居间沟通，校企之间的合作就会比较顺利。

②加强对校企合作的认识，重视多层次的合作。首先，对校企合作的认识，不能建立在金钱和利益的层面。学校和企业之间形成的是相互支持、相互促进的

关系，而不是从对方获取资金、福利等。企业参与校企合作是实物投入、人员投入、技术投入等，为社会培养技能型、实用型人才。学校也不应想着从企业获得什么样的好处，来挫伤企业的积极性，这样不利于校企合作的持续开展。其次，在教学环节上，不能简单地认为完成学校的理论学习后去企业完成实习就是校企合作，应在项目实施前，做好充分的论证，设计出合理便于操作的机制和内容，实现实践环节与理论环节有机融合。最后，对于校企合作中重技能、轻理论的思想也要引起足够的重视。

纵观美国校企合作的历史，校企合作最初是由于当地企业技术工人短缺，体现了学校与当地中小型企业合作，为当地经济发展服务的特色。但在我国，学校与中小企业的合作比较困难。主要原因是学校与中小企业接触较少，不了解这些企业的人才需求；如果把职业教育和中小企业对接作为政府的一项工作，这样成功的概率会很大。

2.2.3 日本“产学研合作”模式

日本经历了长达近半个世纪的持续发展后，自 20 世纪 90 年代以来进入了相对低迷状态。在日本经济发展停滞的十年，转变经济增长方式势在必行。建立政府搭台、校企共同参与的合作成为日本科技创新的有效途径。政府提供服务、企业提供支持、高校致力转化的教育改革制度创新，为落实日本科技创新起到了推动作用，值得我国研究与借鉴。

在日本常用“产学合作”或“产官学合作”来表示产学研合作。“产”是指产业界、企业;“官”是指政府;“学”是指学术界，包括大学与科研机构等。从“产学官”的功能划分，“产”具有负责与承担创新风险的功能；“官”则具有支援与转化创新成果的功能，“学”具有提供和创造学术源泉的功能，“产、官、学”三者虽然不同，却有共同的关键问题就是“技术”。日本许多产业的成长都与“产官学合作”体制有很大关系，与政府的主导作用密切相关。因此，产学合作是“大学和企业之间以人才、研究为中心的包括共同研究、人才培养与交流、技术转移等”在内的广泛的交流活动。

2.2.3.1 日本“产学研合作”的特点

日本政府视“产学研合作”教育为基本国策，并将其制度化。日本政府从 20 世纪 90 年代末以来非常重视“产学研合作”，1996 年 7 月，制定了《科学技术基本计划》；1997 年 1 月，提出了《教育改革计划》；1983 年，日本建立了大学与企业开发“产学研合作”教育的制度；此外还陆续建立了委托研究制度、委托培训制度、经费划拨与使用制度、研究权属保障制度等。1998 年，日本又通过了《大学技术转让促进法》和《研究交流促进法》；2003 年 7 月，通过《国立大学法人法》；2005 年 12 月，日本经济团体联合会就实现“创新日本”提出综合提案，代表了日本产业界对以产学研合作创新的最新认识和需求。

以企业为主，共同培养高级科研技术人才。以企业为主体的“产学研合作”是日本创新体系的重要特点，在共同合作研究的项目中，企业组织承担的研究项目占到 90% 以上。到 20 世纪 90 年代以后，企业比例有所下降，下降至 80%。在人才培养和交流方面，企业提供经费、场所和课题，帮助进入企业实习的研究生完成整个学业。与此同时，日本的一些大学经常举办产学研沙龙，以促进产学研之间的沟通与交流；企业技术人员也可到大学研修甚至任教。调查显示合作教育制度对日本产业技术发展起了很大作用，已经成为创新体系的重要内容。

2.2.3.2 日本“产学研合作”的模式

日本创新体系的主要特点是以企业为主体的“产学研合作”，其主要模式有共同研究、委托研究、接纳受托研究员、合作研究中心、科技城和高新技术园等。

（1）共同研究模式

共同研究是指高校教师、研究人员和企业的研究者在平等合作的基础上，共同就研究课题进行开发，其实施主体是企业，以企业为主体的实施项目占 80% 以上。据日本部省统计资料显示，1998 年，日本大学与民间企业进行的联合研究课题的数量为 2569 项。2003 年，国立大学与民间企业共同研究课题为 8023 个，开创联合研究制度实施以来的最高纪录。研究领域涉及生命科学、情报通讯、环境、纳米材料四个重点领域。合作对象有民间企业和中小企业。共同研究发生的研究费用由合作单位双方共同承担，产生的效应和成果也由双方共同享有。根据实施研发场所的不同，共同研究又分为普通型和分担型。普通型是研究人员同在大学里进行研究，利用学校的资源。而分担型则是分别在各自的环境中，利用自身资源的优势，将承担的任务进行分工完成。

（2）委托研究模式

委托研究是指政府部门和企业委托大学和科研院所等研究机构向企业提供科研成果，以此协助企业的研究开发。项目所需研究经费由委托者负担，并且只出经费，不派出研究人员，其成果也属于委托者。高校接受委托者的委托，并与委托者就研究项目经费、期限、成果等签订合同。

（3）受托研究员模式

受托研究员模式是指企业的技术人员到国立大学接受研究生水平的指导，把握最新的研究动态。通过企业与大学人员的互动，促进信息流通与知识转移，并且提升了研究素质和研究能力，使企业未来的研发更具有活力。在新的形势下，企业的技术人员不仅可以到学校进修，也可以作为学校的兼职教师，担任某一课程的讲学或实验实习。企业的技术人员接受研究生水平的教育与指导，代培费由委托企业承担。代培期限原则为 1 年，在这期间可以带课题也可以不带课题。

（4）合作研究中心模式

合作研究中心模式是在 1987 年开始，为了推动地方产业的合作，加强与产业界联系，日本大学建立了共同研究中心，这是设立的以推进产学共同研究为目的的中枢设施。在合作研究中心进行技术研修、技术咨询、研究信息提供等各种活动，其既作为研究的场所，同时也是企业技术人员接受培训的课堂。目前，日本许多国立大学设立了地域共同研究中心，同时私立大学也竞相设立同样的研究中心。

（5）科技城和高新技术园模式

科技城和高新技术园模式主要是为了产生集群效应，使得日本多家研究教育机构和民间组织共同合作，积聚大量的科学技术人才，共同研发新产业、新技术、新产品。日本政府出资在全国建立了许多研究场地，如筑波大学科技城、关西科学城、横滨市高新技术园、九州七县的高新技术园等。目前高新技术产业主要包括信息技术、生物技术、新材料技术三大领域。科学城和高新技术园，成为科技创新和产业化发展的重要基地，对促进科技成果转化、培育创新型的高科技企业和企业家、孕育新的技术革命和新兴产业、促进区域经济发展发挥辐射和带动作用。

2.2.3.3　日本“产学研合作”的体制

（1）知识财产本部

大学知识财产本部是以对大学知识财产的创造、管理、利用为目的产学合作的窗口机构。从 2003 年开始，日本在全国选择了 43 家大学设立知识财产本部，主要业务内容包括知识财产政策等各种规程的建设以及确保从事知识财产活动人才的组织体制建设。在这些首批实施的大学中先行试验，通过研修、宣传等活动将积累的经验和成果向其他大学进行普及，目的是构建和强化大学知识财产、产官学合作体系。在知识财产本部设立的过程中，构建起了以副校长为第一把手的综合性的组织体制、知识财产管理和审查体制以及校内知识财产政策为主要内容的规则，不仅在校内进行宣传、普及活动，还将这些经验和成果通过研修等形式向实施机构以外的大学进行普及和示范。

（2）科学技术转让机构

科学技术转让机构是将大学的研究成果专利化并向企业转移的、在产学之间起着“中介”作用的组织。将大学研究的成果转化为现实生产力，并将一部分收益返还给研究者，使得研究者继续专心搞研究，服务于经济发展。也就是通过技术转让机构的活动，将具有权力化的可被利用的成果专利进行转让，使企业直接应用于生产，产生相应的收益来回报社会。目前“日本专利转化率低的一个重要原因是专利与市场严重脱节，在专利和市场之间缺少一个重要的产业化渠道”。《大学等技术转让促进法》把转化落到实处，导致了大学技术成果转让机构的诞生。

（3）法人及中介机构

在日本有许多与学术相关的公益法人，他们是通过在民间集资而设立的财团法人和学会法人，其共同的目的是振兴学术研究。根据所涉猎的智能与范围不同，可分为学术法人、研究资助法人、学会法人等。其中学术法人是以纯学术研究为目的；研究资助法人是以资助科学研究为目的；学会法人则是以信息交换和学术情报为目的。他们在学术研究上，都对产、官、学的合作起了重要作用。此外，日本的中介结构也在产学研合作过程中起到了非常重要的作用。中介机构作为组织管理协调机构，有“综合研究联络会议”“研究开发专门委员会”“研究协作室”“科技信息中心”等，它们充分发挥着管理作用。

2.2.3.4 日本“产学研合作”分析对我国的启示

（1）加强政策方面的支持力度

目前我国正处在经济建设的转型时期，科技创新对我国转变经济发展方式、提高经济科技水平、经济竞争实力有重要的作用。产业界对科学技术的需求，也把我国“产学研合作”发展提升到了一定的高度。市场的驱动和政府的推动并行，并在扩展科技成果转化能力、拓宽成果转化源头、优化创业创新环境、完善科技中介的发展机制等方面给予政策支持。

“产学研合作”需要一系列的法律、法规政策对其进行规范和提供保障。我国既制定和实施了若干法律法规，如 1996 年《中华人民共和国促进科技成果转化法》，1999 年《关于促进科技成果转化若干规定》，2007 年《科技进步法》，2008 年《关于促进自主创新成果产业化若干政策》等，但还很不完善。政府应进一步完善促进“产学研合作”的制定环境，向科技计划、技术进步、技术创新、技术引进、科技成果转化与产业化政策倾斜，制定大学技术转移促进法，激励大学与企业的创新合作。

（2）完善体制、机制建设

我国“产学研合作”的体制和机制建设都还不完善，主要原因是学校与企业的联系是自发性的，沟通渠道不畅，机制不顺。我国在《国家中长期科学和技术发展规划纲要》中指出：建立企业为主体、产学研结合的创新体系为突破口，全面推进中国特色国家创新体系建设，大幅度提高国家自主创新能力。大学在创新型国家体系中的使命是教育和科学研究。近年来，又提出了大学的社会责任和贡献使命，这一使命正在推动产学研一体化向前发展。

产学研一体化建设，需要完善的体制机制。日本的大学知识财产本部组织、技术转让机构和民间组织的配备值得我们借鉴。首先，在大学里设立共同研究中心，它是跨部门的协调机构，以起到学校内部及学校和企业之间的桥梁作用。其次，成立知识财产保护机构，对产学研究的成果进行切实的保护，明确专利的权力化，使得企业能够不间断地对知识创新进行投资。最后，成立技术转让机构，对提高科研成果转化，满足企业需要的创新信息，提升核心竞争力具有重要的作用。

（3）创新“产学研合作”形式

为了进一步加强学校和企业之间的联系，应积极促进“产学研合作”的新形式。可通过网络联系，如发送电子邮件和电子期刊等，或是征集学术论文，或是共同开展学术交流会等，通过科技成果展览会、学术交流会、论坛、讲座等多种宣传，来扩散科技成果供求信息，以增强科技成果交易的形成。

我国校内产学研结合的形式，应加强实习实践基地建设或是以股东的形式创办科技企业。北大方正、清华紫光等是校内产学研结合的成功典范。此外，还应将学校的智力资源和社会的优势资源相结合，成立大学科技园，使其孵化中小型企业，加速高新科技成果的转化与产业化。每一种合作形式都离不开沟通与协调的枢纽，因此我国还要借鉴日本的产官学合作协调机构，使交流网络、技术协商、共同研究等顺利进行。

2.3 我国校企合作教学模式分析

2.3.1 校企合作教育的研究意义

全国科技创新大会、中国科学院第十八次院士大会和中国工程院第十三次院士大会、中国科学技术协会第九次全国代表大会上，习近平总书记向全国发出了建设世界科技强国的动员令，明确了未来我国科技事业的发展路径并进行了总体布局，国人振奋。“科技创新、科学普及是实现科技创新的两翼，要把科学普及放在与科技创新同等重要的位置”，这是习近平总书记科技创新思想的总体体现，也是总结新中国成立以来我国科技事业发展的历史经验所得出的科学结论。

在迈向世界科技强国的征途中，所有的科技工作者都应把科学普及放在与科技创新同等重要的位置，既要做好科学研究和科学创新工作，更要主动自觉地去努力传播科学知识，提升社会科学素养，厚植创新土壤。科技人员的职责除了要搞创新，还要进行科普，要夯实创新文化的土壤，提高全民科学素质，形成有利于科技创新的社会氛围。随着全球范围内新一轮科技革命浪潮的兴起，国内产业面临转型与升级的新挑战，高等教育领域也适时而动，校企合作教育将有效解决以下几方面问题。

（1）解决当前校企协同育人困境的迫切需要

校企协同育人是高等教育领域培养专门人才的一种重要模式，随着新一轮产业革命的发展，高等教育大众化和市场化进程不断加快，发挥多方合力，协同育人成为共识。然而，在校企协同育人发展过程中出现了许多问题，如一些高校只是将企业当作学生的毕业实习基地，对于企业在人才培养过程中的重要作用视而不见。而企业作为营利性组织，认为人才培养的长期性和迟效性不能满足其需求，不愿意参与到这一过程中，这就导致了人才培养的断层发展。高校毕业生进入企业后需要进行培训才能从事相应的工作，不仅延长了人才培养周期，也增加了教育投资。对于高校来说，所培养的学生不能满足用人单位的要求，既可能降低本校的声誉，也不利于生源的稳定。同时，由于缺乏有效的评价标准，校企协同育人的成果难以测量，使得高校和企业参与协同的积极性不高，大部分都停留在表层。产教融合育人是一个双向互动的过程，在这一过程中需要第三方来组织协同育人活动的开展和实施，而目前国内缺乏这一角色。新工科正是基于国家发展战略而提出的，因此政府应充分发挥好在产教融合育人过程中的宏观调控作用，促使协同育人朝着理想的方向稳步迈进。在这样的背景下，研究校企协同育人对于高校和企业来说意义重大。

（2）丰富校企协同育人理论的需要

目前学术界对于校企协同育人的研究主要是基于高等教育相关理论，分析了校企协同育人的概念、机制、模式等，并结合具体实例提出了解决策略。但是目前国内关于校企协同育人研究的著作很少，对于校企协同育人相关理论研究不够深入。本书借助其他学科相关理论对校企协同育人进行研究，从而有助于拓展校企协同育人的理论基础。

（3）基于我国高等工程教育发展战略需求

2017 年 2 月“复旦共识”正式提出建设新工科，接着“天大行动”“北京指南”相继出台，奏响了新工科建设“三部曲”。新工科建设指南中一项要求是进行新工科多方协同育人模式改革与实践，建立政产学研等多主体协同育人模式，推进多方协同育人体制机制改革。党的十九大报告中也将深化产教融合作为一项重点工作任务。2017 年 12 月《国务院办公厅关于深化产教融合的若干意见》指出，造就一流水平与素质的创新型人才和技能型人才的关键在于持续促进职业技术教育及普通高等教育领域的改革，重点保证企业主体作用的发挥，加人各类人才的培养，努力实现人才供需平衡发展。在《关于加快建设发展新工科 实施卓越工程师教育培养计划 2.0 的意见》中，也表明要推进产教融合、校企合作的机制创新，深化产学研合作办学、合作育人、合作就业、合作发展。这些都为本研究提供了现实依据。

（4）有助于推动高校和企业深度融合，提升人才培养质量

产教融合、协同育人对于高校来说，是扩大社会影响力，发挥其社会服务职能的重要途径；对企业来说，是培养合格员工，提升企业创新能力的有效方法；对学生来说，是增强工程实践及创新能力，提高自身就业竞争力的最佳方法。尤其针对工程教育实用性较强的特性，产教融合育人更能够缩短人才培养周期，提升高校和企业实力，实现双赢。

2.3.2 校企合作教学面临的挑战

（1）学科专业建设与产业转型升级的适应度

工程教育的发展与国民经济建设息息相关，因此其学科专业的建设发展也反映了当前产业发展的需求与规模。目前，大数据、云计算、人工智能等新兴产业层出不穷，势必要引起工科专业结构的调整。从教育部公布的《2021年度普通高等学校本科专业备案和审批结果》中看到，工业设计、测控技术与仪器、工业工程等传统专业都在被撤销页之列，而新增人工智能专业的高校高达95所；其次就是智能制造工程专业，新增该本科专业的高校共有53个。专业的设置和调整是根据毕业生就业率等指标来衡量的，用人单位的需求反馈也是影响专业调整的主要因素之一。产业的转型升级影响着企业的发展方向，企业的发展战略规划和人力资源需求对高校专业建设也产生了作用。因此，提高学科专业建设与产业转型升级的适应度，是新工科建设的重点，也是校企协同育人发展的意义所在。

（2）企业与高校育人双主体的融合度

育人的双主体性是校企协同这一育人模式的主要特征。在以往，校企合作都是以高校为主体或者以企业为主体开展育人活动，另一方则处于附属地位，而处于附属地位的往往是企业。这就导致了校企协同“两张皮”的情况出现，由于企业处于附属地位，主体性得不到有效发挥，对校企协同的合作意愿自然也就减少。因此，提高企业与高校的融合度是深化校企协同发展成果的重要前提，也是培养新工科人才的必要措施。在《国务院办公厅关于深化产教融合的若干意见》中，将强化企业重要主体作用摆在了显著位置，充分表明企业的参与程度直接影响着校企协同的质量。因此，要加强高校与企业的融合度，首先要转变观念，认识到企业在人才培养过程中不可或缺的重要作用，引导企业参与到课程与教材的编订、学时的分配、教学方法的选择等过程中，实现真正意义上的校企协同。

（3）政府宏观调控的力度和行业协会的监管度

教育的政治功能决定了我国教育事业的发展离不开政府的支持和引导，在高等教育大众化和市场经济不断发展的今天，政府也逐步放权，鼓励高校自主办学。但是要统筹高校和企业共同参与人才培养活动，政府作为宏观调控者这一角色必不可少。从《国务院办公厅关于深化产教融合的若干意见》到《职业学校校企合作促进办法》，都体现着政府推进产教融合的意志，通过政策、金融支持等方式，为校企协同提供有力保障。校企协同作为一种独特的育人模式，其发展成效如何，需要第三方组织来进行评价。行业协会在监管和指导企业行为之外，也应该对校企协同的成果进行合理评价，以此发现产教融合发展过程中的问题所在。可以确定的是，在产教融合更加深入发展的大趋势下，政府、教育主管部门以及行业协会的作用也应当得到彰显，校企协同是一项系统工程，除了高校和企业之外的第三方力量的加入对其发展是十分有益的。

第3章　校企合作背景下创新人才培养模式研究

3.1　高校人才培养定位与模式

3.1.1　人才培养模式概念界定

就高校而言，育人模式也就是通常所说的人才培养模式。学者们对人才培养模式概念界定各不相同。目前学术界对人才培养模式的定义主要有以下五种。

一是过程说。认为培养模式实质上是人才素质要求和培养目标实施的综合过程和实践过程。

二是方式说。认为人才培养模式是在一定的教育思想和教育理论指导下，为实现培养目标而采取的教育教学活动的组织样式和运行方式。

三是方案说。认为人才培养模式是在一定的教育教学思想、观念的指导下，为实现一定的培养目标，构成人才培养系统诸要素之间的组合方式及其运作流程的范式，是可供教师和教学管理人员在教学活动中借以进行操作的既简约又完整的实施方案。

四是要素说。认为人才培养模式是指在一定的教育思想指导下，培养目标、教育制度、培养方案、教学过程诸要素的组合，是为实现人才培养目标而把与之有关的若干要素加以有机组合而成的一种系统结构。

五是机制说。认为人才培养模式是在一定的教育思想、教育理论和教育方针的指导下，各级各类教育根据不同的教育任务，为实现培养目标而采取的组织形式及运行机制，即是培养模式。

实际上，学者们对人才培养模式的定义本质上是一致的，其分歧的原因主要在于学者们对人才培养模式的定义视角存在差异。学者们对人才培养模式定义的一致性主要表现在以下几个方面：第一，人才培养模式具有目标性。从表面上来看，尽管学者对人才培养模式的定义有着巨大的差异，但是他们都承认人才培养模式本质上是为了人才培养目标的实现。第二，人才培养模式具有相对稳定性。无论是方案说、过程说还是要素说，学者们都承认人才培养模式具有相对的稳定性，人才培养模式的本质就是将人才培养形成一种固有的机制，也就是人才培养活动规范化、制度化。因此，人才培养模式不能够随意变化，否则会造成人才培养活动的断裂。第三，人才培养模式具有发展性。人才培养模式具有稳定性并不是说人才培养模式一旦形成就不会再改变，而是说人才培养模式不能随意改变，应该保持人才培养的连续性。但是，伴随着社会的发展和人才培养环境、条件的改变，人才培养模式也是变化的。第四，人才培养模式是一定教育理念的产物。尽管学者们对人才培养模式的定义存在分歧，但是他们都内在地认同人才培养模式是一定教育理念的产物，教育理念直接规定着人才培养模式中的人才培养目标、人才培养方式等，没有教育理念的指导，也就不存在人才培养模式。第五，人才培养模式由诸多要素构成。无论是坚持动态的过程说、活动说，还是要素说、方案说，它们都有一个共同的观点，即人才培养模式必须由诸多要素组成，只是它们对组成的要素内容存在分歧。

3.1.2　高校人才培养定位

所谓学校定位，就是一所学校办学方向、角色定位、特色所在的办学理想和价值追求。高等学校人才培养定位的含义则是指学校向社会提供人才的类型、数量和质量。高等学校的办学定位主要体现在办学类型定位、办学层次定位、人才培养类型定位、学科类型定位、服务面向定位等方面，每所高校承担的任务、服务功能的类型和范围不同，其定位也不同。

人才培养定位有别于人才培养目标，又和人才培养目标密切相关。《中华人民共和国高等教育法》对我国高等学校人才培养目标进行了规定："培养具有创新精神和实践能力的高级专门人才，具有良好的思想品德，掌握比较系统的科学文化知识和专业技能。"实际上，高等教育培养目标侧重对所有高等学校人才培养的基本目标和总体任务进行设定。随着高等学校类型、层次的多样化，各类高等学校必须在国家制定的高等教育培养目标的基础上，确定各自人才培养的基本规格和具体要求，以适应社会对人才多样化的需求。

人才培养定位与办学定位既有区别，也有联系。办学定位主要指高校整体部署和前景规划，主要包括办学目标、办学层次、办学类型、办学规模、人才培养规格和服务面向的定位等方面。可见，办学定位包含人才培养定位，但它是一个更为综合、更加复杂的概念。办学定位为人才培养定位的实现奠定基础，提供保障，只有在既定的办学层次和办学类型定位的基础上，才能培养出一定规格的人才。

高等学校人才培养定位大体可分为以下三种：一是厚基础理论型人才。这种人才培养定位的高校一般是研究型大学，例如985大学、211大学。该类大学强调的是大学的学术价值，主张大学应从事高深学问研究，培养和造就学术精英人才，追求卓越，力争一流。二是应用型人才。这种人才培养定位的高校一般是地方本科院校，该类学校在重视学术传承的同时，更加注重知识的应用，强调大学教学与服务社会并重，在弘扬文化知识的同时，强调满足社会外部的需要，为国家发展和地区经济服务。三是职业技能型人才。这种人才培养定位的典型代表是职业技术学院，这类高等学校更加重视人才的技能培养，其主要使命是培养满足社会需求的高素质技能型人才，强调知识的直接应用性，把市场对技能人才的需求作为办学的主要导向。

实际上，上述的三种基本人才培养定位的划分还过于宽泛，不能足以确定各类型大学在人才培养中的具体作用，每所大学都可以根据自己的培养目标和办学定位，确定更为具体的人才培养规格与要求。此外，高等学校三种基本类型的人才培养定位也不是非此即彼的，三种类型可以相互区分，相互交融，为经济社会发展培养各种规格的人才。

随着高等教育走进社会的中心和社会对人才需求的多样化，应该建立多样性的高等教育机构，并使每种高等教育机构具有独特的作用与功能，从而培养出满足经济社会发展需要的多样性人才。为实现上述目标，各类高校必须按照社会需求和自身的办学定位，确定人才培养定位，国家和社会根据各类高校的人才培养定位，对其人才培养质量进行监控与评价。《21世纪高等教育展望和行动宣言》指出："高等教育的质量是一个多层面的概念，对学校、国家和地区的具体情况应给予应有的重视，应考虑到人才需求的多样性和避免用一个统一的尺度来衡量高等教育质量。"

3.1.3 高校人才培养模式

人才培养、科学研究、社会服务和文化传承是高等教育的四大职能，对于大多数地方高校来说，培养人才是首要的和主要的职能。"培养什么样的人"和"怎么样培养人”是我国高等教育在人才培养方面重点关注的问题，也就是人才培养模式选择的问题。不同类型的高校由于人才培养定位不同，在人才培养模式选择上也有所不同，但是均必须把握好以下几个原则：

第一，国家需要是前提，学校定位是关键。不同类型的高等学校均应根据国家和经济社会发展对人才的不同需求，以及各高校的自身办学条件，在履行高校职能中找准自己的办学定位、发展目标、办学性质和服务方向，确定人才培养的目标、规格，并由此选择人才培养模式，构建合理的知识、能力、素质结构。不论研究型大学还是教学型大学，均应将本科教育作为学校办学的基础和重点，努力培养面向基层的服务地方经济与社会发展的高素质人才。

第二，社会需求是导向，培养模式是核心。不同类型高校尤其是教学型和教学研究型大学，在构建各自的人才培养模式时必须适应市场需求，以市场对人才类型的需求为导向。一般来说，研究型大学以培养通识型、综合型、研究型的人才为主要任务；教学研究型高校以培养复合型、应用型的人才为主；教学型高校培养的是面向基层、面向生产第一线的应用型人才。对应用型人才的基本要求是要有一定的理论基础、有较强的动手能力和二次开发的能力。技能教学型高校以培养生产、服务、管理一线的技能型人才尤其是高技能人才为主。高校无论是培养应用型人才还是高素质技能型人才，由于学校自身的条件不同，定位和服务对象也应有所不同。

第三，通识教育是基础，能力培养是本位。不同类型高校的人才培养模式不尽相同，但是人才素质的基本结构是相同的，这需要在教学实践上正确处理好能力教育、通才教育和专业教育三者的关系。培养高素质应用型人才，就必须以通识教育为基础，构建学生的综合能力和宽泛的知识基础，为学生的可持续发展奠定基础；以能力培养为本位，构建学生应用知识和技术解决生产、服务、管理等问题的实际能力。这里所说的能力培养主要包括专业能力培养和综合能力培养。

第四，知识应用是基础，创新能力是目标。高等学校既要立足于高等教育大众化背景，担负起为区域经济建设和社会发展培养应用型人才的重要任务，又要立足于建设创新型国家战略，担负起培养和造就服务区域创新体系的高素质创新型人才的重任。强调“知识应用是基础”是指所培养的人才在具有扎实的专业理论知识的基础上，要有熟练的专业实践能力及技能，具有到生产实践和社会实践一线承担工作的能力，并能胜任这样的工作。根据规划纲要的精神，培养具有创新精神的人才应是我国高等教育的基本价值取向，是当前高等教育改革的核心目标。无论何种类型、何种层次的高校，都负有培养创新型人才的任务。就社会需求而言，不管是学术型人才、应用型人才，还是技能型人才，都需要用创新精神去提升他们的素质，都需要他们具有创新能力去创造性地开展工作。

（1）研究型大学的人才培养模式

研究型大学应当是国家高层次人才培养的重要基地，高水平研究型大学的特点是：它能够培养出政治、经济、科技和文化等领域的精英人物，是国家知识创新和技术创新的中心，是科学技术原始创新的重要发源地，能够产生重大原创性的研究成果，能够在基础研究领域对人类知识大厦的构筑做出重要的贡献，能够为创新型国家建设提供良好的社会服务。通过培养精英人才、创造重大科研成果、提供高质量的社会服务，对国家的政治、经济、文化产生影响。在人才培养模式上，研究型大学对学生的知识、能力和素质结构的构建与实现的方式上要具有自己的特色。

从知识和能力的构建上，研究型大学以培养高素质通识型、研究型、创新型的精英人才为目标，而这类人才的培育仅有本科教育是不够的。因此，在培养人才的知识结构上，要重视通识文化教育，加强基础学科、基础理论课程和学科交叉课程模块的建构，力图实现学生的知识体系精深、广博与学科交叉三者的协调统一，本科生与研究生课程学习的有机统一和衔接；改变学科专业学习过早、基础理论薄弱的弊病，培养理论基础厚、综合能力强、人文修养底蕴深厚的复合型人才。

在素质和能力培养上，研究型大学应把本科教育与研究生教育有机结合，突出强调本科教育的基础地位。在人才培养目标和专业课程设置上，以培养基础知识宽厚、创新意识强烈，具有超强自主学习、自主研究能力和动手能力的通识型人才为目标，实施通识教育基础上的宽口径专业教育。

（2）教学研究型大学的人才培养模式

教学研究型大学是介于研究型和教学型之间的高校，主要任务是培养有研究潜力，具有一定的复合知识，以技术应用、技术开发为基本特征的高级应用型人才；在培养的层次上，本科教育占比较大的比例，一般是研究生教育与本科教育并重；科学门类以多科性和综合性为主，学历教育一般都涵盖博士、硕士、学士完整的学历层次。如何找准本科教育的人才培养定位，使教学研究型大学形成各自不同的人才培养特色是该类高等学校一个重要的研究课题。各教学研究型大学应根据各自的办学定位、发展目标、办学性质和服务方向，将本科教育作为教学研究型高校的办学重点，努力培养面向基层的高质量的具有创新思维的复合型、开放型和应用型人才。

教学研究型大学在人才培养的模式构建中，必须适合社会对人才知识面宽、应变能力与开拓能力强、具备多种素质特征的要求，使培养的人才既要具有共性，更具有个性，具备宽厚的知识基础和较强的创新精神和实践能力。因此，该类型高校构建人才培养模式，应当以通识教育为基础，以传授知识、培养能力和提高素质作为构建人才培养模式的主线。

（3）教学型大学的人才培养模式

教学型大学作为我国高等教育的主力，量大面广、层次多、类型多，是培养应用型高级人才的主要力量。长期以来，我国高等教育注重在单一学科领域中培养人才，使人才的知识结构单一，知识面狭窄，适应性较差。为了克服这一弊端，各高校对此进行了不断的研究与探讨，总的改革方向和目标是：以培养应用型、复合型人才为出发点，以人为本，大力培养学生“会学习”“会创新”“会做人”的素质。针对教学型大学在人才培养上的应用性特色，在学生的知识构建上应把握好通识教育与专业教育的关系。教学型高校的人才培养模式应是一种针对专业教育而言的通识教育，同时也为终身教育做准备、打基础。因此，在学生的知识构建上宜“宽”不宜“窄”，不能把专业教育看得太重。

（4）技能教学型大学的人才培养模式

技能教学型高职高专院校承担的是高等职业教育，是高等教育的重要组成部分，在人才培养模式中必须为学生构建与高等教育相适应的知识、能力和素质；同时它又具有强烈的职业教育的属性，必须针对职业岗位所必需的技能，构建学生的知识、能力和素质结构，并通过创新实现人才培养的目标。

在人才培养模式的构建上，教育部明确提出，高职教育要以就业为导向，以促进就业为目标。实行多样、灵活、开放的人才培养模式，把教育教学与生产实践、社会服务、技术推广结合起来，加强实践教学和就业能力的培养。加强与行业、企业、科研和技术推广单位的合作，推广“订单式”“模块式”培养模式；探索针对岗位群需要的、以能力为本位的教学模式；面向市场，不断开发新专业，改革课程设置，调整教学内容。这就进一步为技能型教育的高职高专院校指明了人才培育的目标和方向。

在知识的构建上，本科教育为学生搭建可塑性的知识体系框架，对学生掌握知识的宽度与深度有较高要求，强调知识体系的完整性、系统性和科学性，强调以通识为基础的深厚专业理论基础、宽广的专业知识面和较强的科学创造能力；高职高专院校是为学生搭建职业性强的技能平台，在知识构建上以“够用”和“实用”为限，以构建学生职业岗位技能和技术的操作性要求的知识为目标，注重培养具有扎实的职业技能、专深的岗位业务知识、较强的技术应用能力的技能型人才。

在素质和能力培养上，本科教育重视学生知识和技术的应用能力培养，同时要培养学生应用知识进行技术创新和技术的二次开发能力，强调的是综合素质的培养。高职高专院校是以成熟的技术和规范为基础，培养学生胜任某种职业岗位的职业技能、技艺和运用能力，强调学生职业能力和职业素质的培养。

在人才培养模式的实现方式上，本科教育虽然也重视技术应用能力的培养，重视实践教学，但更加重视理论教学；高职高专院校则是以实践教学为基础和主要内容，培养学生的职业能力、技术应用能力，体现高等职业教育人才培养的技能性和实用性特点。

3.2 校企合作背景下人才培养模式改革

3.2.1 社会对高校人才培养的要求

现阶段，我国社会主义经济市场日益完善，现代经济、文化制度的建立以及体制的改革、企业升级和转型、新的经济增长方式、人才的国际竞争等方面对高校人才培养提出了更高的要求。

（1）类型多样化

市场经济发展到今天，社会各行各业对人才的需求出现了多样化特征。一是企业分工细化和岗位的细分导致了对人才的多样化的需求；二是新技术、新产业的不断出现对人才多样化的需求更加显著；三是经济发展趋于多元化、产业结构现代化，进一步加速了劳动力在产业部门间的流动和分层，进而又加剧了对人才需求的多样化。经济社会的发展需要一支从基础理论研究、应用开发研究、产品和工艺设计、生产和经营管理，到操作技能熟练的多层次、多类别、多规格的高素质人才队伍。社会对人才的多样化需求就要求高校的人才培养模式做出调整，在人才培养类型上力求多样化。因此，高等学校人才培养模式改革必须以经济社会发展需求为导向，走多样化人才培养之路，为经济建设和社会发展培养大量的高素质人才，以满足社会对人才的多样化需求。

（2）素质综合化

素质综合化是指人才在知识、能力结构方面具有多维性、复合性特点，既具有渊博的基础知识、扎实的专业知识、较强的创新能力，又具有较强的经营管理能力、公关能力、强健的身体素质与良好的心理素质等。社会主义市场经济体制下，高新技术的快速发展改变了传统的用人机制，人才的素质综合化已成为用人单位追求的热点。这就要求高等院校把受教育者的素质和能力培养置于更加突出的位置，通过课程的综合化，培养可以成功实现不同学科间的知识跨越、拥有良好的心理素质和果断的决策能力、擅长协商沟通、能妥善解决复杂问题、适应经济社会发展需要的高素质、强能力、重责任的人才。

（3）一专多能化

一专多能化是指人才在某一两个专业领域有着比较深入和过硬的知识结构与能力，且能适应多个专业方面的发展。当今社会经济增长方式正由粗放型向集约型转变，许多企事业单位也不得不从劳动、资金密集型转向知识、技术密集型，新技术、新工种、新产业不断涌现，岗位职业越来越不稳定的现象逐渐成为一种趋势。因此，每个人都有可能会经历多种多样的工作，转工、转行将会司空见惯。由于个人必须面对不断变动的职业生涯，所以具备适应不同工作、职位及职业的能力尤为重要。为使培养的人才能够适应社会和工作环境的多元变化，高校培养的专业人才必须具备一专多能化的特征。

（4）竞争国际化

竞争国际化是指人才在国际间的角力，也是经济全球化时代的典型特征。国际化人才培养是协同创新时代赋予高校的重要任务。随着经济全球化时代的到来，国际间的人力资源、物资资源、资本和信息的流动不断加快，跨国公司之间的合作、协同和竞争不断加强。在此背景下，我国的高等教育发展面临着向世界高度开放，并参与激烈国际竞争的冲击与挑战。因此，我国的高等教育在人才培养上必须向国际标准看齐，培养的人才必须符合国际化的需求，不仅要具有国际化观念和现代意识，而且要具备竞争观念、创新意识和开拓精神，具有国际竞争力。

3.2.2 高校人才培养问题分析

多年来，我国不少高校进行了人才培养模式改革的大胆尝试，也取得一定成效，但总体上来讲，改革仍然不够到位，不能很好地适应经济社会快速发展对人才的需要。具体表现在以下几个方面。

（1）部分地方高校人才培养定位不准，角色定位混乱甚至错位

不少地方高校在规模定位上盲目追求大而全；类型定位上重普通高等教育而轻高职教育，重学术型教育轻应用型教育；在层次定位上层层攀高，中专要升大专，大专想升本科，本科争硕士点，有了硕士点又要争博士点；在学科定位上，求多求全，漠视自身条件和实际需求，盲目向多学科、综合性大学发展。在追求高层次办学过程中，一些过去十分有专业特色或专业优势的学校放弃了自己的特点，在人才培养定位上出现了明显的偏差，致使人才培养规格雷同、千人一面，从而导致毕业生供需结构性矛盾突出。

（2）人才培养目标相对单一，缺乏明确性和针对性

为适应计划经济的需要，我国高等教育长期采用高度集中的办学管理体制，例如统一的人才培养目标，统一的专业目录、教学计划，统一的招生和分配等，因而不可避免地导致全国重点院校与地方院校培养目标一致、同一个学科专业目标一致，甚至专科层次培养目标几乎也和本科一个样。长期以来，地方本科院校人才培养定位不准，盲目致力于学术型人才的培养。而事实上，社会对人才的需求是分类型的，从总体上来说分两类：一类是发现和研究自然、社会发展规律，从事基础研究的人才；另一类是将这些客观规律和原理应用于实践，将研究成果转化为生产实践的电子信息、材料以及能源等工程技术人才。前者称为学术型人才，应由重点大学培养，后者称为应用型人才，应由地方院校培养。

但是为数不少的新建地方本科院校为提高学术上的知名度，对培养学术型人才趋之若鹜，而对应用型人才培养则不够重视。同时，在人才培养模式的建构上，不少新建地方本科院校提出的也是千篇一律的一般性要求，如厚基础、宽口径、高素质等，宽泛而又空洞，不具备可操作性。这种极端共性的人才培养模式对地方高校的人才培养特色的形成造成了不良影响，导致人才培养供需严重脱节。一方面造成我国各类高校培养的人才在整体结构上千校一面，同一种类型和同一种层次的人才过剩，而社会真正需要的其他类型和层次的人才却严重不足，导致人才的比例和结构严重失调；另一方面则是人才的千人一面，这样的人才缺乏特色和个性，不具有创新精神和创新意识，难于适应社会主义市场经济对人才的更高要求。

（3）专业结构、课程设置与市场脱节，办学特色弱化

办学理念是一个学校办学模式的灵魂，对于学校的生存和发展起着决定性作用。我国部分地方本科院校办学理念滞后，主要体现在学科、专业设置方面：一是专业、课程设置趋向实用化，热衷于设置看得见、用得上的专业和课程。在学科、专业设置与建设上，不是根据自身的基础和条件，努力形成自己的优势和特色，而是热衷于抢市场，遇到热门专业一哄而上，造成专业重复设置和资源浪费。二是盲目追求专业设置的多而全，向综合性大学靠拢。实际上，任何一所学校所拥有的资源都是有限的，如果将有限的资源平分到每一个学科，优势学科就难以得到充足的资源支持，结果可能导致原来的优势学科丧失其领先地位和竞争力。三是一味模仿研究型大学办学模式，在学科建设上片面追求发展一些纯基础性、纯理论性的学科，并在这些学科领域上投置了大量的人财物资源，放弃了对原有办学优势的积累，尽管从其纵向发展看，这些地方院校的学科实力似乎有所增强，但从高等院校整体发展的横向比较看，这些地方院校的学科实力差距已越拉越大。

（4）实践教学存在诸多问题，教学效果受到影响

实践教学是学校实现培养人才目标的重要环节，是培养大学生创新精神和创造能力的重要手段，是加深理论教学、提高知识综合运用能力的关键环节，对提高学生的综合素质，培养学生的实践能力、创新意识和创新能力具有重要作用。但从实践教学的总体情况来看，国内各高校的实践教学状况很不平衡，有些高校执行情况良好，而有些高校的执行情况却不是很理想，其现行的实践教学模式还存在着一些共性的问题和不足。

一是在实践教学定位问题上存在着偏颇。因受我国传统高等教育教学模式的影响，长期以来都把实践教学作为理论教学的辅助手段，最多是作为不可或缺的辅助教学环节来对待。因此，我国高等教育界出现了“相对独立的实践教学体系”的提法。这种观点对于冲破实践教学的从属地位无疑是有益的，但是却在实践层面导致了实践教学的误区。一方面是实践教学无法实现真正的独立，因为实践教学和理论教学本是相伴而生的一体两面，两者都无法相对独立存在，因而也就无法真正摆脱实践教学的从属地位；另一方面，一旦实践教学真正独立了，却又发现失去了自我，表现为实践教学的目标和体系都无从着落。我国高等教育经过多年实践教学改革的不断努力，虽然取得了一些成绩，但至今也未能冲破高校人才培养的瓶颈，大学生实践能力较差、创新精神不强，这同长期以来未能正确理解实践教学与理论教学的关系，或者说未能给予实践教学以正确定位密切相关。

二是在实验项目和内容上还没有完全实现及时更新，存在着综合性、设计性实验项目比例较低，实验内容陈旧的问题。实践教学环节包括实验教学、课程设计和实习等环节。课程设计与实习内容陈旧、更新慢，不能很好地适应现代教育的发展。实习教学强调模仿和训练，创新内容缺乏，无法培养学生的创新思维；毕业设计结合实际的课题较少，缺乏实际应用价值，无法培养出应用型人才；演示性、验证性实验较多，综合性、设计性、创新性实验较少，影响了学生的综合分析能力、独立解决实际问题的能力、创新能力、组织管理能力和科研能力的培养。

三是实践教学效果仍然不能令人满意。近年来，借着教育部进行本科教学质量评估之风，我国各高校相继扩充实践教学条件，在教学设施补给、教学资源的调控上取得了明显的成绩，但所培养出来的人才质量与社会需求还有一些差距。目前，我国高校毕业生存在理论知识与工作实际脱节、适应性与动手能力不强的问题。在竞争日益加剧的今天，产业结构的不断优化升级使企业对人才的要求越来越高，他们希望毕业生是具有更宽广的知识结构、更强的分析和解决问题的能力、更优良的团队意识和创新实践能力的人才。

3.2.3 高校人才培养模式改革思路

对高校而言，人才培养模式改革包括两个方面：一是遵循教育外部关系规律，以时代背景下经济社会发展需要为参照基准，调整学校的专业设置以及专业的培养目标、培养规格，使人才培养更好地适应社会的需要。二是遵循教育内部关系规律，以专业的培养目标、培养规格为参照基准，调整专业的人才培养方案、培养途径，使人才培养模式中的诸要素更加协调，以提高人才培养质量与人才培养目标的符合程度。

（1）明确人才培养目标定位，突出创新性人才培养特色

高等教育应当培养什么样的人才，是高校面临的一个重要问题。长期以来，由于我国高等院校长期处于“精英教育”阶段，并且不同程度地出现了从众、模仿、攀比之风，导致各类院校都仿效重点大学的办学模式。在确定人才培养目标上，大家都倾向于学术型人才的培养，而不管这种人才是否符合社会的需要。实

践证明，学术型人才对于推动知识创新、促进基础研究、服务国家发展战略非常重要，但就整个社会而言，真正从事科学发现、技术发明、知识创新的人毕竟是少数，社会更大量需要是将已有知识和原理进行转化，从而创造物质产品的应用型人才。地方新建本科院校是为了适应当前社会的发展和进步而建立的，所以应该而且必须定位在以培养应用型人才为主的方向上。与培养学术型人才相比，培养应用型人才要有其特有的教学工作思路。在培养目标上，要着眼于培养面向经济建设、生产、管理、服务第一线的专门人才。与学术型人才相比，它强调应用性；与高职教育相比，它又强调一定的理论基础和发展潜力，注重培养学生自主学习、知识更新和善于应用的能力。在培养规格上，要强调厚基础、重实践、强能力的培养。一方面，应用型人才要具有较宽广的基础知识和厚实的专业理论，决不能因为突出应用而过于收窄专业知识面，削弱基础理论教学；另一方面，应特别注重学生应用能力的培养与训练，把应用性环节渗透到教学的全过程。在评价标准上，应主要看其将知识原理向实践转化的能力，而不是侧重对学理的演绎能力，更不是看其考试分数的高低。

（2）以市场需求为导向，确立多元化人才培养定位

人才培养目标的多元化，是社会发展的多元化趋势和学生个性发展的多样化的需要。以市场需求为导向的人才培养模式的主要优点是，它可以不断地刺激大学主动调整办学方向，使其适应不断变化的经济和社会状况。随着改革的不断深入，经济社会发展方式的转型，人才培养多样化的需求对地方本科院校提出了新的要求。以下是不同类型人才的规格：

①应用型人才：掌握本专业基本理论、方法及相关知识；受到专业应用能力和技术的专门训练，具有实际解决社会、经济、工程、管理等具体问题的能力；有一定的自学能力、知识应用能力和创新能力；能适应地方经济建设和社会发展的特定需要。

②基础型人才：掌握本专业基础理论与方法，知识面广博，专业知识深厚；受到一定的科学研究方法训练，具有较强的自我知识更新能力、科学研究能力和创新思维能力；能够适应研究生教育的需要；具有从事专门理论研究和专业教学的基本素质。

③复合型人才：掌握主修专业的基本理论、知识和方法，并具有较为系统的相应辅修专业的理论、知识和方法；具有较高的知识综合运用能力、自学能力和

创新能力；具有较强的多方面适应社会需求的素质和能力；具有能够根据岗位工作的不同要求调整自我的能力。

④创业型人才：掌握本专业基本理论、方法及相关知识；受到专业应用能力和技术的专门训练，具有实际解决社会、经济、工程、管理等具体问题的能力；具有卓越的创新精神与创新技能；具有敏锐的洞察力和敢于尝试的冒险精神。

（3）拓宽专业口径，优化专业结构

专业口径是指划分专业时所规定的主干学科或主要学科基础及业务范围的覆盖面。口径过窄的专业教育不利于受教育者以后的职业迁徙或工作方向的转移，也会大大增加其就业后重新培训的难度和成本。专业设置与调整关系到人才培养的模式和质量，是一个非常重要的问题。为了适应社会主义市场经济体制建设的需要，全面提高教育质量，培养复合型人才，高校必须拓宽专业口径，建立新的教学模式。因此，可以借鉴美国、日本一些大学的“大专业、多方向”的普遍做法，通过专业方向的调整，使同一专业具有不同的侧重面，这也符合我国教育部提出的“对一些确有一定社会需求的专门人才，可通过在宽口径专业内设置柔性的专业方向或选修课程组进行培养”的精神。

（4）改革课程体系，体现应用型人才培养要求

①改革课程结构。地方本科院校课程体系由四个模块组成，即公共基础教育课程、专业基础教育课程、专业课程、职业教育课程。在搭建这样的课程体系的同时，还要采取一系列配套措施：要调整课程结构和课程空间，适当压缩理论知识课程的课时，加强实践教学环节，增开有利于学生实践能力培养的课程；要加强专业方向课、任选课的课程建设，构建具有弹性培养特点的课程体系，加大选修课程的开设比例；要根据社会对人才的实际需求，在进一步拓宽专业口径的基础上，在高年级灵活设置具有不同职业趋向的专业方向，将拓宽专业口径与灵活设置专业方向有机结合，根据专业方向设置职业教育课程模块，实现对人才的分流培养。

②改革教学内容。教学内容的改革是课程改革的核心。教学内容的改革要同地方本科院校对人才培养的目标、规格相一致，要同人才培养模式改革的大方向相一致。对教学内容的改革要注意把握好两个方面的关系：一方面要从本科教育的规律出发，强调不断根据学科、专业的发展更新教学内容，要求教师密切追踪学科、专业发展的前沿动态，加强对教育教学规律和教学实际问题的研究，注意

不断把科研成果、教研成果及时转化为教学内容，大力倡导研究型教学；另一方面要结合地方本科院校的实际，根据自身人才培养的目标、规格，尽量减少一般性理论教学的内容，努力增加与生产、社会实践直接关联的教学内容，特别是增加与地方的经济、文化、社会密切相关的教学内容，加强对教学内容的应用性研究，提倡理论联系实际的教学方式。

③改革教学方法。充分发挥现代信息技术的作用，促进教学方法、手段的改革。现代化的教育技术为教学方法的改革提供了有利条件，教学方法改革应该充分利用这些条件。积极利用多媒体手段，通过对多媒体课件的精心设计、有效调配，提高课堂教学的效果，增强学生对知识的接受度。

（5）建立多方协同的人才培养机制

创新人才培养是个系统工程，培养的主体具有多元化特征，除了高校外，科研院所、行业企业也都拥有自身独特的人才培养优势和条件。创新人才培养的资源分别掌握在不同的创新主体手中，任何一个创新主体都不能够有效掌握创新人才培养所需要的全部资源，必须依靠其他的主体提供支持，形成协同效应，共同达成人才培养目标。因此，在协同创新背景下，需要突破制约创新人才培养的内外部机制障碍，建立多机构、多部门、多单位协同创新机制，使学科之间、高校之间、高校与经济社会发展之间以及高校内部之间有效协同，为高等教育内涵式发展和质量的全面提高开拓更大空间，培养一批高素质的创新型人才。

3.3　电子类专业科技创新教学改革研究案例

3.3.1　杭州电子科技大学电子类专业教学改革目标及特色

（1）电子类专业科技创新教学改革目标

电子类专业科技创新教学研究依托杭州电子科技大学电子信息技术国家级虚拟仿真实验教学中心和电工电子国家级实验教学示范中心，紧跟学科发展、对接行业需求，以实践项目为载体，以任务和要求为驱动，以培养学生解决实际工程问题为目标，重构了适应新技术发展的电子类专业科技创新人才培养体系。借助信息化技术，重构实践教学环境，以满足电子类专业“高阶性、创新性、挑战度”实验教学和学生“泛在化”学习需要。

团队教师在“跟踪学科发展、对接行业需求”的育人理念指导下；以综合性实践项目为载体，实践教学紧跟学科前沿、对接行业需求、注重学科交叉融合；通过信息化实践教学资源建设，落实产出导向教学理念，推进创新型人才培养模式和机制改革。通过研究将进一步提升国家级实验教学中心的实践教学能力；更好地服务于省属高校电子信息类本科学生的工程创新能力的培养目标。通过项目实施，以点带面，引领各地各校围绕教育现代化建设热点和难点问题，探索基于技术的教育教学融合创新，推动高新智慧教育上新台阶，支撑和引领教育现代化。

（2）电子类专业科技创新教学改革拟解决的问题

①解决如何让信息技术深度融合，渗透到创新型人才培养实践教学环节。教学团队积极探索将信息技术运用到实践教学的实施过程；通过在中国大学慕课（MOOC）和超星泛雅网络教学平台上开设数字电子技术系列课程，在虚拟仿真实验教学平台上开放共享实验教学项目等，满足学生随时获取课程教学资源的需要，实现了线上线下混合式教学；依托智能车俱乐部、机器人俱乐部、无线电俱乐部等大学生科技创新基地，延伸了实践教学的时间和空间，实现了课内实验与课外实践环节的融合；通过组织学生积极参与国家、省、校以及院级等学科竞赛，参与国家、省、校以及院级等创新创业训练计划，使学生将掌握的理论知识更好地应用到创新实践中，实现了理论课程教学和实践教学的融合。

②实践教学与科学研究紧密结合，着力培养学生工程实践创新能力。针对传统实践教学的局限性，团队教师将跟踪学科发展，以培养多学科交叉复合型人才为出发点，结合科学研究和行业需求，精心设计系列“高阶性、创新性、挑战度”实验项目，并采用持续动态更新的模式完成实践项目库的建设，着力培养学生的工程实践创新能力。

③开放式远程实验教学平台助推实验教学改革，满足学生泛在学习需要。借助信息化技术，重构实践教学环节，通过建设三相异步电机和三相交流电等系列远程控制虚拟实验平台，有效地拓展了教学的时空领域，学生可随时随地在线预约实验，开展电子类实验设计、测试、研究等工作。同时，远程控制实验平台配置了高清摄像机、拾音设备，让远程学习者有身临其境的体验，了解实验过程细节及实验结果，满足泛在学习需要。

（3）电子类专业科技创新教学改革特色

①基于工程实践创新能力培养，重构电子类专业人才培养体系。以数字电路

课程改革为切入点，优化课程内容，强化实践教学，将《数字电路》《脉冲与数字逻辑电路》《现代数字电子技术基础实践》《数字系统课程设计》《EDA 技术》《片上系统设计及应用》《嵌入式系统》等课程授课时间提前；由点到面，重构适应新技术发展的电子类专业人才培养体系；让学生提前进入理论与工程实际相结合的训练阶段，尽早进入实验室完成自主性、创新性实验项目的设计，参加各种课外科技活动，参加国家、省、校以及院级的竞赛活动，参与国家、省、校以及院级的创新创业训练项目，提升培养学生的实践创新能力。

②创建了适应新技术发展的三元融合实践教学模式。为适应新技术的发展需求，依托各类网络教学平台、大学生科技创新基地、学科竞赛，创建了“线上自学与线下实践相混合、课内实验与课外实践环节相结合、理论课程教学和实践教学相互融合贯通”的实践教学模式，有效地延伸了实践教学的时间和空间，拓展了学生的视野，加强了学科之间的交叉融合，更新了工程型人才知识体系；以研发企业资助项目为载体、以项目驱动创新为机制、以校企协同考核为激励，系统化实现校企协同培养新模式，实践教学与行业应用无缝对接，满足学生工程实践创新能力培养的需要。

③建设了支撑实践教学模式的开放式远程实验教学平台。为支撑教学模式实施，基于“资源开放与共享机制协调，硬件平台与软件资源协调、自主研学与质量监管协调”的理念，建设以国家级教学团队、国家级实践平台、国家规划教材与国家精品课程为标志的资源平台。以满足电子类专业“高阶性、创新性、挑战度”实验教学和学生“泛在化”学习需要，建设开放式远程实验教学平台，实现实验自主预约、智能考核、在线提交及批改实验报告、实验项目库开放共享等教学质量保障功能。

3.3.2　杭州电子科技大学电子类专业人才培养方案设计

（1）培养目标

本专业培养适应经济建设和社会科技发展需要的，具有国际视野、良好的科学素养和职业道德，在电子信息相关领域从事科学研究、工程技术开发、生产管理与行政管理等工作的高素质专门人才。

电子信息工程专业期待毕业生五年以后达到以下目标：

①具有良好修养和职业素养，在工作中具有社会责任感、良好的职业道德和敬业精神。

②能运用所学的专业知识和技术，对实际工作中遇到的电子信息相关问题进行分析，设计技术方案，并能解决实际工程问题。

③在电子信息相关领域从事产品设计测试、技术研发、项目管理或教学科研工作。

④具有不断学习并适应社会发展和行业竞争的能力。

⑤团队工作中，可跨职能分工合作，具有良好的领导、组织能力。

（2）毕业要求

①知识：能够将数学、自然科学、电子类工程基础、专业基础和专业知识用于解决复杂的电子信息工程问题。

②分析：能够应用数学、自然科学和电子信息科学的基本原理，识别、表达、并通过文献研究分析复杂的电子信息工程问题，以获得有效结论。

③设计：能够设计针对电子信息复杂工程问题的解决方案，设计满足特定需求的电子器件、电路和系统，并能够在设计环节中体现创新意识，考虑社会、健康、安全、法律、文化以及环境等因素。

④研究：能够基于科学原理并采用科学方法对电子信息的复杂工程问题进行研究，包括设计实验、分析与解释数据并通过信息综合得到合理有效的结论。

⑤使用现代工具：能够针对电子信息复杂工程问题，选择与使用恰当的 PCB 加工工艺或芯片流片工艺，开发与使用各种电子测试相关仪器设备，包括信号发生器、示波器、数字万用表、电源、频谱分析仪等，选择与使用各种仿真软件，如 pspice、multisim 等，包括对电子信息复杂工程问题的预测与模拟，并能够理解其局限性。

⑥工程与社会：能够基于电子信息工程相关背景知识进行合理分析，评价电子信息专业工程实践和复杂工程问题解决方案对社会、健康、安全、法律以及文化的影响，并理解应承担的责任。

⑦环境和可持续发展：能够理解和评价针对电子信息复杂工程问题的专业工程实践对环境、社会可持续发展的影响。

⑧职业规范：具有人文社会科学素养、社会责任感，能够在电子信息工程实践中理解并遵守工程职业道德和规范，履行责任。

⑨个人和团队：能够在多学科背景下的团队中承担个体、团队成员以及负责人的角色。

⑩沟通：能够就电子信息复杂工程问题与业界同行及社会公众进行有效沟通和交流，包括撰写报告和设计文稿、陈述发言、清晰表达或回应指令。具备一定的国际视野，能够在跨文化背景下进行沟通和交流。

⑪项目管理：理解并掌握电子信息相关工程管理原理与经济决策方法，并能在多学科环境中应用。

⑫终身学习：具有自主学习和终身学习的意识，有不断学习和适应发展的能力。

（3）核心课程

电路与电子线路 I、II，信号与系统、数字逻辑电路、电磁场与电磁波、通信电路与系统、EDA 技术、计算机原理与接口技术、数字信号处理、通信原理、信号检测与处理。

（4）专业特色

电子信息工程专业属于杭州电子科技大学的特色及老牌专业，专业紧跟电子信息行业发展，密切关注电子信息行业人才需求，以培养具有较强创新精神与实践能力的电子信息综合型人才为培养目标。本专业根据电子信息行业发展趋势开设了三个模块方向，在电子信息领域给学生以更全面的选择。本专业开设了人文、经济、管理及法律类选修课，结合我校经管学科的优势，培养更全面的复合型人才。

为了更好地体现专业培养目标，按照工程型人才培养需要，本专业建立了由课程实验、课程设计、专业实践综合设计、生产实习和毕业设计组成的实践教学体系。通过实验课程设置和新实验课程的开设，完善课程体系建设，加强实践教学，着力培养具有实践动手能力的创新人才。在开设的实验课程中，按照实验类型可分为基础实验、专业实验和实践环节课程三类。

①基础实验：电路分析实验、模拟电子技术实验、现代数字电子技术基础实验、通信电路与系统实验。

②专业实验：FPGA 应用与实践、信号与系统实验、单片机原理实验、计算机网络工程等。

③实践环节课程：电路与电子线路综合设计、数字系统课程设计、创新性实验、毕业实习、毕业设计。

3.3.3 教学改革措施

电子类专业科技创新教育研究以学生需求为出发点，借助信息化技术，重构实践教学环境，建立适应新技术发展的电子类专业实践教学体系，实施“线上线下混合、课内课外融合、理论实践结合”的实践育人教学模式。

（1）加强实践教学理论研究，培养自主研学能力

进行实践教学的理论研究，从理论和实践两个方面解决传统电子类专业实践教学中“教学内容、教学方法、课程组织及时间安排”上存在的问题。2016年以来，团队教师在核心期刊上发表实践教学研究论文30余篇；基于理论研究，逐步实施“实验慕课”和“翻转实验室”，把课内实验变革为自主开放模式；通过工程项目分析、任务驱动、考核激励、方法引导，使学生进入自主研学的各个场景，逐步培养学生的自主研学能力。

（2）建设适应新技术发展的创新型人才培养体系

对《数字电路》《脉冲与数字逻辑电路》《现代数字电子技术基础》等课程大力实施教学改革，优化课程内容，强化实践环节，理论与实践相融合；对体系的其他相关课程，如《数字系统课程设计》《EDA技术》《片上系统设计及应用》《嵌入式系统》等也进行相应的课程教学内容调整，重构适应新技术发展的创新型人才培养体系；基于体系构架，培养学生扎实的理论基础，同时提升了工程实践创新能力。

（3）创建适应新技术发展的三元融合实践教学模式

为适应信息技术的发展需求，创建“线上自学与线下实践相混合、课内实验与课外实践环节相融合、理论课程教学和实践教学相互结合贯通”的三元融合实践教学模式；通过教学模式的实施，让学生提前进入理论与工程实际相结合的训练阶段，鼓励和帮助学生尽早进入实验室完成自主性、创新性实验项目的设计，积极参加各种课外科技活动，培养学生的实践创新能力。

（4）建设满足泛在学习的开放式远程实验教学平台

依托电子信息技术国家级虚拟仿真实验教学中心和电工电子国家级实验教学示范中心，团队教师以打造全方位开放式教学为宗旨，围绕如何拓展实验内涵、激发学生的学习兴趣、培养工程创新意识等问题开展远程实验平台研究。远程实验平台有效地解决了教学过程中时间、地域和安全因素等限制的现实问题；对于探索实验教学新模式、满足泛在学习具有重要而深远的意义。如图3–1所示，团队教师开发的“金属体电磁散射及隐身特性分析虚拟仿真实验”“电子技术在线虚拟仿真实验项目”等教学项目经浙江省教育厅推荐参与了教育部国家虚拟仿真实验教学项目认定工作。

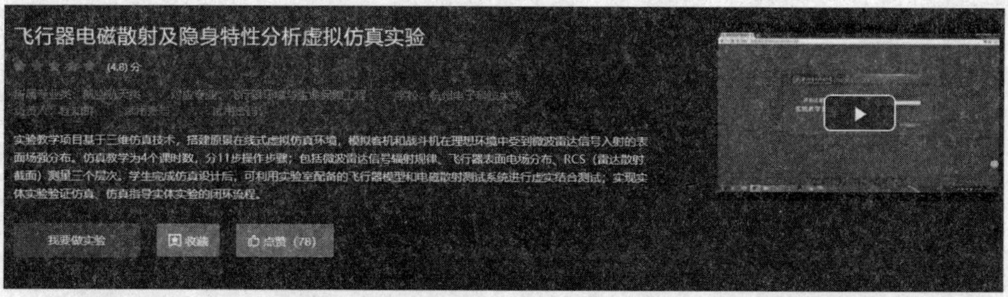

图3-1　飞行器电磁散射及隐身特性分析虚拟仿真实验项目概况

（5）开发“两性一度”实验项目，着重培养学生的工程实践创新能力

结合科学研究和行业需求，团队教师开发“高阶性、创新性和挑战度”系列实验项目，让学生运用已经掌握的理论知识，通过分析思考，高水平地完成实验要求。如图 3–2 所示，团队教师还将采用持续动态更新的模式完成实践项目库的建设，将企业工程实践创新项目、教育部协同育人项目和科研项目等应用于实践教学，学生将实践教学项目进行功能拓展后可用于创新创业训练，经传承培育后孵化为产学研合作项目。

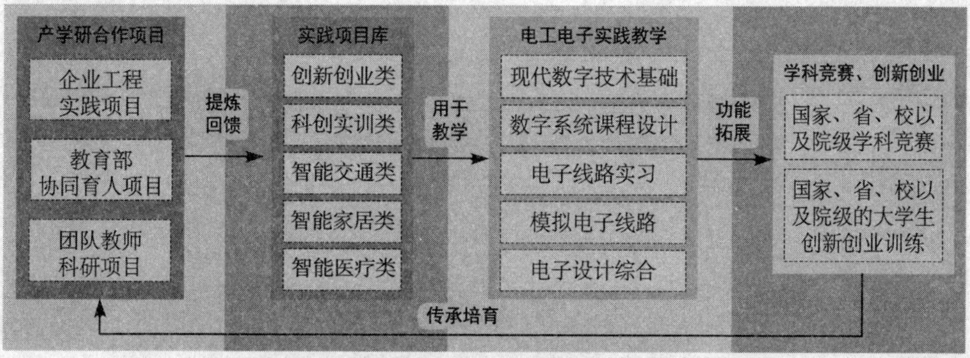

图3–2　动态更新的综合性、创新性实践项目库建设

李萨如信号发生器设计是理论与实际相结合的经典问题，李萨如信号发生器原理框图如图 3–3 所示，利用 DDS 信号发生器、ADC 采样控制模块和锁相环模块完成实验设计，实现学生综合能力素养的锻炼。

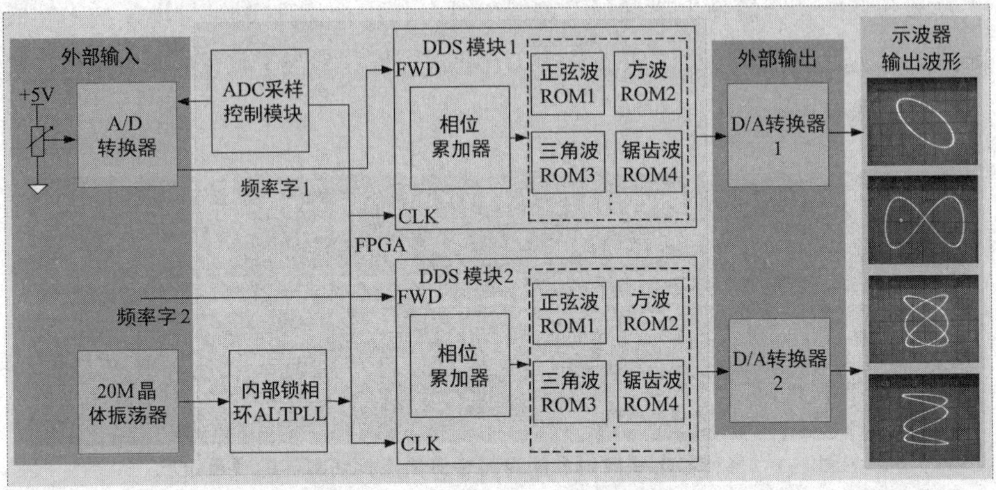

图3–3　李萨如信号发生器原理框图

车载手势控制系统设计为多学科融合综合性实验项目，实验内容涉及人工智能、图像处理、数学形态学、现代数字电子技术等多学科课程知识。车载手势控制系统原理框图如图 3–4 所示，学生通过分析和归纳影响系手势识别效果的原因，探索较佳的形态学处理方案；同时提高学生的成本意识，通过自主设计，降低系统对硬件指标的要求。

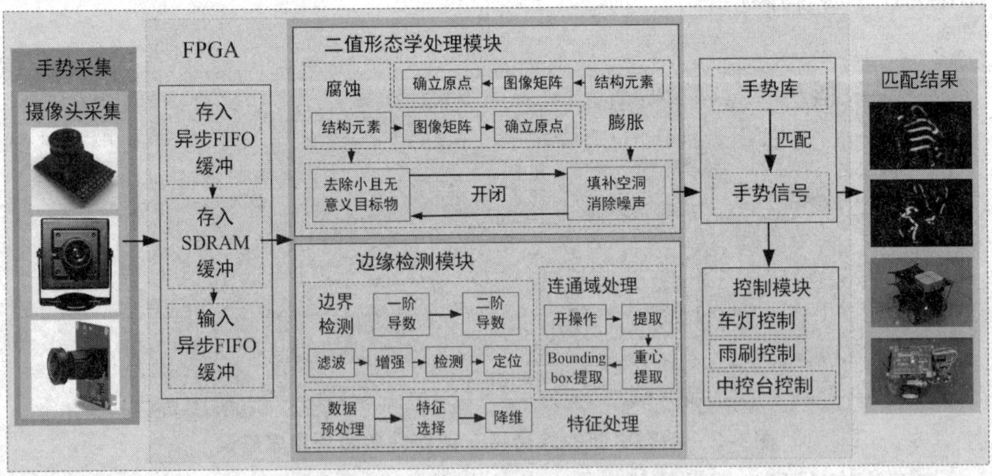

图3–4　车载手势控制系统原理框图

3.3.4　杭州电子科技大学校企合作教学改革探索

伴随着经济的迅猛发展，在信息技术的带动下，各产业竞争发展越发剧烈，知识创新能力才能保证企业拥有持久竞争力。知识在变化速度和创新跨度上呈现出跳跃性的发展，已逐渐成为各国的核心竞争资源。产学合作作为一条基础的科技创新路径，是国家创新系统中的重要一环，在促进知识转移、推进产业提高创新竞争力、推动产业升级方面发挥着极其重要的作用。研究得出，在一些创新能力较高的企业中，有超过 10% 的创新成果产出都来自产学合作过程。产学合作是指高等教育系统的任何部分与产业界之间的互动，作为技术创新的一种重要模式，其目的主要是鼓励知识和技术交流。对比各国的技术和经济的发展发现，产学合作在吸收外部知识、提高本国创新的能力比其他方式效果更好。

近年来，产学合作已被广泛认为是加强开放式创新、组织外部网络发展创新和丰富知识存量的一种工具。我国政府在产学研合作相关政策的制定以及在法律层面积极探索、制定和实施了一些产学研合作政策。然而，大多数产学研合作政策主要由国家或国家部委颁布实施，由大学本身颁布的相关政策体系是较为罕见的。特别是近年来，中国经济增长的驱动方式由原来的要素转向政策和创新，产学合作为高校知识创造、企业技术升级提供了非常有利的环境。大学是知识孵化最好的基地，然而，目前我国大部分的高校在产学合作方面仍保持相对保守的态度，尤其缺失产学合作大学层面的制度供给。

杭州电子科技大学是一所电子信息特色突出，经管学科优势明显，工、理、经、管、文、法、艺等多学科相互渗透的教学研究型大学。与产业紧密相连的人才培养模式和研究方向决定了其在行业知识转移过程中也拥有着更大的实力和潜力，能发挥更大的作用。随着时代的发展和在新的高等教育管理体制下，杭州电子科技大学充分利用自身的行业优势，寻求地方政府和企业的支持，建立与地方产业的知识互动机制，融入区域经济活动，促进本地企业创新能力的提高。

杭州电子科技大学依托本校电工电子国家级实验教学示范中心，与德州仪器（TI）、美国国家仪器（NI）、微芯科技（Microchip）等一批国际高科技企业联合共建创新实践基地，如图 3-5 所示；2016 年以来企业资助大学生各类创新创业类项目 200 余项，团队教师主持教育部产学研项目 5 项，学生实践项目与行业应用实现无缝对接，满足工程实践创新能力培养需要。

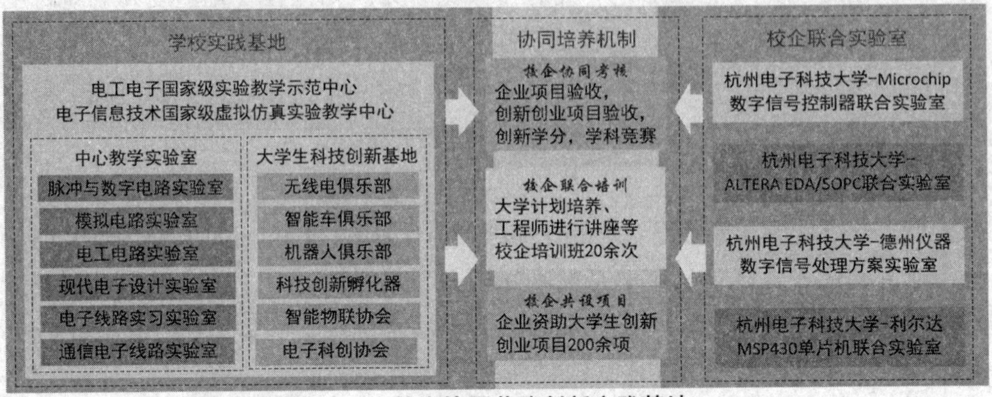

图3-5　校企协同共建创新实践基地

3.3.4.1　实例 1　基于创新能力培养的信息化实践平台建设

普通省属高等学校电子信息专业人才培养应该具有多样性，既有学科型人才，更应该有大批能满足国家战略发展需求的工程技术人才。团队教师基于这一理念充分调研，以提高学生的工程创新能力和可持续发展能力为培养目标，依托我校电子设计综合实验室、全国大学生“小平科技创新团队”以及计算机、电子等学院各类学生科技实践创新实验室，进行信息化创新能力培养的实践平台建设，激发学生的学习兴趣，培养理论基础扎实、实践动手能力强、具有工程创新精神的电子信息类专业人才，更好地服务于省属高校电子信息类本科学生的工程创新能力的培养目标。

（1）与项目相关的背景和基础介绍

①项目成员。

学校十分重视信息化科技创新实践平台的师资队伍建设，建立了一支年龄、学历、职称结构合理，学术水平高，思想道德素质好，热心实践教学的专兼职教师队伍。通过实践教学师资队伍的规划和建设，已建成一个实践教学与理论教学互通，教学、科研、技术相结合，热爱实践教学、勇于创新的实践教学队伍。

②电子设计综合实验室。

电子设计综合实验室建立于 1999 年 6 月，是一个面向全校学生开放的综合性实验室。实验室主要采用自主研发的信息化教学管理系统进行实践教学，同时配备了 3D 打印机、3D 扫描仪、3D 激光雕刻机、Analog Discovery 2 口袋实验室、Basys3 开发板、PIC18 开发板、DSO7104A 示波器、N9320A 频谱仪、数字可调电源和 8840A 示波器等硬件设备。

该实验室为开放性，主要用于开设创新性实验教学课程，同时承两年一届的全国电子设计竞赛、“飞思卡尔”杯智能车竞赛、浙江省电子设计竞赛，“挑战杯”竞赛及学院一年一度的电子设计培训和竞赛任务，并且向全校电子工程、电子科学与技术、电子信息科学与技术等专业高年级学生提供电子系统设计方面的实践，培养学生的工程实践能力和相互协作能力。自实验室建成以来，在承担全国大学生电子设计竞赛过程中，共获得国家一等奖、二等奖十余项，“飞思卡尔”杯智能车竞赛全国特等奖、一等奖等多项，另外有多项省级奖项。

③“创新性实验”课程。

本课程是电子信息类专业重要实践性课程，课程总学时为 32 学时。面向专业为电子信息工程、电子信息科学与技术、电子科学与技术、通信工程、信息对抗与技术、光信息科学与技术等专业。本课程开课学期为第 5、6 学期，是在学生在完成基础实验后，针对实际工程问题，三人一组，自主思考，申报完成一个应用实验项目，重点是创新。

课程通过介绍数个综合性电子系统的设计思路和设计方法，给出一些对应的实验要求，让学生自己去探寻掌握电子系统设计技术及其创新的途径。实践过程注重工程能力、分析能力和创新能力的培养，通过实践的启迪和大量有创意的实验项目训练，能动地激发创新意识，培养自主创新能力；使学生在理论、实践能力和创新精神三方面能得到同步收获。

（2）项目建设的预期目标和成果

①建立校内实践基地。

依托电子设计综合实验室、全国大学生“小平科技创新团队”，以及计算机、电子等学院各类学生科技实践创新实验室建立校内实践基地，实践基地采用美国国家仪器公司（NI）的 VirtualBench 多功能一体式仪器、Analog Discovery 2 口袋实验室和自主研发的信息化教学管理系统进行实践教学。

②重构创新能力培养实践教学体系。

以“创新性实验”课程为切入点，侧重学生工程实践能力的培养，对后续系列科技创新实践教学进行改革。基于创新创业能力培养，构建自主研学的实践教学体系和网络实验室，实现了开放共享的实验管理模式。

③总结经验和成果，形成文字。

在教学成果建设上，编写科技创新实践相关讲义 1 部，发表实践教学改革论文 1 篇。

④学生学科竞赛的成绩取得新的突破。

参加课程体系改革的学生在全国大学生电子设计竞赛、全国大学生“飞思卡尔”杯智能汽车竞赛的成绩更进一步，而且同时低年级学生获奖的等级和比例更有大幅提高。

（3）项目的具体内容、任务、实施路径

本项目通过建立校内实践基地，进行基于创新能力培养的信息化实践教学探索。通过开设“创新性实验”课程试点班进行适合新技术发展需要的创新性实践教学体系研究。通过教学项目库的建设与持续更新，培养具有工程创新精神的电子信息类专业人才，更好地服务于省属高校电子信息类本科学生的工程创新能力的培养目标。同时依托全国大学生“小平科技创新团队”进行信息化实践教学管理系统开发，系统结构框图如图 3–6 所示。

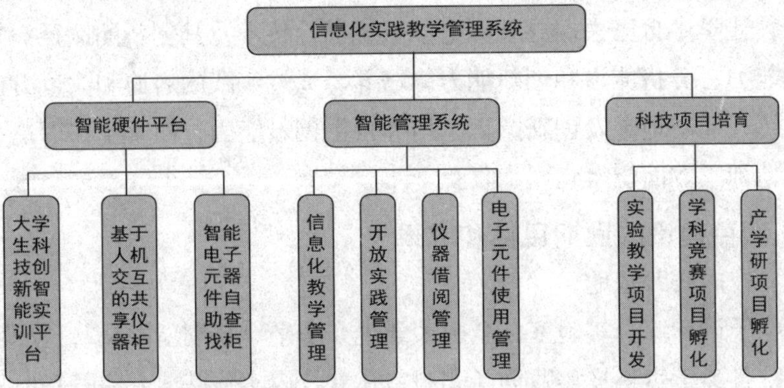

图3–6　信息化实践教学管理系统结构框图

本项目具体实施过程如下：

①充分调研，科学论证，顶层设计。

团队教师调研了如美国密歇根大学、加拿大多伦多大学、清华大学、东南大学、西安电子科技大学等国内外知名高校实践课程开设的情况，学习国内外高校的成功经验，制订了科技创新实践平台建设的实施方案。

首先，科技创新实践活动不是孤立存在的，必须与人才培养目标紧密结合，与整体育人体系相协调。本科院校应准确定位科技创新实践在人才培养模式中的

功能，明确实现这些预设功能的路径，确保科技创新实践围绕人才培养目标形成系列化活动。其次，要“两手抓”。一手抓场地、指导人员的落实，一手抓管理和评价制度建设。再次，让学生明确本专业培养目标、服务面向、学习任务等，使学生在大学期间能结合自己的志向和兴趣，有意识地学习和有效地开展科技创新实践活动，形成自己的知识结构以及相应的实践能力。

②从实际出发，综合考虑，开设“创新性实验”课程试点班。

以学生需求为出发点，改变以往受实验条件限制只能开设简单实验的局限性，打破跨学科的实验屏障，以“创新性实验”课程为切入点，支撑复杂的多学科交叉的系统性实验，提升实践教学效果。

经过多批教学改革试点，“创新性实验”课程的教学项目现已在我校推广使用，团队教师也逐步建立了实验案例库。“创新性实验”课程实验包含了基本电子技术验证性仿真、简单电子系统仿真、复杂电子系统仿真和虚实结合实验等电子技术设计相关实验项目。构成了从简单到复杂、从仿真到硬件验证的电子技术实验教学体系。实验教学内容先易后难，由浅入深，逐步提升实验设计的广度和深度；通过基础性实验→设计性实验→综合性实验三阶段有针对性的实践锻炼，激发学生的学习兴趣，增强学生的创新创造能力。

③由点到面，整体推进，重构科技创新实践教学体系。

项目建设依托我校电子设计综合实验室、全国大学生“小平科技创新团队”，以及计算机、电子等学院各类学生科技实践创新实验室，借助“多元化”课程体系开设“创新性实验”课程。以本实验课程为切入点，侧重学生工程实践能力的培养，对后续系列科技创新实践教学进行改革。基于创新创业能力培养，构建自主研学的实践教学体系和网络实验室，实现了开放共享的实验管理模式。

a. 创新类科技竞赛。科技创新活动是培养大学生综合素质的有效手段，是提高大学生就业竞争力的重要方法。因为科技创新活动是一项全面的综合的活动，也是一项将理论应用于实践的活动，大学生的能力和素质能够得到全面的锻炼，解决了高校课堂教学与实践脱节的问题，从而缩小高校人才培养与社会需求之间的差距，增强大学生的就业竞争能力。

b. 科普类课题研发。近年来科普受到了国家的高度重视，科学普及对于提高全民的科学文化素质至关重要，因此将高尖端技术应用于科普中，以广大民众喜闻乐见的形式表现出来，不仅有助于科学技术的传播，也有助于学生创新能力的培养。结合学科的优势，依托丰富的产学研合作经验和实践教学经验，完善智能系统实验室建设和运行管理，增加实验室的开放性，建立基于科普类科研课题的学生研发平台。

c. 产学研合作。产学研合作教育就是充分利用学校与NI公司多种不同教学资源在人才培养方面的各自优势，把以课堂传授知识为主的学校教育与直接获取实际经验、实践能力为主的生产、实践有机结合的教育形式。通过这些实践，学生提升了自身的素质，如服务意识、工作能力及创新实践能力。

（4）基于创新能力培养的信息化实践平台建设项目后续设想

①以点带面，借鉴平台建设经验，扩大示范辐射作用。

中心充分利用浙江省实验室指导委员会和工作研究会等平台，借鉴信息化创新能力培养的实践平台建设经验，与兄弟院校开展广泛的交流和合作，扩大示范辐射作用。

②完善实验库建设，扩大共享受益面。

大力进行校内实验资源的整合与共享，基于NI公司的VirtualBench多功能一体式仪器和Analog Discovery 2口袋实验室，完成创新性实验项目资源库建设。同时加强实验教学资源的共建共享，实现校内外资源共享，以此带动周边高校信息化实践平台的建设和发展。

③推进信息化实践平台标准化建设工作。

对信息化实践平台的硬件设备和配套管理软件进行标准化定义。同时，联合周边院校共同研究探索有利于创新性实践教学的绩效考核激励机制，建立并试点运行高教园区内互认的实践考核评价机制。

3.3.4.2 实例2 基于FPGA的远程数字电路实验平台建设

（1）项目相关背景和基础介绍

①先进的网络设施为远程虚拟教学资源建设提供基础保障。

杭州电子科技大学是教育部“教育信息化——面向工程人才培养模式创新的智慧校园”试点单位，拥有先进的信息网络软硬件支撑平台，为开放式远程虚拟平台建设提供有力保障。电工电子国家级教学团队在多年的实践中，积累丰富的实验室建设和实验教学经验，为项目的顺利实施奠定了扎实的基础。

②完善的实验教学基础为项目建设提供明确导向。

学校建有国家级电子信息虚拟仿真实验教学中心和电工电子国家级实验教学

示范中心，先后投资 3390 余万元搭建数字电路等多个基础教学实验室，满足电子、通信、计算机和自动化等专业每年超 8000 名学生对实验教学的需要。经过多年的实验教学积累，已具备完善的实验类别和教学流程，并总结了传统实验教学中存在的问题和不足，能够为远程虚拟实验教学资源建设提供明确的指导性意见和建设方向。

③多元化的实验教学队伍为远程虚拟教学资源建设提供人才基础。

项目成员为国家级电工电子实验教学团队成员，且具有丰富工程实践教学经验。通过多年的教学师资队伍规划和建设，已建成一个实践教学与理论教学互通，教学、科研、技术相结合，热爱实践教学、勇于创新的实践教学队伍，为远程虚拟实验项目建设储备了大量创新性人才。

④具备了良好的虚实结合实验基础。

学校重视远程虚实实验教学，多年来不断探索虚拟仿真实验教学的规律与模式，已建设了国家级虚拟仿真实验教学中心和国家级电工电子实验教学示范中心，开设了满足各个专业培养计划要求的数字电路虚拟仿真实验教学。本项目建设内容，充分考虑了现有设备条件，结合电子信息类实验课程的特点，结合应用型人才培养对电子基本知识与素养的需求。

（2）项目的特色和亮点

①构建了适应新技术发展的远程实验教学体系。

依托虚拟设备等教学仪器，在“数字电路”“数字系统课程设计”等课程中试点开始远程在线教学项目，构建适应新技术发展的科创实践课程体系。新课程体系的实施，进一步激发了学生的学习欲望，使学生能够迅速由验证性实验过渡到自主设计实验，初步培养出学生自主设计能力，为学生终身学习习惯的形成打下坚实的基础。

②改革课程教学方法，优化课程内容。

依托我校电工电子国家级实验示范中心、电子信息技术国家级虚拟仿真实验教学中心以及各类学生科技实践创新实验室，构建“线上线下混合、课内课外融合、理论实践结合”的教学模式。将其应用于实践教学中，极大地提高了学生的基础理论水平和系统设计实践能力。

③创建了自主设计论文答辩的考核方式。

采用“自主设计论文答辩”全新的实验考核方式，学生可自主选题或选择任课教师指定的实践项目，论文答辩的考核方式激发了学生自主学习的兴趣，使学生在数字电路自主创新设计、工程协作、语言表达及论文写作等各个方面得到了训练。

（3）项目建设目标

依托电子数字电路实验室建立远程虚拟实验教学平台，平台采用ELVIS Ⅲ仪器进行虚实融合教学设计，学生通过网络在线完成电子技术虚拟仿真设计；利用实验室配备的ELVIS Ⅲ仪器开展远程实体实验研究测试;实现仿真指导实体实验、实体实验验证仿真的闭环流程。

①重构创新能力培养远程实验教学体系。

以“数字电路”课程为切入点，侧重学生工程实践能力的培养，对后续系列科技创新实践教学进行改革。基于创新创业能力培养，构建自主研学的实践教学体系和网络实验室，实现了开放共享的实验管理模式。

②总结经验和成果，形成文字。

在教学成果建设上，发表实践教学改革论文。

③学生学科竞赛的成绩取得新的突破。

参加课程体系改革的学生在学科竞赛的成绩更进一步，而且同时低年级学生获奖的等级和比例更有大幅提高。

④开放式远程控制虚拟仿真实验平台，推动泛在化教学。

杭州电子科技大学与墨西哥蒙特雷科技大学两校教师团队以打造全方位开放式教学为宗旨，以解决复杂工程问题为核心，围绕如何拓展实验内涵、激发学生的学习兴趣、培养工程创新意识等问题开展数字电路远程控制实验平台设计与研究。基于实验平台教学功能，精心设计了多个综合性电机学远程控制虚拟仿真实验，借助信息化手段，实现全方位开放式教学，满足泛在化教学需要。

第4章　校企联合实验室建设探索与实践

实验室是从事实验教学、科学研究的重要场所，是培养学生科技创新思维和综合能力的重要实践基地之一。开放实验室可给学生增加更多的实验环境、实验条件和时间，改变以往少数人做多数人看的实验状态。

开放实验室不光是对理论教学的发展提供了更多的素材，更是提高学生综合素质的有效途径之一。实验室的开放不能等同于简单的开门，它是一种高效、高能的实验室管理服务的体现，不光是要满足实践教学所需，同时，还应当满足科技创新开放实验、科学研究以及社会服务。本章以杭州电子科技大学杭电—微芯单片机联合实验室建设为例，阐述我校开放实验室建设和管理的特征。

4.1　杭电—微芯单片机联合实验室概述

杭州电子科技大学杭电—微芯单片机联合实验室是杭州电子科技大学与美国 Microchip 公司联合共建的着眼于物联网和智能家居的科研组织。孵化创新型技术、孵化创新型产品、孵化创新型企业是实验室不变的宗旨。在“三个孵化”的引导以及数届成员的努力奋斗下，历经十余年，实验室盈亏自负，自力更生，逐渐形成了以人才培养为宗旨，科技研发为载体，项目与竞赛为辅助的运营模式。

4.1.1　实验室发展历程

实验室依托杭州电子科技大学国家级实验教学示范中心、国家级虚拟仿真实验教学中心，致力于物联网、网络数据和智能设备的研究；于 2009 年与美国 Microchip 公司联合建立杭电—微芯单片机联合实验室，2014 年获校级“五四青春榜样”称号，2016 年获大学生“小平科技创新团队”（当年全国 50 个，浙江 2 个），2018 年获校级“示范性开放实验室”称号，2020 年获校级“明星实验室”称号。实验室面向校内外开放，接纳毕业设计、科技创新能力训练等完成相关的教学实践任务。

实验室采用学生完全自主管理模式，每年资助 20 多名优秀本科生进驻实验室，从一年级开始着手产品的学习和设计能力培养：一年级以自学为主；二年级进行实践培训；三年级开展自主设计，并参与科研和承揽第三方设计；四年级能够出专利、论文和创新技术产品等成果，培育完成。

培养模式：针对大一新生，高年级学长定期授课并制订详细的暑期实验板学习计划，帮助其共同成长；大二阶段，依据兴趣划分并成立 PC、数字、模拟、网络开发等多个兴趣小组，分享学习心得，进行实践锻炼；大三阶段，开展自主设计，参与科研并组织参加全国大学生电子设计大赛、全国大学生“挑战杯”大赛、全国大学生机器人大赛等课外科技活动；大四阶段，孵化出专利、论文和创新技术产品等成果。

运营模式：采用企业化运营管理模式，实验室成立采购部、后勤部、财务部等部门；采购部负责实验室的器件与日常用品的申购，后勤部负责实验室内部生活用品与规章制度的维持，财务部负责实验室的经费管理，实验室秘书负责实验室的日常事务和科研项目的统筹。

自成立以来取得的成绩：

① 2016 年获得中国共青团和全国少年工委颁发的全国“小平科技创新团队”称号（全国 50 个，浙江省 2 个）；

②发表科技论文 15 篇，申请专利 16 项，获得省级以上科技项目 29 项；

③学科竞赛获得国际奖 1 人次，国家奖 52 人次，省级奖 93 人次；

④郑祥谱同学 2017 年获得浙江省国家特别奖学金（全省 10 个，杭电 1 个），周航、孙兴哲等 8 位同学获得 2016 年 Microchip“大学奖学金”；

⑤ 34 位同学考取浙江大学、杭州电子科技大学、西安电子科技大学、上海交通大学、东南大学等高校硕士研究生；31 位同学在华为技术有限公司、海康威视、浙江大华技术股份有限公司、腾讯计算机系统有限公司等著名 IT 公司任职；

⑥先后为中国台湾松瀚公司、浙江省中医院等企业和社会单位开发人体经络分析仪、自组网灯控等 30 余项产品，实现产学研结合；

⑦连续 9 年参加美国微芯公司“精英技术年会”，紧密跟踪产业界技术发展动态，并在 2016 年获得美国微芯公司颁发的大学教育杰出奖。

4.1.2 实验室开放资源

（1）单片机基础实验室

主要承担大一、大二等低年级学生创新能力的培养，孵化创新型技术。实验室配备了 3D 打印机、3D 扫描仪、3D 激光雕刻机、Analog Discovery 2 口袋实验室、Basys3 开发板、PIC18 开发板、DSO7104A 示波器、N9320A 频谱仪、数字可调电源、8840A 示波器等仪器设备。

可开放的实验项目：

①基于 FPGA 的贪吃蛇设计；

② DDS 信号发生器的设计；

③气象预报员；

④任意波形信号发生器设计；

⑤多功能无人机控制系统的设计；

⑥基于陀螺仪遥控的智能小车；

⑦手势识别及灰度处理系统的设计；

⑧基于无线自组网协议的分层储物柜设计；

⑨视觉追踪系统的设计等。

(2) 单片机创新实验室

主要承担产学合作项目和科研项目的开发，孵化创新型产品。实验室配备了频谱仪、1GHz 安捷伦示波器、贴片焊接设备、逻辑分析仪等仪器设备。

在开发的项目：

①立体图纹织机电机阵列控制系统；

②自组网灯控系统的开发；

③基于 ADRC 的自主路径规划无人绘测机研发；

④智能楼宇照明系统的研发；

⑤基于手势控制的汽车人机交互系统开发；

⑥基于 ROV 的一站式智慧渔业管理系统；

⑦基于毫米波雷达的智能安检系统；

⑧投影仪人机交互增强系统；

⑨电子科技创新共享生态圈的研发等。

(3) 单片机训练实验室

主要承担实验作品课后制作、学科竞赛训练、创新创业项目申报、孵化创新型企业。实验室配备了数字可调电源、信号发生器、示波器、数字万用表、四旋翼飞行器训练模型、智能车训练模型、电子综合设计实验箱、大学生科技创新智能实训平台等仪器设备。

承担学科竞赛、创新创业项目的类型：

①中国杭州大学生创业大赛训练；

②全国大学生电子设计大赛高频组训练；

③全国大学生电子设计大赛控制组训练；

④全国大学生电子设计大赛四旋翼飞行器训练；

⑤国家级大学生创新创业项目孵化；

⑥浙江省新苗计划孵化；

⑦全国大学生 FPGA 创新设计邀请赛训练；

⑧全国大学生智能互联创新大赛训练等。

4.2 杭电—微芯单片机联合实验室管理制度

传与承，是实验室薪火相传的动力；培养人才，是实验室一以贯之的宗旨。经过十年的积累，我们不仅拥有完备的项目开发档案、全面的培养计划、完整的实验室文件，也有标准化的存储与管理体系。在服务器中，储存着的是世界顶尖的软硬件设计与学习资料，也是对于未来的期许。无论硬件还是嵌入式软件，无论射频通信还是信号处理，无论网络开发还是人工智能，我们都有大量的人才需求，也精心准备了详尽的培养计划。同时，每周一次的例会、经常性的分享会、研究生或已入职学长的指导，每位成员都是实验室精神的传承者。

4.2.1 杭电—微芯单片机联合实验室章程

第一章 总则

第一条 名称：杭州电子科技大学杭电—微芯单片机联合实验室

第二条 性质：杭电—微芯单片机联合实验室是由杭州电子科技大学老师和学生组成，以“自由自愿”为准则、以“诚实诚信、服从管理、科技创新”为细则、以“企业管理”为模式的科研性质组织。坚持四项基本原则，注重思想性、学术性、知识性、趣味性和实践性，符合社会发展要求，有利于“四有”人才培养，有利于学生身心健康发展。

第三条 宗旨：为杭州电子科技大学老师和学生提供技术交流的平台，以“三个孵化”（孵化创新型产品，孵化创新型思维，孵化创新型人才）为宗旨，以“一个中心、二个平台、三项前提、四种观念”为指导思想（“一个中心”：把创新同学的理念作为我们开展一切工作的中心思想；“两个平台”：给学生锻炼自我提供平台，给学生展示自我搭建平台；“三项前提”：以学习为前提，以自我约束为前提，以客观条件为前提；“四种观念”：开展组织活动要有合理观念、反馈观念、大局观念、荣誉观念），为社会培养及输出有理想抱负、有技术实力、有创新思维的优秀人才。

第四条　准则：实验室必须在宪法和法律范围内开展活动，不得从事与宗旨无关的活动。以“制度化管理，人性化服务”为理念，把握好实验室的发展方向，了解实验室，服务实验室；监督好实验室的活动开展。务必做到放管结合、统筹兼顾、职能明确，密切配合，服务大局，真正做到全心全意服务于实验室的全面发展与老师学生的成长成才。

第五条　任务：组织管理好实验室，不断培养成员的兴趣、爱好、特长。让越来越多的同学能够创建或拥有一个符合自身兴趣的能够锻炼和提升自我素养的平台，鼓励“百家争鸣，百花齐放”。共同为下沙高校学生“创新、创业”第二课堂的建设做出应有的贡献，致力于孵化面向新时代的创新型技术和人才。

第二章　组织机构

第六条　实验室组织原则是民主集中制，理事会是最高决策机构，理事会由实验室主席和学生干部组成，理事会实行例会制，定期举行例会，负责审查和商讨实验室工作。

第七条　实验室设立理事会、办公室、后勤部、宣传部等行政部门，各部门设立一个部长及若干干事，具体负责日常事务。

第八条　实验室实行主席责任制，主席负责组织实验室开展活动，并积极根据计划等开展活动和项目研发。

第九条　实验室主席及各部门部长任期为一年，换届时间为每年 4 月。

第三章　职责

第十条　理事会：领导、团结和管理实验室会员，有计划有步骤地指导各部开展工作，制定总的方针和审批活动方案。

第十一条　办公室：（一）辅助理事会进行各项规制度起草；（二）安排各种会议和活动；（三）报告整理、送审、监督等；（四）财务支出记录、报销等。

第十二条　宣传部：（一）对外宣传与联络；（二）网站、服务号等维护；

（三）活动策划。

第十三条　后勤部:（一）实验室耗材采购与管理;（二）仪器维护与保修;（三）物品借记管理。

第四章　成员

第十四条　实验室是高校学生在自愿基础上自由结成的群众组织，可打破年级、系科以及学校的界限自由组成。实验室管理实行主席负责制。以“孵化创新型产品，孵化创新型思维，孵化创新型人才”为宗旨，以“汇聚志同道合的朋友，培养提高会员的兴趣，并让会员有机会发挥和施展自己的才华”为目的，开展有益于学生身心健康的活动，为学生服务，为社会服务。社团的发展方向是为社员服务，找准各自的定位，能坚持长期担任研发工作，让会员在实验室中学到知识，增强其爱好，做到入会时是兴趣爱好，走出的时候成为特长。

第十五条　实验室成员由杭州电子科技大学本科学生组成。

第十六条　实验室干部由理事会指定产生，一般情况下按照能力考核。

第十七条　实验室主席由理事会与指导老师共同推举产生。

第十八条　成员一经审批通过，实验室尽快以公告、公开会议或网络形式宣布成立，以配合实验室开展活动。

第十九条　实验室成员享有以下权利:（一）负责人（主席）是理事会成员;（二）对实验室工作有监督、建议和批评的权利;（三）依照实验室有关规定使用实验室的设施与器材;（四）参加实验室组织的各种活动;

第二十条　实验室成员必须履行以下义务:（一）拥护本章程、支持各项活动;（二）服从组织安排，完成计划任务;（三）不得做任何有损于实验室利益的行为。

第五章　经费与活动

第二十一条　实验室经费以项目申请为主，按照规划使用。

第二十二条　任何老师、学生在申请加入实验室之前不得以实验室的名义开展任何活动，不得以实验室名义擅自收取费用。

第二十三条　新入会成员必须到实验室备案后方可开始以实验室的名义开展活动，必须严格遵守《杭电—微芯单片机联合实验室章程》及其他管理制度。

第二十四条　实验室活动要做到:（一）以实验室名义活动开展前要填写《杭电—微芯单片机联合实验室活动策划评审报告》并附《活动策划书》，须经主席签字负责老师审批后方可举办，重大活动须经学校分管部门同意方可举办。

（二）活动中有需要实验室支持的可以口头或书面形式向实验室提出。（三）活动结束后要及时总结汇报活动的过程、效果，并上交活动总结报告（注明活动开展的时间、地点、参与人数、活动流程、效果、经验教训，若是比赛还需附上比赛结果）。

第二十五条　举办以下性质的活动须于活动开始时间 10 个工作日前报实验室审批，经批准后方可实施：（一）群众性集会、沙龙及研讨会等活动。（二）邀请校外人员举办的讲座、报告等活动。（三）设计出版发行报纸、刊物等印刷品的活动。（四）收取费用的培训班、学习班等活动。（五）与其他单位、团体或个人联合主办的活动。（六）两个以上（含两个）社团共同举办的活动。（七）其他重大活动。

第六章　奖惩

第二十六条　实验室实施公司化管理模式，采取奖惩制度保证组织内部的高效性。

第二十七条　对实验室工作做出贡献或有突出成绩的团体和个人给予表彰和奖励。

第二十八条　凡有违反实验室章程者，视情节轻重给予批评或罢免职务。

第七章　附则

第二十九条　章程的修改须由指导老师、实验室理事会讨论决定。

第三十条　章程的解释权归实验室理事会所有。

4.2.2　杭电—微芯单片机联合实验室人事管理制度

第一章　总则

第一条　为提高本团队的工作效率，最大限度实现团队资源配置，保证日常学习工作的顺利进行，特制订本制度。

第二条　本团队的所有成员及预录用成员均适用本制度。

第三条　本团队的各成员均应遵守本制度的相关规定。

第二章　录用

第四条　本团队的新成员面向本校在校的大学生公开招选。

第五条　团队每学年定期对有意向加入本团队的在校大学生展开招新工作。

第六条　本团队成员分为预录用成员和正式成员。

第七条　预录用成员是指通过推荐、公开招选等方式进入本团队的本校在校大学生。预录用成员经过考核通过后可成为正式成员，预录用成员考核时间为四到六周。预录用成员比例与拟录用成员比例不超过 2：1。

第八条　预录用成员在试用时间段内若表现不佳、自己主动停止接受考核或考核未通过，不予录用为正式成员。

第九条　正式成员是在本团队学习工作一段时间后、经考核合格而被批准成为正式成员的预录用成员。

第三章　休假

第十条　团队学习工作倡导自由轻松的氛围，即任何时间都可学习工作，因此无规定节假日。此休假制度为特殊情况而设立，如生病、私事等。

第十一条　生病、私事或需要放松，以病假或事假对待。

第十二条　病假应及时向组长报告并填写请假条方可暂停手头工作，组长需及时协调相关工作。事假则最好在做完所有工作或一阶段工作后，向组长提出请假要求得到允许后，方可填写请假条休假。组长休假则向总负责人或人事负责人说明并登记。

第十三条　如有特殊事情，则可视情况减少相应的请假步骤，由人事负责人做好休假记录。

第四章　绩效

第十四条　团队实施公司化管理模式，对实验室所有成员进行绩效考核。

第十五条　成员绩效考核由理事会执行，由各部门部长及各团队负责人辅助实施。

第十六条　绩效考核内容包括日常工作、项目开发、招新培养、对外推广等，考核周期为一个月，月绩效考核于每学期末进行汇总。

第十七条　在期末绩效考核中评定为优秀的成员，由组织进行表彰，并给予一定物质奖励。

第十八条　团队实施淘汰制度，保持每学期 10% ~ 20% 的淘汰率，作为绩效考核不合格的成员的惩罚措施。

第五章　迁出

第十九条　正式成员和预录用成员因故不能继续留在本团队，需提前向人事负责人提出申请，并填写相关的迁出团队申请表（正式成员需提前 1 个月，预录用成员可在试用期内任何时间）。

第二十条　迁出成员在离开团队前需要将自己正在进行的工作做好相关的交接。

第六章　附则

第二十一条　与人事相关的其他项目，请参考相应的制度。

第二十二条　本制度修改由团队所有正式成员集体讨论进行，决议超过总人数 60% 方可修改。

第二十三条　本制度自颁布日起正式施行。

4.2.3　杭电—微芯单片机联合实验室经费使用制度

第一章　总则

第一条　为规范本团队的资金使用情况，最大限度实现经费的合理配置，保证项目开发及日常运营工作的顺利进行，特制定本制度。

第二条　本团队的所有资金往来条目均适用本制度。

第三条　本团队的各成员均应遵守本制度的相关规定。

第二章　经费组成

第四条　本团队的经费组成主要有项目开发经费、资料及耗材采购经费、活动经费、运营和宣传经费等。

第五条　项目开发经费包括项目开发、测试、生产过程中必要的成本费用以及开发人员的劳务补贴费用等。

第六条　资料及耗材采购经费包括学习资料采购费用、日用物品采购费用、易耗元器件采购费用等。

第七条　活动经费包括招新活动费用、年度聚餐费用、春秋游费用、羽毛球赛费用等。

第八条　运营和宣传经费包括宣传资料制作费用、广告费用等。

第三章　经费来源及使用

第九条　本团队的经费来源由立项经费以及公司拨款两部分构成。

第十条　由本团队通过项目立项等方式自主取得的经费，全部归属团队所有；借由公司渠道取得的经费，部分归属团队所有。

第十一条　本团队的经费由财务部门管理，由理事会进行合理调度。

第十二条　本团队的任何经费使用前必须填写经费使用说明，由理事会批准后方可使用。

第十三条　原则上不允许任何团队成员将私人资金作为团队经费使用。

第四章　项目开发经费

第十四条　本团队的项目开发经费为流动经费，由本部财务处于项目启动时下拨。

第十五条　项目开发经费应于项目正式开始前进行预清算，附于立项书尾一同交由理事会审批。

第十六条　项目开发经费包括项目开发成本以及劳务费用，劳务费用一般为项目总报价除去开发成本后的30%～40%。

第十七条　项目开发经费最终交由项目负责人，由项目负责人进行支配。

第十八条　项目经费使用不合理的，理事会及公司有权收回经费使用权。

第五章　资料及耗材采购经费

第十九条　本团队的资料及耗材采购经费为固定经费，由本部财务处于每个自然年年初下拨。

第二十条　团队须于年初进行当年资料及耗材采购经费预清算，交由理事会审批。

第二十一条　团队出现资料及耗材采购经费短缺的，可向公司提起经费补助。

第二十二条　资料及耗材采购必须开具发票（无发票场合除外）。发票抬头为公司的，交由公司保存；发票抬头为杭州电子科技大学的，由财务处保存。

第六章　活动经费

第二十三条　本团队的活动经费为固定经费，由本部财务处于每个自然年年初下拨。

第二十四条　团队须于年初进行当年活动经费预清算，交由理事会审批。

第二十五条　团队出现活动经费短缺的，可向公司提起经费补助。

第二十六条　活动经费使用项目必须开具发票（无发票场合除外）。发票抬头为公司的，交由公司保存；发票抬头为杭州电子科技大学的，由财务处保存。

第七章　运营和宣传经费

第二十七条　本团队的运营和宣传经费为固定经费，由本部财务处或公司于每个自然年年初下拨。

第二十八条　团队须于年初进行当年运营和宣传经费预清算，交由理事会审批。

第二十九条　团队出现运营和宣传经费短缺的，可向公司提起经费补助。

第三十条　运营和宣传使用项目必须开具发票（无发票场合除外）。发票抬头为公司的，交由公司保存；发票抬头为杭州电子科技大学的，由财务处保存。

第八章　附则

第三十一条　本制度中“公司”指“杭州遥临科技有限公司”。

第三十二条　与经费使用相关的其他项目，请参考相应的制度。

第三十三条　本制度修改由团队所有正式成员集体讨论进行，决议超过总人数 60% 方可修改。

第三十四条　本制度自颁布日起正式施行。

4.3　杭电—微芯单片机联合实验室人才培养管理

Xplain：理论基础和知识体系构建阶段，科普关于嵌入式开发的基本流程和组成部分。主要形式为实验室内部成员的对外授课，规模可覆盖 200 名左右学生。

Xplore：动手实践阶段，主要针对第一阶段接触的理论知识进行深化与实践。主要形式为动手实验，完成 IoT 系统中的分立部分。面向第一阶段理论基础掌握较好的学生。

Xport：工程意识和项目思维培养阶段，通过已有技术储备，实现完整的“项目设计—项目开发—后期测试”等流程。面向第二阶段实践效果较好的学生。

4.3.1　实验室软件培养

第一周

1. 考查范围

C 语言设计的基础知识、基本数据类型 (int、char、double）及常用库函数（math.h）、算数表达式、控制结构与语句。

2. 重点考查内容

各个进制之间的相互转换；

熟悉运用 printf 和 scanf，换行符等；

学会给自己的程序写注释；

学会调用常见的库函数；

了解基本数据类型及其相应的数据格式；

考查各个符号的优先级；

学会运用 if、switch、while、for 等基本语句。

第二周

1. 考查范围

子函数的编写及调用、数组、复习控制结构和语句。

2. 重点考查内容

提升对 if、for 等语句的考查难度；

学会用子函数来实现相应的程序；

初步了解递归函数的运用，可出书本原题；

解全局变量和局部变量；

掌握一维数组和二维数组；

冒泡排序；

了解字符串的相关知识。

第三周

1. 考查范围

编译预处理、指针。

2. 重点考查内容

学会指针在子函数里的运用；

学会指针与数组之间的关系运算；

重点掌握指针与字符串之间运用；

初步了解多级指针的运用；

简单了解编译预处理的相关知识。

第四周

1. 考查范围

结构体、指针。

2. 重点考查内容

提升指针的运用难度；

掌握最基本的结构体运用；

重点掌握结构体数组和结构体指针；

初步了解链表结构。

第五周

1. 考查范围

位运算、文件、综合性程序。

2. 重点考查内容

掌握位运算的相关知识和运用；

学会文件的读写、打开与关闭；

综合函数的考查。

第六周

1. 考查内容

综合性程序、LED 灯。

2. 重点考查内容

提升综合的编程能力；

了解 51 的相应 IO 口配置；

了解高低电平和延时；

点亮第一个 LED 灯。

第七周

1. 考查内容

数码管显示、按键及矩阵按键、蜂鸣器。

2. 重点考查内容

了解静态数码管和动态数码管的相关知识；

了解蜂鸣器及按键、矩阵按键的相关原理；

学会按键与矩阵按键控制数码管或蜂鸣器。

第八周

1. 考查内容

8×8LED 点阵、外部中断。

2. 重点考查内容

了解 8×8LED 灯的相关内容；

通过外部中断改变点阵的显示或数码管。

第九周

1. 考查内容

计时器中断、单片机综合小任务。

2. 重点考查内容

学会运用定时器中断控制数码管；

提升对单片机的整体运用。

第十周

1. 考查内容

C 语言复习，单片机综合任务。

2. 重点考查内容

复习 C 语言

巩固单片机的运用。

4.3.2 实验室硬件培养

第一周

1. 微电子定义及其与电子的联系

什么是微电子；

微电子与电子的关系。

2. 微电子的历史与故事

微电子的起源；

IC 发展时间线。

3. 微电子行业的细分与前景

集成电路产业链；

IC 设计；

IC 的生产与制作；

IC 产业公司分类；

IC 行业的国际上的分布；

IC 行业在中国的分布；

IC 行业的前景。

第二周

由小米智能插座引出的电子知识：

电容基础知识；

电感基础知识；

继电器基础知识；

二极管的分类及用途；

三极管的种类及原理。

第三周

1. 基尔霍夫定律

2. 电压与电流的参考方向

电流；

电压。

3. 电路仿真软件 Multisim 验证基尔霍夫定律

第四周

1. 电压源与电流源的等效替换

电压源；

电流源；

电源的等效变化。

2. 电阻的等效变换

第五周

1. 电路的等效变换与化简方法

2. 电路的叠加原理

3. 支路电流法、节点电压法、网孔电流法

第六周

1. 受控源

2. 戴维南等效电路

第七周

常熟变易法求解电路方程；

含有电感的一阶电路。

4.3.3　实验室考核试题

1. 现有一个 12V 的电池，一个 LM324 运放芯片（内含四个独立运放），以及一个可以产生峰值为 0.1V、频率为 500Hz 正弦波（设为 u_1）的信号发生器。请设计电路，使 u_1 加至加法器的一端，另一端输入自制的、峰值为 0.2V、周期为 2000Hz 的用示波器观察基本不失真的三角波（设为 u_2），加法器的输出为 $u_0=10u_1+u_2$，u_0 经过滤波器滤除 u_2 的频率分量，使得滤波之后的信号为峰峰值为

9V 的正弦信号 u_3，u_3 经过比较器之后在 1000Ω 负载上得到峰峰值为 2V 的输出电压。

（1）根据要求画出系统框图，明确各个部分承担的作用。

（2）根据前一步的分析，分析每个运放所扮演的角色，并使用运放设计符合要求的电路。

（3）根据要求组合各个模块，完成题目。

（4）用仿真验证方案的可行性。

（5）用 Altium.Designer 绘制原理图和 PCB。

2. 现有一个处于 0.1 ~ 10Hz 频段的信号，有效值为 10mV，但是其湮没在市电干扰中（峰峰值为 1V 的 50Hz 正弦波），请设计电路，滤出这个有效信号，并使其有效值变得在 1V 以上（干扰信号的有效值至少是有用信号有效值的 1% 以内）。

（1）参考《测量电子电路设计——滤波器篇》第三章的内容，给出方案，并使用软件仿真，验证可行性。

（2）最后使用 Altium.Designer 绘制原理图及 PCB。可以使用的器件是：电阻（贴片）、电容（贴片）LM324 等运放（直插）。

3. 以三极管或者三端稳压器件为主，设计一个压控电压源。

（1）要求：输入 18V 的电压，输出 0 ~ 15V 范围之内可调。输出电流要求大于 100mA，纹波电压不大于 50mV。

（2）调节的方式是，有一个控制电压输出端，通过在这一端加一定的电压，输出和这个控制端呈一定线性关系，比如 $V_0=3*V_i$，或者其他的线性关系都可以，但是 $V_i \leqslant 5V$。

（3）给出方案，并使用软件仿真，验证可行性，最后使用 Altium.Designer 绘制原理图及 PCB。

4. 设计一个可控增益放大器。输入与输出的增益是由一个控制端用电压进行控制，增益 A 为 1、2、5、10、50 五种，交直流都可以放大。增益可以用电压控制，比如 0 ~ 1V，A=1，1 ~ 2V，A=2 等，也可以自己设定。

（1）给出方案，并使用软件仿真，验证可行性。

（2）使用 Altium.Designer 绘制原理图及 PCB。

5. 请设计一个电机驱动（H 桥）电路。电路可以实现的功能为直流电机的正反转和调速，并且有死区保护等功能（这里需要注意的是，虽然没有明白地提出，但是现实中要考虑三极管的功耗问题）。

（1）请再设计一个电源给电机供电。我们提供的是一个将 220V 交流电变为 18V 的变压器。即是说，设计一个整流电路以符合要求。

（2）给出方案，并使用软件仿真，验证可行性，最后使用 Altium.Designer 绘制原理图及 PCB。

第5章 校外实践教育基地建设研究与实践

5.1 实践教育基地建设概况

5.1.1 我国实践教育发展历程

（1）发展初期

新中国成立时期，国内产业百废待兴，迫切需要大批技术劳动者为恢复工农业生产、发展国民经济贡献力量。1950 年全国高等教育工作会议颁布了《高等学校暂行规程》，指出普通高校培养目标应当是具有扎实理论知识并能够进行实际应用的专门人才，同时在教学上要满足国家经济社会建设的需要。这就从政策高度及教育发展规划上强调了发展产教融合的重要意义。《关于实施高等学校课程改革的决定》中，明确表示高等学校要同政府以及各个业务部门、机关组织、行业企业等，建立紧密的联系，将学生的实习和参观作为重要教学内容，充分表明开展育人活动需要高校与企业相互配合、协同发力。为了适应经济建设需要，从 1951 年底开始，我国高校开始进行院系调整，最早在工业院校开展，目的就在于改善招生规模结构，培养大批工程技术专门人才。1953 年，原高等教育部部长马叙伦在政务院召开的政务会议上作了《关于加强高等学校与中等技术学校学生生产实习工作的问题》报告，该报告主要提出了在学生参与生产实习过程中迫切需要重视的三方面问题：一是加强思想教育，高校和企业负责人要充分重视学生实习；二是统一组织领导，建立生产实习指导委员会；三是生产实习所产生的经费由高校和企业双方共同承担。这一报告催生了《关于加强高等学校与中等技术学校学生生产实习工作的决定》，为中华人民共和国成立以来产教融合发展奠定了制度基础。到 1955 年年底，高等教育部将部分专业实习场所固定为三年（1956—1958），便于增强生产实习的计划性。

从这一时期来看，政府角度虽未明确提出产教融合、校企合作，但已将学生的生产实习作为人才培养的重要环节，并强制要求高校执行，体现出高等教育服务于社会发展的特定功能，为我国第一个五年计划建设提供了大量人才。

（2）探索期

1958 年中共中央和国务院颁布了《关于教育工作的指示》，指出了“两条腿走路”的办学方针，包括“教育必须同生产劳动相结合”“三结合”“六并举”等内容，同时将生产劳动列为学校的正式课程。

社会经济因素的影响使得高等教育政策的调整作用没有得到有效发挥，这一时期的产教融合发展也是曲折的，从最初的摸索到过分激进，再到稳定调整，尽管并没有取得大的成就，但也为后来发展提供了借鉴与教训。

（3）高速发展期

1978 年改革开放成为教育发展的重要节点，我国高等教育重新振作，焕发了新的活力。为了弥补之前教学活动缺失的状况，在相当长的一个时期内，高等学校将学生的实习及生产活动时间大量压缩，以理论课取而代之，渐渐出现“重理论、轻实践”的倾向。为提升教育事业服务国家发展的能力，1985 年《中共中央关于教育体制改革的决定》指出高等院校应当有效满足经济和社会发展需要，为强化这一能力，高等院校要增强与生产科研单位及社会其他各方面的联系。高等教育管理体制改革带动了人才培养模式改革，也为产教融合发展提供了机遇。这在职业技术教育领域尤为显著。1985 年上海工程技术大学纺织学院与加拿大滑铁卢大学合作，共建产学研合作教育试点。该学院成为改革开放以来我国首个进行国外合作教育模式尝试的学院，为产教融合的国际化发展奠定了一定的基础。同时，社会各界普遍意识到技术人才的重要性，教育部门出台具体文件，要求职业技术院校深切重视学生实习工作。如 1989 年《关于技工学校深化改革的意见》中，要求加强实习工厂（场）的建设，争取到 1995 年使每个学生都能在上生产实习课时有一个自己的工位。一场产教融合的实践在全国轰轰烈烈地展开，与此同时，域外一些国家开展合作教育的优秀经验模式也传入国内，受外来因素影响，产教融合也开始更多借鉴西方模式，并与本土实际状况结合，致力于提高质量。1990 年，全国首次教育与生产劳动相结合（主题合作教育）会议在深圳大学召开。1992 年中共十四大召开后，《中国教育改革和发展纲要》《中华人民共和国高等教育法》《面向 21 世纪教育振兴行动计划》这些文件的出台都为高等教育加快发展脚步提供了良好的政策土壤，产教融合也迈上新的台阶。高等教育办学自主权的下放，更多的民间社会力量涌入高等教育领域，多元化办学体制逐步形成。在这一过程中，产教融合的优势也不断显现，校企双方经过资源整合，人才培养质量有了较大提升。

（4）全面发展期

进入21世纪，工程教育对经济产业发展影响不断深入，“211工程”及“985工程”的实施使得高校对社会经济贡献不断彰显，一大批先进科研成果转化为现实生产力，极大地提升了高校发展产学研合作的积极性。2004年，教育部启动“高等学校教学质量和教学改革工程”，提出今后工作重点是培养大批应用型技术人才，这就表明要深化产教融合，职业教育应当以学生未来就业为主要办学准则。在有关教育部门的热情支持下，一大批行业企业与职业院校对接，为职业院校提供教学设备、师资培训，大大促进了职业院校育人模式的改革。在高等教育领域，高校参与产教融合成果不仅彰显于培养模式的变化，还极大地推动了国家创新体系建设，通过创办大学科技园，孵化科技企业，大大加快了新兴技术产业的发展。除此之外，“回归工程”运动、“大工程观”教育理念以及CDIO工程教育改革都驱使着工程教育走向产教深度融合之路。2010年“卓越工程师教育培养计划”的开展，明确了产教融合在高等教育领域的突出地位。基于此，产教融合、校企合作协同育人越来越得到教育界与产业界有识之士的重视，各项发展举措不断出台，极大地推动了全国范围内产教融合的发展，从实习基地建设延伸到共同制订培养方案、共同编制课程教材等深层活动。

（5）开拓创新期

2012年1月，教育部、中宣部、共青团中央等七部委下发了《关于进一步加强高校实践育人工作的若干意见》，要求充分认识高校实践育人工作的重要性，统筹推进实践育人的各项工作，推动实践教学、军事训练、社会实践活动的紧密结合，切实加强对实践育人工作的组织领导，努力推动高校实践育人工作取得新成效、开创新局面，标志着高校实践育人工作进入开拓创新的阶段。2017年5月，习近平总书记在与北京大学师生座谈时指出：“广大青年要树立和培育社会主义核心价值观。要笃实，扎扎实实干事，踏踏实实做人。青年有着大好机遇，关键是要迈稳步子、夯实根基、久久为功。青年要把艰苦环境作为磨炼自己的机遇，把小事当作大事干，一步一个脚印往前走。”从此，大学生社会实践活动在党的十八大精神和习近平总书记系列讲话精神指引下，以“实现中国梦”为主题，为实现中华民族伟大复兴这个宏伟目标而努力奋斗。2017 年 10 月 18 日，习近平总书记在第十九次全国代表大会上指出："青年兴则国家兴，青年强则国家强。青年一代有理想、有本领、有担当，国家就有前途，民族就有希望。中国梦是历史的、现实的，也是未来的；是我们这一代的，更是青年一代的。中华民族伟大复兴的中国梦终将在一代代青年的接力奋斗中变为现实。"这是期待"时代新人"有所作为，希望年轻的大学生能为"中国梦"贡献自己的力量，希望他们能够将"中国梦"与自己的成长紧密联系起来，并在实现"中国梦"的过程中树立社会责任感。从习近平总书记的系列重要讲话中可以看出，习近平总书记对青年大学生给予厚望，并期望大学生能将信念化作行动，以实际行动为"中国梦"添砖加瓦。通过积极参与社会实践活动，明确自己所负担的责任和使命，舍去"小我"，成就"大我"，时刻将个人的发展与国家发展、民族复兴紧密结合，为"中国梦"画上浓墨重彩的一笔。2020 年，教育部等八部门联合印发《关于加快构建高校思想政治工作体系的意见》指出："深化实践教育，推动构建政府、社会、学校协同联动的实践育人共同体。"

我国经济总量已跃居世界第二，人民的生活质量不断提高。在经济较好发展的大环境下，国家发展对人才的要求不再是单一的技能，而是着重培养更全面的人才，全面发展成了大学生的内在要求。对大学生的正确教育，是要使学生对自己有正确的认识，谦虚地向他人求教，从而有更大的发展空间。引导大学生积极参与社会实践活动，将学到的知识运用到实践中，然后从实践中学习新知识。不断从实践中锻炼大学生的动手能力、创新能力，真正让教育促进大学生的全面发展。大学生的全面发展不仅关系大学生自身价值的实现，更重要的是国家和社会的发展。这一阶段国家出台了一系列推动大学生社会实践活动政策文件，使得社会实践开展越来越顺利，育人功能越来越明显。

5.1.2　实践教育基地面临的挑战

（1）学科专业建设与产业转型升级的适应度

工程教育的发展与国民经济建设息息相关，因此其学科专业的建设发展也反映着当前产业发展的需求与规模。目前，大数据、云计算、人工智能等新兴产业层出不穷，势必要引起工科专业结构的调整。2021 年，教育部组织开展了普通高等学校本科专业设置和调整工作，根据《教育部关于公布 2021 年度普通高等学校本科专业备案和审批结果的通知》，新增备案本科专业数量高达 1773 个，包含上百所高校，被撤销的本科专业数量有 804 个。从新增备案本科专业的高校数量来看，人工智能专业新增的高校是最多的，其次就是智能制造工程专业。专业的设置和调整是根据毕业生就业率等指标来衡量的，用人单位的需求反馈也是影响专业调整的主要因素之一。产业的转型升级影响着企业的发展方向，企业的发展战略规划和人力资源需求对高校专业建设也产生了作用。因此，提高学科专业建设与产业转型升级的适应度，是新工科建设的重点，也是产教融合育人发展的意义所在。

（2）企业与高校育人双主体的融合度

育人的双主体性是产教融合这一育人模式的主要特征。在以往，校企合作都是以高校为主体或者以企业为主体开展育人活动，另一方则处于附属地位，而处于附属地位的往往是企业。这就导致了产教融合“两张皮”的情况出现，由于企业处于附属地位，主体性得不到有效发挥，对产教融合的合作意愿自然也就减少。因此，提高企业与高校的融合度是深化产教融合发展成果的重要前提，也是培养新工科人才的必要措施。在《国务院办公厅关于深化产教融合的若干意见》中，强化企业重要主体作用被摆在了显著位置，充分表明企业的参与程度直接影响着产教融合的质量。因此，要加强高校与企业的融合度，首先要转变观念，认识到企业在人才培养过程中不可或缺的重要作用，引导企业参与到课程与教材的编订、学时的分配、教学方法的选择等过程中，实现真正意义上的产教融合。

（3）政府宏观调控的力度和行业协会的监管度

教育的政治功能决定了我国教育事业的发展离不开政府的支持和引导。在高等教育大众化和市场经济不断发展的今天，政府也逐步放权，鼓励高校自主办学。但是要统筹高校和企业共同参与人才培养活动，政府作为宏观调控者这一角色必不可少。从《国务院办公厅关于深化产教融合的若干意见》到《职业学校校企合作促进办法》，都体现着政府推进产教融合的意志，通过政策、金融支持等方式，为产教融合提供有力保障。产教融合作为一种独特的育人模式，其发展成效如何，需要第三方组织来进行评价。行业协会在监管和指导企业行为之外，也应该对产教融合的成果进行合理评价，以此来确定产教融合发展过程中的问题所在。可以确定的是，在产教融合更加深入发展的大趋势下，政府、教育主管部门以及行业协会的作用也应当得到彰显，产教融合是一项系统工程，除了高校和企业之外的第三方力量的加入对其发展是十分有益的。

5.1.3　实践教育基地建设思考

（1）国外校企合作模式的经验总结

①校企合作模式，依据所处国家的环境而形成发展。

受中东石油危机和战后资本主义世界的经济危机大幅蔓延的影响，劳动力市场供求关系"人力供不应求"转为"人力供过于求"，供求关系发生了根本性变化。德国"双元制"模式孕育而生。高层次的实践性、应用型人才越来越符合市场的需要，因此德国模式务实性强，以共同培养高质量的职业技术人才为轴心进行其他方面的合作。美国校企合作的历史较长，由于时代背景的变化、社会经济的发展等原因，涌现出多种各具特色的校企合作模式，美国"合作教育"模式求全求大，形式多样，这与他们在国际上所处的政治经济地位有密切的关系。日本模式视产学研合作教育为基本国策，并将其制度化和规范化。我国校企合作与国外相比，产学研合作在深度和广度上都存在着差距。2008 年次贷金融危机后，中国提高了国际事务中的话语权，中国特色社会主义既突破了传统计划经济的框架，又不盲目地照搬西方模式。我国应从人口、就业、教育体系、法治等问题的基本国情出发，加大对产学研合作教育的认识，提升人才培养的质量。

②立法保障与社会民间团体共同参与形成合力。

德国"双元制"是在国家立法和行业协会双重保障下产生的一种办学制度。德国是一个法制比较健全的国家，同时又有众多政府部门、职业教育机构、行业协会和企业的参与。美国政府曾经对合作教育立法拨款，对合作教育的发展起到了巨大的推动作用。由于合作教育的特点，学生在不同的环境下学习，也会涉及人身安全、医疗保险等问题，法律是保障这些问题得以解决的关键；同时三方签订相应的合同书，作为对相互的约束和担保，使得合作教育计划顺畅执行。日本政府视产学研合作教育为基本国策，并将其制度化。日本政府在 20 世纪 90 年代后进一步加大对产学研合作的推动力度。同时在日本有许多与学术相关的公益法人，他们是通过在民间集资而设立的财团法人和学会法人，其共同的目的是振兴学术研究。而我国校企合作受政府重视比较晚，需要一些具体的政策支持和制度保障，要形成法律条文来保障合作的顺利展开。

③以企业为主、企业需求为导向的合作模式。

德国的"双元制"最明显的特点是学校与企业合作，共同参与学生的培训。企业在经费、设备投入、师资配备、业务参与等方面，发挥着主体作用。以企业为主体的产学研合作是日本创新体系的重要特点，在人才培养和交流方面，企业提供经费、场所和课题，帮助进入企业实习的研究生完成整个学业。以此同时，日本的一些大学经常举办产学研沙龙，以促进产学研之间的沟通与交流；企业技术人员也可到大学研修甚至任教。而目前中国基本上是学校方一厢情愿，企业方却缺乏合作的动力和愿望。这样的状况下，难以获得充足的资金来源，缺乏实训的基地、培训的师傅、就业的机会等。

（2）我国产教融合育人思考

我国当前产教融合还面临不少瓶颈和制约因素，比如教育人才培养和产业需求存在着“两张皮”问题，主要表现：宏观层面，教育和产业统筹融合、良性互动格局尚未根本确立。一些地方发展“见物不见人”，教育资源规划布局、人才培养层次、类型与产业布局和发展需求不相适应，技工、高技能人才需求量居高不下，部分高校毕业生就业压力持续增大，人才供需结构性矛盾凸显。微观层面，产教融合、实践育人的人才培养模式尚未根本形成，校企合作“学校热、企业冷”，处于浅层次、自发式、松散型、低水平状态。企业参与办学积极性不高，课程内容与职业标准、教学过程与生产过程相对脱节，“重理论、轻实践”问题普遍存在。政策层面，缺乏促进产教融合、校企合作的整体性和系统性政策供给，激励保障服务还不到位，政府、企业、学校、行业、社会各负其责、协同共进的发展格局尚未健全。

产教融合的核心是要让行业企业成为重要办学主体，这是深化教育供给侧结构性改革的重大举措，既涉及宏观的教育布局和结构，又涉及人才培养模式改革，还事关教育组织形态和服务供给多元化，是完善现代办学体制和教育治理体系的一项制度创新。在制定《国务院办公厅关于深化产教融合的若干意见》过程中，应紧紧把握贯彻新发展理念，推进人才和人力资源供给侧结构性改革的要求，按照党中央、国务院的决策部署，将深化人才发展体制机制改革和推进供给侧结构性改革结合起来统筹推进。同时，将落脚点放在提高教育质量，优化服务供给，切实解决人才供需“两张皮”的现实问题上，推动教育与经济社会发展相协调，促进就业创业，引领和支撑产业转型升级。

坚持问题导向，重点聚焦与就业市场、企业需求、创新创业直接相连的职业教育、高等教育，重点聚焦调动企业参与积极性，发挥企业重要主体作用，形成政府、企业、学校、行业、社会协同参与的工作格局，着力构建产教融合一揽子政策体系。宏观上，发挥好政府统筹作用，同步规划产教融合和经济社会发展，优化职业教育、高等教育布局结构，促进教育和产业联动发展。同时，促进人才供需两端相向发力，引导产业需求融入人才供给，促进产教融合供需对接，支持产教融合开展人才培养和科技创新。着力完善体系，综合运用投资、财税、用地、金融和试点，形成激励保障协同支持，强化组织实施。

5.2　实践教育基地建设方案研究

目前社会上存在着许多实践教育基地，形式广泛而却不能真正发挥作用，究其原因多种多样。我们要认真仔细地分析其根源，才能建立一套完整且行之有效的实践教育基地育人体系，用长期的规划、完备的体系各司其职、发挥基地优势，培养创新人才，为国家输送栋梁。

5.2.1　实践教育基地育人体系研究

在人类社会中，要做成一件事的条件概括起来有人力、财力、物力三方面。这三个条件中，人是主体，是最活跃的因素。在实践活动中，人的因素是第一位的，人才第一体现得尤为突出。当然，人的因素并不仅仅指个人的才智，也包括人的社会组织水平等。另外，有人而无财、物，便是英雄无用武之地，也做不成事。因此，所谓实践基地建设，就是让人、财、物能自然地结合、有效地结合，实现一种“人能尽其才，财能尽其用，物能畅其流”的和谐状态。

依据是否具有实体和刚性制度，基地育人体系可分为物质的和人文的两部分。基地环境分为硬环境和软环境，硬环境是由物质环境和刚性的管理体制及人员组成；软环境是由人文环境、弹性的学习规划和评价体系组成。其中物质环境的要素是校园房舍、仪器设备、经费奖惩等，人文环境主要由科学创新精神、各项规章制度、长期的学习规划、治学氛围组成。硬环境与软环境的相互渗透和融合程度，决定了人性物境和物性人境，人性物境主要由人才和体制组成；物性人境主要由学习规划和评价体系组成；它们渗透融合得越多，人性物境和物性人境的范围就越大，成果的大小也越显著。

建立实践教育基地育人体系，可有效解决场地、设备、资金的一系列问题，在培养内容和培养方式上将中学和高校的模式有机地结合起来，形成一种更加适应青少年综合素质提升的培养模式。

①做一份基地培养模式的方案，确立操作基调。如建立从初中到高中再到大学的长期培养规划，培养的课程内容要有理论重实践、有基础重探索，教育模式以项目为驱动团队合作共同完成，管理模式为线上线下同步管理，考核方式以竞赛为检验的标准。这些方面决定了育人体系的培养模式，决定了体系的特点，也决定了体系是否能解决目前基地不能完成培养创新能力的原因。

②做一份机构组织图，将中学课外兴趣小组、大学生科技社团、高校科协中心三者及其外联单位有效组织起来，资源共享，在培养学生创新能力的过程中落实场地设备等物资需求。比如设备和场地的使用，在不影响高校教学科研以及学生课外开发的基础上，免费开放给中学同学使用。

③做一份人员组织图，将中学生、课外兴趣小组辅导教师、大学生社团成员、社团指导老师、高校科协中心管理教师、中学班主任、学员家长等各类人员有效地组织起来，各司其职，在培养学生创新能力的过程中落实每个岗位的责任和义务，让基地正常运作起来，让育人体系发挥作用。比如对于整个体系而言，中学生的辅导教员由大学生社团成员、课外兴趣小组辅导教师、社团指导老师三部分组成，尤其大学生社团成员承担了教员的大部分培育指导任务，这是一个非常有效的解决方案，既解决了教员人员不足的问题，也解决了教员专业知识深度和广度兼具的要求，同时培养了社团成员反馈社会的奉献精神，也给中学生一种有别于老师的同龄人的情感，课堂是兴趣自然、无拘无束，有利于开展创新能力的培养。这些有百利而无一害的做法要深入挖掘，才能开发全社会的力量为国家培养下一代创新人才。

④做一份培养规划按部就班地实施，脚踏实地地培养，那创新就会功到自然成。培养规划从初中开始到高中到大学，前后历时十年，如果我们好好利用这人生中宝贵的十年时间，能为青少年培植好科创的土地、播下科创的种子。这个规划会跨越孩子需要经历的初级中学、高级中学、大学三个学校，占整个在校学习生涯的一大半时间以上，如果没有规划、各自为阵，到了大学阶段再来感叹我们的孩子缺乏创新能力，这样的感叹于事无补，还不如好好地沉下心来策划一个长期的培养规划，这样对孩子才是一种负责的做法。

十年科创规划从初中的课外兴趣小组开始，以课程内容为基础的科学普及开始，进入高中后在课外兴趣小组的基础上进行选拔进入基地的实验班，学习专业的浅显的理论知识及与其紧密相连的实验环节，理论联系实际、深化动手能力，经过一个学期的培养通过考核进入专业班，对整个专业体系进行综合提高，对多门课程的知识进行综合应用，能独立完成一些简单的小项目，初步进入分组合作训练，初步具有发现、观察需求能力，解决问题时会积极开动脑筋，具有一定创意，经过一个学期的培养通过分组项目考核进入竞赛班，按照竞赛的日程进行创新能力的培养，学习创意项目的立项、资料的查找、作品的制作、论文的撰写、专利的申请、答辩的训练等，从准备选题到区赛、市赛、省赛、国赛，以项目为驱动、以实训为手段、以提升为目的、以获奖为追求，经过半年的准备和半年的比赛，最终通过自己的努力获得奖项，实现了自我价值，这也是成功的体现。获得通往高校“三位一体”自主招生的门票，通过面试综合考核，经过高考被高校录取，成为大学生后，进入科技学生社团，进行双创孵化、创新技术、自主创业或参加各类学科竞赛如全国大学生电子设计竞赛、全国大学生智能汽车竞赛、全国大学生 FPGA 创新设计竞赛等和各类科技创新竞赛如浙江省大学生科技创新活动计划（新苗人才计划）项目申报、中国“互联网 +”大学生创新创业大赛、“挑战杯”全国大学生课外学术科技作品竞赛、“挑战杯”中国大学生创业计划大赛等，获奖保研或开创高新科技企业，继续不断深入研究。完成科创人生的梦想。

⑤做一份完备的培养内容，涵盖专业的基础、交叉学科的基础和某些方向上的最新研究内容，内容以小部分简单的理论加上大部分动手实训为主，让学生在培养的过程中看得见、摸得着、做得成。以电子专业为例，涉及专业的基础如 MSC51 和 STM32 单片机、树莓派等；交叉学科的基础如 C 语言、Python 语言、APP 开发、WEB 开发等；某些方向上的最新研究内容如图像识别技术、可编程逻辑器件 FPGA 电路设计、物联网技术、人工智能技术等。配套理论和实训，学习掌握一批模块，如摄像头模块、无线通信模块、飞行传感器模块、基本输入输出模块等。有了这些基础知识和探索的空间，同学们培养出了无限创意，让他们追着这些内容去掌握使用、深入研究、触类旁通、融会贯通，为创新能力的培养培植肥沃的土地。

⑥做一份教学管理软件修改方案，修改现有的教学管理软件以适应跨学校、跨年龄、跨内容的管理需求。如学员在初中阶段所在学校不同于高中阶段所在学校时、当学员的年龄不是同一个年级时，如何对他的学习记录、课程评价提供管理；当某位学员所学的课程同时有理论课程、实践课程、竞赛课程时，如何能在同一个系统内实现管理时等。

⑦做一份全面的管理制度，以保障基地育人体系的正常运行、发挥作用。这份制度包含：

a. 岗位制度规范了融合育人体系中的各个角色各司其职、协同配合、共同完成体系的运行。

b. 奖励制度对付出努力认真办事的人员如最佳学员、最佳教员、优秀指导老师、优秀社团指导老师等进行精神和物质方面的奖励。

c. 财务制度保障体系运行经费的收支规范，如学校专项拨款、比赛获奖奖金、家长投入、参赛项目费用报销、器件和耗材费用报销、专利申请费用报销、往返车辆费用、奖励费用等。

d. 保障制度保障系统运行所需的各种资源的采购和配备，并明确来源，如教室场地和实验室的安排、测量仪器和设备的安排、项目所需器件采购、运行所需资金的筹措等。

e. 选拔制度为体系运行选拔优秀教员，为培养创新人才选拔优秀学员。建立一套选拔机制，用最好的教员培养出最好的学员，让优秀成为培养体系的常态。

f. 安全制度保障体系运行时所有行为的主体生命和财产的安全。如在进行动手实验的过程中要遵守的设备使用安全规定、焊接设备必须在教员的监护下完成操纵规定、四旋翼作品在调试中的防护措施规定等。

通过以上七方面准备，形成了一整套解决方案，并且将人、财、物这些条件有机结合起来、有效运行起来，才能够将实践教育基地育人体系建设成为一个名副其实的科技普及的载体、科新文化的容器、科技创新的摇篮。

5.2.2 实践教育基地组织机构研究

实践教育基地主要实体部分由中学的课外兴趣小组、高校学生社团、高校科协中心三部分组成。核心人员有：中学生、辅导教师、社团团员、指导教师、管理教师。辅助人员有：班主任、学校财务人员、学生家长、高校和研究所得专家学者、校企合作单位的技术工程师、政府部门的竞赛组织人员、采购店家和外协单位联系人等。外围有：其他高校或研究所、校企合作单位、中学其他机构如财务部和教务部、采购单位、外协单位、政府部门等。

体系的运行主要有以下事务：教学实践规划安排、其他工作的日程安排、突发事件的处理（学员因病请假、课程冲突等事宜的联系等）、社团与兴趣小组的沟通联系、社团和实验中心的沟通联系、理论授课内容的编制、教学模块的设计与制作、实践教学活动的设计、管理硬件装置的开发（远程预约）、教员授课或带领学生分组实训、线上学习结果的登记、学员考核理论和实践题的编制、学员的选拔晋级、教员的选拔、实验室及设备的共享安排、实验设备的培训、实验室安全培训、项目所需元器件的采购、项目所需电路板的外协、邀请相关专业专家学者做前沿报告、邀请校企合作单位技术工程师介绍行业技术动向、联系政府部门竞赛组织人员、组织参加竞赛展示、专项经费的收取和支出、兴趣小组与家长的沟通联系、兴趣小组与班主任的沟通联系、优秀学员和先进教员的评选，等等。

5.2.3　实践教育基地培养模式探索

（1）学校规划

育人体系培养模式的时间跨度非常长，经历从初中到高中再到大学的十年时间，这种沉浸式的培养方式符合创新能力培养的科学规律，这种长时间的培养模式，由于跨越了多个学校和多个学龄阶段，对各自有着不同学习考核目标的单位来讲，要统一规划、协同配合、共同不懈努力培养是很难做到的，谁也不会主动提出超越自己掌控范围的规划，即使提出规划也无法指挥其他单位实行，因此需要有一个机构，可以跨校联合、统一规划，通过长期的教导引发，成就学生科学创新素养的形成，这就是实践教育基地育人体系存在的真正意义。

育人体系培养规划如图 5-1 所示，规划在不同的阶段有不同的要求，在初一年级阶段及假期，学习课程体系中的基础授课部分，以不需要其他设备就能动手实践的计算机课程为主，比如 C 语言、Python 语言初步语法和使用环境介绍；初二年级阶段及假期，学习简单易于开发的 MSC51 单片机及其外围简单输入输出模块、Keil5 开发环境以及 proteus 仿真软件，在没有 MSC51 单片机开发板的情况下可以仿真运行代码，观察效果，最后下载代码到 MSC51 开发板，固化程序形成作品；初三年级阶段及假期，学习树莓派开发平台及常用传感器模块，初步了解 Linux 操作系统，使用 Python 语言编写代码，了解函数库以及开源库的概念。通过对初中生 3 年的实训，要求当遇到简单的问题时，能在网上比如百度、知网、CSDN 等，搜索到相应的解决方案，根据文章资料看懂别人的想法，调试代码通过，下载到树莓派，完成特定功能的作品解决实际问题，形成项目的初步概念；高一年级阶段及假期，学习深化 C 语言设计算法概念，明白程序不光用来解决一些简单的事务处理，如开始做什么、接下来做什么、然后做什么、最后做什么，程序还能处理一些特定复杂问题，如 PMW 算法、PID 算法等，初步设计算法的概念，为使用开源库打下基础；学习 STM32 单片机以及 C 语言单片机开发环境，将各种算法在 STM32 上运行，达到对外控制输出的目的，如控制平衡车、四旋翼等；学习外围各模块，如无线通信模块、飞行传感器模块等；高二年级阶段及假期，学习 Web、APP、微信小程序、数据库等互联网技术以及与单片机构成物联网技术，学会用 STM32 如何通过 MQTT 协议完成与后台数据库的数据交换，构成物联网；同步进入竞赛环节，初次参加比赛，学习比赛所经历的所有过程，从创意到作品到产品，先后经历确立项目、可行性论证、查找资料、设计方案、开发调试、作品初成、不断测试、持续改进、撰写论文、最终将创意琢磨成作品、申请专利、参加竞赛，以项目为目标，在完成项目的同时也在根据培养规划一步一步地实现培养目标，不断地磨炼并鼓励青少年针对自己感兴趣的问题进行科学的探究与实践，最终完成了项目、形成具有一定学术价值的科研论文、创造出具有一定市场价值的创新产品、参加科技竞赛获得具有一定含金量的名次，实现了人生成功的第一步。从创意萌发到参加竞赛过程如图 5-2 所示。

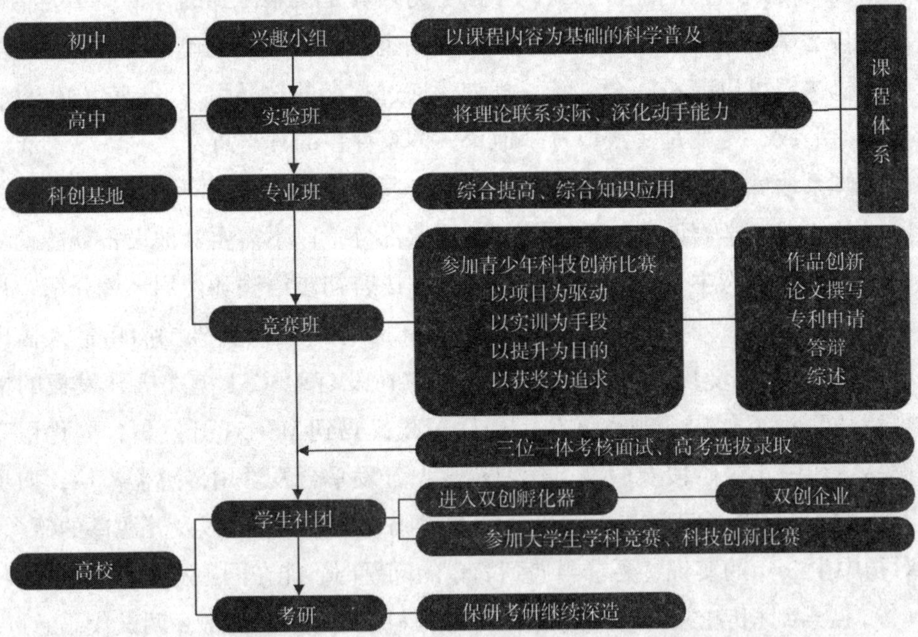

图5-1　实践教育基地育人体系培养规划图

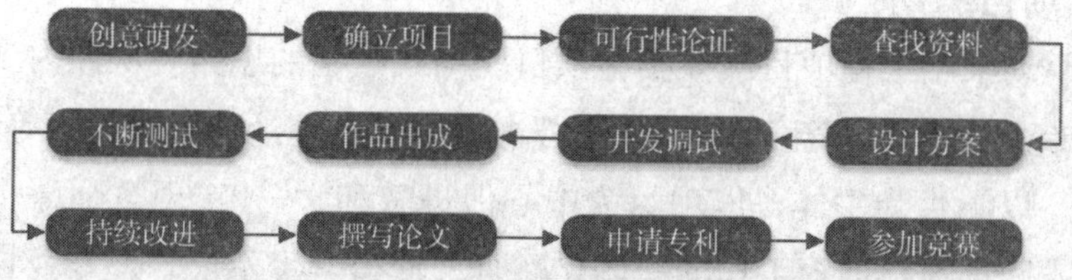

图5-2　从创意萌发到参加竞赛的过程图

高三年级阶段及假期，学习 FPGA 初步和 VerilogHDL 硬件描述开发语言初步，初步涉及图像识别技术以及图像学算法腐蚀膨胀等，用硬件描述方式完成电路的设计；学习外围各传感器模块，比如摄像头模块；同时可以再次参加竞赛，在第一次竞赛获取的经验基础上，争取获得更佳的成绩。接下来，通过“三位一体”对接高校录取，进入大一年级阶段的学习。到了大学进入学生科技社团，此时条件、环境都已具备，可以飞速成长，科创的能力突飞猛进，可以参加双创孵化，创办科创类公司；也可以参加各类科创类比赛或学科类比赛，在比赛中提升自己的科创能力，期间申请发明专利、发表科技论文、在获得奖项的同时积累保研的资格，为进一步深造打好基础。这就是实践教育基地融合育人体系的十年规划，通过规划让学生脱胎换骨，一步一步踏入科技创新的殿堂。

（2）基地教员培养

基地的教员主要是大学生社团的成员，他们有充足的时间、扎实的专业基础和优秀的动手能力，大学生给中学生授课时用同龄人的语言、网红的词汇，使课堂有趣而不拘束，大大增加了同学学习的兴趣，而且这种活动培养了大学生的社会沟通能力，以及培养感谢社会、回馈社会的情怀。

（3）重视实训

我们以电子学专业为范例，科普课程内容涉及的语言类开发平台有 C 语言、Python 语言、开发数据库 SQL 语言、开发 APP 的 Android-Studio、开发 Web 的 HTML5 网页开发语言 +Javascript 前端开发语言 +PHP 后台开发语言等；硬件开发平台有 MCS51 单片机、STM32 单片机、树莓派、FPGA 可编程逻辑器件等；课程配合一些功能模块，比如摄像头模块、无线通信模块、飞行传感器模块等；配套需要学习的算法如 PWM 算法、PID 算法、高斯滤波算法、姿态融合算法等，内容比较全面。但这些课程知识的授课对象是中学生，因而理论部分要简单通俗地介绍，对动手实训要重点强调，看得到、摸得着、学得会是保持同学兴趣的最好手段，所以这是实践教育基地融合育人体系的一个重要原则。

（4）项目驱动

项目驱动采用工程项目载体实施项目驱动式教学的思路。从课内到课外，以任务促进专业技能的培养，解决理论教学抽象难懂、理论与实践脱节等诸多问题，真正做到“以学生为主体，以项目为中心促进教和学”，实现教师课堂教学、学生课外实践和竞赛培训等工作的一体化融合，使得学生不仅掌握专业技能而且因为参加各类竞赛获得了宝贵的经验，真正做到“以学生为主体，以项目为中心促进教和学”，提高教学质量，促进学生竞赛获奖。

在完成项目的过程中，教员的作用是引导、协助发现问题、指点解决问题的关键点、教导学生如何通过对多种方法的比较，择优而用。学会多种方法的融合，产生一种新的效果更佳的方法。团队合作则可以合众人之力、发挥各自的优势、分工合作共同去完成一个大型的项目。团队合作需要有前期的规划、不断的沟通讨论、群策群力、集思广益，充分发挥“三个臭皮匠顶个诸葛亮”的精神，努力发扬艰苦奋斗的品格，互相鼓励、互相鞭策、永不放弃。更要发挥“三人行必有我师焉”的谦虚品格，向队员学习、取长补短，力争任务完成得尽善尽美。

（5）线上线下同步管理

线上发布任务、线下课堂教学、竞赛项目管理等可在同一个软件中同步管理，方便教员、辅导老师、指导老师对学员各方面学习情况的了解和掌握，为晋级考核提供基础数据。

（6）学员选拔

学员根据水平的高低分为兴趣班—基础、实验班—实训、专业班—综合、竞赛班—全能，对学员的选拔在每个水平阶段完成学习后进行考核，通过理论和实践两方面的考核淘汰一部分不达标的同学，保留在原水平段继续学习，水平达标的同学晋升到高一级的班级学习，这种淘汰的机制是选拔人才的重要手段，会有利促进整体的水平。

（7）竞赛检验

参加国家部委组织的各类科技创新比赛，“养兵千日，用兵一时”，平时艰苦的训练，竞赛场上的一较高低，全面检验培养成绩。创意、制作、撰文、演讲样样精通，区、市、省、国逐级晋升，公平公正，得到大家认可。

根据以上七点的模式描述，科创培养人生规划 + 项目驱动科普教学 + 参赛获奖检验标准，这就是实践教育基地育人体系的创新培养模式。

5.3　杭电—杭实实践教育基地建设

为了充分发挥高校人才培养、社会服务和示范辐射的功能，本着“优势互补、合作互惠”的原则，杭州电子科技大学和杭州市实验外国语学校高中部，于2016年2月合作共建“杭电—杭实高中科技创新实践基地”，如图5–3所示。

图5–3　杭电—杭实高中科技创新实践基地挂牌仪式

基地成员由杭州电子科技大学低年级本科生和杭州实验外国语学校高中生共同组成，由杭州实验外国语学校提供专项基金，资助基地成员开展各类科技创新项目。基地采用以学生为主体、教师为主导的学生自主管理模式，由本科生带领高中生进行科技项目的学习和设计能力培养，经过多年的探索及实践，学生成果及成效显著。

实践基地主要采用自主研发的教学套件进行实践锻炼，同时配备了虚拟仪器、教学套件、示波器等硬件设备，满足各类科技创新活动的开展需要。

5.3.1　实践教学基地建设依托

（1）基地建设指导教师队伍

基地建设依托我校电工电子国家级实验教学示范中心和学生开放实验室，基地十分重视学生科创实践基地的师资队伍建设，成立了一支勇于创新、热心于科创实践指导的教师队伍。

（2）全国大学生“小平科技创新团队”

“杭电—杭实高中科技创新实践基地”主要成员来自我校大学生科技创新孵化器实验室（2016年获得全国大学生“小平科技创新团队”称号）。

孵化器实验室致力于物联网控制电路设计与网络数据分析以及生物医疗信号处理与控制电路设计。自成立以来，在学科竞赛、科研项目、辅助教学、服务社会等方面取得了一定成绩，在国家级、省级科技竞赛中获奖32项，获得国家级大学生创新创业训练计划项目、浙江省“新苗人才计划”资助项目6项。实验室先后与杭州市中医院等单位建立合作关系，所研发的部分项目产品已投入使用。目前，实验室正创办高新技术产业园区企业，计划在未来几年内将技术转化为产品，推向市场，积极为社会服务。

（3）“创新性实验”课程

实践教育基地教学模式参照和借鉴我校“创新性实验”课程，该课程的主讲教师同时兼任实践基地的指导教师。

本课程是电子信息类专业重要的实践性课程，课程总学时为32学时，面向专业为电子信息工程、电子信息科学与技术、电子科学与技术、通信工程、信息对抗与技术、光信息科学与技术等专业。本课程开课学期为第5、6学期，是在学生在完成基础实验后，针对实际工程问题，三人一组，自主思考，申报完成一个应用实验项目，重点是创新。课程通过介绍数个综合性电子系统的设计思路和设计方法，给出一些对应的实验要求，让读者自己去探寻掌握电子系统设计技术及其创新的途径。实践过程注重工程能力、分析能力和创新能力的培养，通过实践的启迪和大量有创意的实验项目训练，能动地激发创新意识，培养自主创新能力；使学生在理论、实践能力和创新精神三方面能得到同步收获。通过本课程学习，可以提高学生运用专业知识分析实际问题，提出解决方案，合理选用现代工具与仿真平台解决实际问题，同时也可以培养学生创新意识和团队意识。本课程实施拟达到如下目标：

课程目标一：能结合实际应用，利用专业知识，根据系统功能和指标，设计实现方案，或者对现有的系统或方案进行优化，体现创新意识。

课程目标二：针对复杂工程问题，能够选择合理的设计平台或工具（如程序仿真、电路板设计制图工具等），并熟练使用。

课程目标三：能够自行组队分组（三人一组），培养团队合作意识，胜任团队成员的角色与责任，组织团队成员开展工作，完成团队分配的工作。

课程目标四：能够借助申报选题、中期汇报、期末答辩、撰写报告等环节，就电子信息相关的复杂工程问题，通过书面或口头方式表达自己的观点。

5.3.2　实践教育基地保障制度

（1）保障制度分类

实践教育基地保障制度分为三个部分：管理机构、管理制度和管理系统。

管理机构是基地的实体基础，包含参与实践教学的机构和人员；管理制度是基地的保障机制，是“法律”规范，引导大家围绕着基地以实践育人为中心运行；管理系统是基地的支持平台，是数字化管理的依托，既节约了一些人力和物力，又为基地的运行提供强大的数据支持服务，为实践教学的一系列活动保驾护航。三者相辅相成，融为一体，缺一不可，下面我们分别介绍这三个部分。

管理机构包括管理机构组成和管理人员组成，定义了基地的主要三个组成机构以及其他实践活动时的外延机构，定义了各机构在活动中涉及的任务角色及其互相之间的关系。

管理制度包含岗位制度、财务制度、保障制度、选拔制度、奖励制度、安全制度等保障基地育人体系运行的一系列制度，“没有规矩不成方圆”，为了基地能有条不紊地运行，制度不可缺失，就如同基地运行的“法律”一般，在体系内的各个机构各个角色都必须共同遵守、共同维护。

管理系统是基地育人体系开展教学活动、实践活动、竞赛活动、选拔活动、奖励活动等一系列活动时的软件后台保障，也是上述一系列活动所需的各类资源（如物联网——万物互联第一步实训课程教案、传感器——机器感知到的五彩世界实训课程教案、智能车与自动化控制实训课程教案、四旋翼无人机初探实训课程教案、基于 Python 和树莓派的图像处理系统开发实训课程教案等）存放的地方。管理系统将资源和活动相结合，以课程或项目的形式有机地组合在一起存在于云端服务器，每个教员、同学、辅导员、指导老师、班主任、家长都可以登录客户端，设置、完成各自的任务或查看各自所需的信息。管理系统是基地信息化的必须配备，是教学实施落地的强大工具，比如它可以支持教员在远程发布学习资料、布置学习任务、批改递交的答案、统计同学的成绩等；可以支持学生登录网站，选取课程，获得需要学习的文本、图片、视频等教学资源，根据教员布置的任务完成理论和实践任务、递交学习和操作结果，以及查看教员的作业批改意见和评价等。

（2）管理机构组成建设

实践教育基地管理机构运行涉及3个主要机构（中学课外兴趣小组、高校科协中心、高校学生社团）和10个次要机构（中学教务部、外联部、财务部、政府部门、校企合作单位、其他高校、研究所、知名企业、采购单位、外协单位）。

中学课外兴趣小组的中学生也称中学学员，是实践教育基地服务的两大群体之一，中学课外兴趣小组作为管理这些学员的主要后勤保障机构，为他们提供活动场所、活动用品、组织参加实验中心的实践活动、提供用餐保障、来回交通保障、组织报名参加各类科技竞赛及展示活动、与班主任及任课老师协调突发事件的处理（学员因病请假、课程冲突等事宜的联系等）、联系政府部门组织比赛人员协调学校证明和上交材料等事宜、与家长的沟通联系和对专项经费的收取和支出、与中学财务联系进行基地各项活动所需经费的报销等。

高校科协中心为实践教育基地的实践教学提供仪器设备保障，为学员提供丰富的实验设备和实验场地，在保证正常的实验教学秩序下，可以在周末或假期对学员免费开放，让这些昂贵的仪器设备在空余的时间发挥作用，极大地提升了学员做科学探究的条件，为学员安排实验室场地和实践教学时间、安排实践教学配套的仪器设备、培训实验室仪器设备的安全操作及使用、培训实验室各项规章制度、培训实验室突发事故应急响应处理流程，并在对外交流时为基地邀请相关专业方面的专家学者做前沿报告、邀请校企合作单位技术工程师介绍行业技术动向等。

高校学生社团是为基地的理论教学、实践教学、竞赛指导提供人员保障和技术保障的主要机构，为基地的教学活动提供讲授和答疑，为基地的实践活动提供示范和引导，为竞赛提供指导和协助，为学员的教学实践制定长期统筹的规划安排，与中学课外兴趣小组的辅导老师联系预定学习的时间地点，与高校科协中心的管理教师联系预定实验室，协助实验室老师整理实践教学需要配备的仪器设备及接插线、测量线等物品，编制理论实践课程的授课内容、以项目为驱动的教学项目设计、教学模块套件的设计与制作、管理系统软件的修改和硬件装置的开发，带领中学学员分组实训，进行线上学习的结果评阅，社团内教员等级考核和选拔，学员理论考核题和实践考核题的编制，优秀教员的评选，优秀学员的评选，邀请毕业的优秀学长分享自己的学习经历等。高校学生社团的新成员也称大学学员，是基地服务的两大群体的另一部分，高校学生社团不光要为基地提供人员和技术保障，还要担负起对大学学员的后勤保障任务。

将这些机构部门、各机构人员、各机构资产、各机构投入经费等的人、财、物三者有机地组织和管理并有效运行起来，大家按计划按部就班地实施，构建实践教育基地安全、高效的运行保障体系。

（3）管理人员组成建设

基地管理人员运行涉及 6 种主要角色（基地负责人——高校社团指导老师、中学课外兴趣小组中学生、高校学生社团大学生、高校学生社团成员——教员、中学课外兴趣小组辅导教师、高校科协中心管理教师）和 8 种次要角色（名誉主席——各主要机构领导、中学班主任、中学家长、中学财务、政府机构竞赛组织人员、校企合作单位技术工程师、其他高校研究生的专家学者、知名企业就职学长或攻读硕士博士的学长）。各角色通过岗位说明书对其在基地育人体系中承担的具体职责、工作权限、工作关系以及奖励内容等进行描述。表 5–1 ~ 表 5–3 分别为社团指导教师兼基地负责人、课外兴趣小组辅导教师和高校学生社团成员三个主要角色的岗位说明书。

表5–1　社团指导教师兼基地负责人岗位说明书

岗位名称	基地负责人 兼社团指导教师	所属部门	实践教育基地 高校学生社团
管理归属	无	管理对象	中学辅导教师、中心管理教师、教员、大学学员
职责概述	组织管理实践教育基地，协调各部门人员、保障基地运行		
具体职责	职责要项	职责描述	
	保障运行	为基地教学实践制定长期统筹的规划安排	
		制定批准基地的各项制度、规定的实行	
		向基地名誉主席汇报运行情况和获得的成绩及存在问题	
		学员晋级理论考核题和实践考核题的编制	
		社团内教员等级考核和选拔	
		编制理论实践实训课程的授课内容	
		带队参加各类国家科技创新竞赛	
	外联事务	联系实验中心管理教师预约实验室	
		联系辅导教师预约时间地点，协调教员授课	
		邀请毕业的优秀学长分享自己的学习经历	
		联系外购单位为学员采购元器件等	
		联系外协单位为学员外协投板等	
	财务事宜	教员外勤授课的交通费及餐费等费用的报销	
		带队参加竞赛所产生的住宿、交通、参赛报名费等费用的报销	

续表

<table>
<tr><td>岗位名称</td><td>基地负责人
兼社团指导教师</td><td>所属部门</td><td>实践教育基地
高校学生社团</td></tr>
<tr><td rowspan="6">工作权限</td><td colspan="3">有决定基地规划、制度改革的权利</td></tr>
<tr><td colspan="3">有参与确定“优秀教员”评选的权利</td></tr>
<tr><td colspan="3">有参与确定“优秀学员”评选的权利</td></tr>
<tr><td colspan="3">有参与确定中学学员晋级的权利</td></tr>
<tr><td colspan="3">有参与“优秀辅导教师”评选的权利</td></tr>
<tr><td colspan="3">有决定学生社团费用支出的权利</td></tr>
<tr><td rowspan="3">岗位
任职资格</td><td>工作经验</td><td colspan="2">三年以上社团指导老师相关工作经验；
指导学生获得国奖二项以上</td></tr>
<tr><td>学科要求</td><td colspan="2">电子信息类专业老师</td></tr>
<tr><td>技能要求</td><td colspan="2">有较强的社会沟通能力</td></tr>
<tr><td>奖励内容</td><td colspan="3">每年参加“最佳社团指导教师”评选，奖励1000元，由所在高校分院学支出；每年基地参加青少年科技创新大赛获得区奖奖励500元/项、获得市奖奖励1000元/项、获得省奖奖励2000元/项、获得国奖奖励3000元/项，同一项目以最高奖励颁发。奖励由所在中学支出</td></tr>
</table>

表5-2 课外兴趣小组辅导教师岗位说明书

<table>
<tr><td>岗位名称</td><td>辅导教师</td><td>所属部门</td><td>课外兴趣小组</td></tr>
<tr><td>管理归属</td><td>基地负责人</td><td>管理对象</td><td>中学学员</td></tr>
<tr><td>职责概述</td><td colspan="3">组织管理课外兴趣小组，为基地中学学员提供后勤保障</td></tr>
<tr><td rowspan="13">具体职责</td><td>职责要项</td><td colspan="2">职责描述</td></tr>
<tr><td rowspan="5">后勤保障</td><td colspan="2">提供学员兴趣小组活动场所</td></tr>
<tr><td colspan="2">提供学员兴趣小组活动用品</td></tr>
<tr><td colspan="2">组织学员参加高校科协中心的实训课程</td></tr>
<tr><td colspan="2">提供学员用餐保障、来回交通保障</td></tr>
<tr><td colspan="2">组织学员报名参加各类科技竞赛及展示活动</td></tr>
<tr><td rowspan="2">反馈信息</td><td colspan="2">与基地负责人协调规划课程内容</td></tr>
<tr><td colspan="2">知会基地负责人中学课程体系改革内容</td></tr>
<tr><td rowspan="3">外联事务</td><td colspan="2">联系班主任协调突发事件</td></tr>
<tr><td colspan="2">联系政府部门组织比赛人员协调学校证明和上交材料等事宜</td></tr>
<tr><td colspan="2">与家长沟通获取培养经费</td></tr>
<tr><td rowspan="2">财务事宜</td><td colspan="2">对接学校课外科技活动专项经费的收支</td></tr>
<tr><td colspan="2">对基地活动产生费用的报销</td></tr>
<tr><td rowspan="2">工作权限</td><td colspan="3">有参与“优秀教员”评选的权利</td></tr>
<tr><td colspan="3">有参与确定中学学员晋级的权利</td></tr>
<tr><td rowspan="4">岗位
任职资格</td><td>工作经验</td><td colspan="2">一年以上带班相关工作经验</td></tr>
<tr><td>学科要求</td><td colspan="2">科技老师</td></tr>
<tr><td>技能要求</td><td colspan="2">有较强的社会沟通能力</td></tr>
<tr><td>兴趣爱好</td><td colspan="2">对电子信息技术有浓厚的兴趣</td></tr>
<tr><td>奖励内容</td><td colspan="3">每年参加“最佳辅导教师”评选，奖励1000元，由所在中学支出；每年带队参加青少年科技创新大赛获得区奖奖励1000元/项、获得市奖奖励3000元/项、获得省奖奖励8000元/项、获得国奖奖励20000元/项，同一项目以最高奖励颁发。奖励由所在中学支出</td></tr>
</table>

表5-3　高校学生社团成员岗位说明书

<table>
<tr><td>岗位名称</td><td>教员</td><td>所属部门</td><td>高校学生社团</td></tr>
<tr><td>管理归属</td><td>基地负责人</td><td>管理对象</td><td>学员、采购单位、外协单位</td></tr>
<tr><td>职责概述</td><td colspan="3">为实践教育基地提供教员，保障基地教学活动顺利开展</td></tr>
<tr><td rowspan="7">具体职责</td><td>职责要项</td><td colspan="2">职责描述</td></tr>
<tr><td rowspan="6">保障运行</td><td colspan="2">为学员讲授理论课程并答疑</td></tr>
<tr><td colspan="2">带领学员分组实训</td></tr>
<tr><td colspan="2">指导协助学员参加科技创新大赛</td></tr>
<tr><td colspan="2">协助实验室老师整理实训所需仪器设备及接插线、测量线等物品做好开课准备</td></tr>
<tr><td colspan="2">线上学习的结果评阅</td></tr>
<tr><td colspan="2">管理系统软件的修改和硬件装置的开发</td></tr>
<tr><td>工作权限</td><td colspan="3">有参与确定“优秀学员”评选的权利</td></tr>
<tr><td rowspan="3">岗位
任职资格</td><td>工作经验</td><td colspan="2">中学学员教员要求：两年以上社团学习经验并参加国家级科技创新比赛一次以上；
大学学员教员要求：三年以上社团学习经验并获得国家级科技创新比赛国家级奖项一项或省级奖项两项以上</td></tr>
<tr><td>学科要求</td><td colspan="2">电子信息类专业、计算机专业、自动化专业</td></tr>
<tr><td>技能要求</td><td colspan="2">有较强的实践动手能力和较好的表达能力</td></tr>
<tr><td>奖励内容</td><td colspan="3">每年参加“最佳教员”评选，奖励500元，由所在中学支出；每年指导参加青少年科技创新大赛获得区奖奖励1000元/项、获得市奖奖励2000元/项、获得省奖奖励3000元/项、获得国奖奖励5000元/项，同一项目以最高奖励颁发。奖励由所在中学支出</td></tr>
</table>

（4）管理制度建设实例

第一部分　总则

一、目的

为全面落实中学课外兴趣小组、高校科协中心、高校学生社团三大主要机构从人员、资金、设备三方面为基地运行提供客观条件的保障、客观评价基地负责人、高校社团指导老师、中学课外兴趣小组辅导教师、高校学生社团成员（教员）的职责履行效果，规范和完善中学和大学学员的行为标准，建立有效的激励约束机制，从而帮助基地提高实训教学的效率，提升深度融合育人的作用，确保基地的教学活动落地，实现基地在各大竞赛中获奖的战略目标，特制定本制度。

二、适用范围

本制度适用于基地所有活动的参与人员。

三、管理原则

公平、公开、公正；考评导向、过程控制；权责一致。

四、考核评价小组

成立基地运行考评小组，负责基地工作人员效率考评、基地学员成绩考评及申诉相关决议。

组长：基地负责人——高校社团指导老师

副组长：名誉主席——各主要机构领导

组员：中学课外兴趣小组辅导教师、教员——高校学生社团成员

秘书：高校学生社团外联部部长

第二部分　运行考核管理体系

五、基地考核评价小组

基地考核评价小组是基地各机构效率管理工作的组织执行机构，承担基地各机构效率管理的计划、组织、实施和监督职责。

六、高校学生社团

高校学生社团是大学学员学习效率管理工作的组织执行机构，承担大学学员学习效率管理的计划、组织、实施和监督职责。

七、中学课外兴趣小组

中学课外兴趣小组是中学学员学习效率管理工作的组织执行机构，承担中学学员学习效率管理的计划、组织、实施和监督职责。

八、各级工作人员职责

各级工作人员根据各岗位职责说明书要求，负责本岗位或下属岗位的考核工作。

九、考核周期

基地各机构部门工作人员的考核按年度进行，考核时间在暑假假期进行，奖惩按教学年度执行。基地学员实行学期考核，考核时间在假期进行，奖惩按教学年度执行。

十、考核依据

考核分数80%来自年度获奖情况，20%来自制度实施过程中的各种考核评分。

十一、基地对学员考核结果及应用

依据分数划分为“卓越、优秀、良好、合格、基本合格、不合格”六个等级，比例分别为10%、20%、20%、20%、20%、10%。

十二、基地对工作人员考核结果及应用

指导老师、辅导老师、教员年度考核根据考核分数划分为“优秀、称职、不

称职”三个等级，比例分别为20%、60%、20%。

十三、考核结果及申诉

考核的过程中，基地名誉主席受理工作人员考核事项的申诉，指导教师和辅导老师受理学员的考核事项的申诉，通报基地负责人组织考评小组进行裁决。若五个工作日内无申诉，即认定结果有效，将作为考评结果应用的依据。

第三部分　基地负责人管理制度

十四、为了保障基地管理工作的正常开展，特制定以下管理制度：

（1）基地负责人带领考评小组认真负责、公平公正完成考评任务。

（2）基地负责人妥善处理工作人员和学员的各项申诉。

（3）基地负责人在执行集体决定和日常工作中，要认真履行职责，工作不推诿，敢于负责，团结协作，廉洁奉公。

（4）基地负责人要坚持注意深入基层调查研究、了解情况、不断改进、充分听取各部门工作人员、教员和学员的意见，做到决策的民主集中。

（5）基地负责人每学期至少召开一次协调会议，现场帮助解决实际问题。

（6）基地负责人每学期至少两次听课督导，要全面了解和掌握教员的教学情况和学员的思想动态，为进一步改进基地工作提供依据。

第四部分　实践教学活动管理制度

实践教学活动包括课前备课、实训指导、作业批改、课后讨论答疑、考试测评等几个方面，是基地管理的重要内容。

十五、备课基本要求：

（1）备好课是上好课的基础，是提高课堂教学质量的关键。每位教员必须充分认识备课的重要性，认真钻研实训内容，认真、充分地备好每一堂课。

（2）备课必须以十年规划为目标，实训内容为依据，明确实训内容的编排，基本技能训练的要求；明确每一课时的目的要求、任务和具体内容。

（3）备课要正确地掌握和处理好实训内容的重点、难点，明确每一课时应传授的知识和应掌握的技能。

（4）备课既要准备上课的内容，还要准备教法和学法。要从学员的实际情况出发，科学地安排教学步骤，充分体现“教员为主导，学员为主体，实训为主先，获奖为主旨”的教学原则，激励学员当好学习的主人。

（5）认真准备教案。教案要条理清楚、步骤合理，能实际指导上课，不做表面文章。教案以课时为单位编写。教案的内容包括教学目的要求、重点、难点、课时安排，有教学过程(包括设计的问题)，有PPT设计，有实例练习设计。

(6)提倡课后写教学后记，总结优缺点，积累经验。

十六、上课基本要求

(1)课堂教学是实施教学活动的主要场所，每个教师必须认真上好每一堂课，充分利用课堂上宝贵的时间。

(2)上课前应布置学员预习内容，培养学员的自学能力，提高课堂效率。

(3)课堂的教学目的要明确，授课和带领实训时要围绕重点、难点，节奏紧凑，力求使他们能掌握本课的知识和技能。

(4)要积极改革课堂教学方法，贯彻启发性原则，引导学员勤动脑、勤动口、勤动手，充分调动学员思维的积极性，使课堂生动活泼，使学员能举一反三，灵活运用。

(5)积极开发教学套件和模块，为实训教学提供保障。

(6)严格上课纪律，做到上课时不迟到，不坐教。

十七、作业布置与批改要求

(1)作业在学呗平台上发布、递交、批改，利用线上教学手段，可以跨越空间的障碍。

(2)作业的设计要遵循“精、活”的原则，要注重能力的培养、要注重发展学员思维，提高实效。

(3)作业要求学员做到按质按量按时完成，注意培养和训练学员养成细心审题、积极动脑的良好习惯。

(4)作业批改要认真、及时，批语要多鼓励学员的想法，指导学员自行改正。

(5)建立学员学习成绩考评机制，优秀学员表扬奖励制度，激励学员的学习积极性，培养学员严谨的治学态度。

第五部分　学员管理制度

十八、学员守则

(1)明确学习目的，端正学习态度，树立远大理想。

(2)刻苦学习，不畏困难，勤于思考，虚心请教，努力掌握科学专业知识和技能。

(3)尊重教员，上课认真听讲，按时完成作业，积极支持和配合教员完成教学活动，支持教员改进教学方法，提高教学质量。

（4）遵纪守法，严格遵守基地的各项规章制度，维护正常的教学秩序。

十九、课堂守则

（1）按时上课，不迟到、不旷课。

（2）遵守课堂纪律，听从教员的指挥。

（3）上课时要认真听讲，记好笔记，不准随便说话，不做与上课无关的事情。

（4）保持教室卫生，禁止携带食物进入教室，禁止乱扔纸屑、果皮和废弃物。

（5）爱护教室内的教学设备、仪器和设施，未经教员允许，不得擅自动用教学仪器和设备。

（6）课后认真做好值日，负责关好门窗、电灯、电扇等。

二十、学员考勤和请假制度

（1）考勤由教员负责记录，每课填写，学期结束汇总，报给秘书（学生社团外联部部长）。

（2）上课时间一般不准请假。

（3）学员请假必须事先履行请假手续，向课外兴趣小组辅导教师和社团指导教师申请，批准后方可生效。

（4）对迟到、早退和旷课的学员，应予以批评教育，影响其学习成绩考评。

二十一、考核晋升制度

（1）每学期成绩分为竞赛季和非竞赛季；非竞赛季成绩按实训科目、作业、考试三项内容考核（占比分别为：30%、20%、50%）总成绩；竞赛季成绩按训练科目、作业、考试三项内容考核总成绩占 20%，竞赛成绩占 80%。

（2）每门实训科目缺课 1/3 者（含请假），不允许参加考试。

（3）实训科目不及格者，不允许参加竞赛。

（4）每学期成绩作为评级的依据，根据评级进行晋降级的操作。

二十二、与学员家长联系制度

（1）为了使学员家长了解学员在基地的学习情况，基地与学员家长建立联系制度，进行信息反馈，以取得家长对基地的支持，配合基地对学员进行管理教育。

（2）为了使学员家长了解学员在基地实训时需要使用的耗材，基地与学员家长进行信息反馈，以取得家长对基地的支持，配合基地上缴学员的实训耗材费用。

（3）学校按学期将学员成绩和最佳学员名单由兴趣小组辅导教师通知家长。

第六部分 奖罚制度

二十三、学员学期考评奖罚措施

（1）获得“卓越”等级享受免试推荐代表学校参加全国科技创新比赛。

（2）获得“卓越”等级可参加本学期“最佳学员”评比。

（3）获得“卓越”“优秀”“良好”等级的学员给予晋升。

（4）获得“卓越”和“优秀”等级可以担任全国竞赛和项目实训组长。

（5）获得“合格”和“基本合格”等级不予晋升，有待提升。

（6）获得“不合格”等级给予降级。

（7）获得“不合格”等级取消参加竞赛的资格。

二十四、工作人员年度考评奖罚措施

（1）获得“优秀”等级的教员、指导老师、辅导老师给予晋升。

（2）获得“优秀”等级的教员、指导老师、辅导老师可参与年度“优秀教员”“最佳指导教师”和“最佳辅导教师”评比。

（3）获得“优秀”等级的教员、指导老师、辅导老师可指导学员参加本年度各类竞赛。

（4）获得“不称职”等级的教员、指导老师、辅导老师给予降级。

二十五、带队参赛奖励

（1）辅导教师每年带队参加青少年科技创新大赛获得区奖奖励 1000 元 / 项、获得市奖奖励3000元 / 项、获得省奖奖励8000元 / 项、获得国奖奖励20000元 / 项，同一项目以最高奖励颁发。

（2）指导教师每年基地参加青少年科技创新大赛获得区奖奖励 500 元 / 项、获得市奖奖励 1000 元 / 项、获得省奖奖励 2000 元 / 项、获得国奖奖励 3000 元 / 项，同一项目以最高奖励颁发。

（3）教员每年指导参加青少年科技创新大赛获得区奖奖励 1000 元 / 项、获得市奖奖励 2000 元 / 项、获得省奖奖励 3000 元 / 项、获得国奖奖励 5000 元 / 项，同一项目以最高奖励颁发。

（4）奖励由荣誉归属学校支出。

第七部分 财务管理制度

为了进一步规范基地的财务管理工作，提高专项经费和家长课外兴趣小组投入经费的合理使用，特制定本管理制度。

二十六、根据省教育厅等部门关于规范教育收费、进一步治理教育乱收费工作的通知精神，基地要扎实做好实训教学和竞赛活动的经费保障机制的同时，规范收费行为，严禁“乱收费”现象。

二十七、基地负责人是收费管理的第一责任人，分管财务经办人是直接责任人。基地根据实际活动列出所需物品清单、单价及总价，除专项资助经费外，不足部分授权辅导教师通知学员家长向学员所在学校财务部门缴纳课外兴趣小组活动费用，其他任何单位和个人均不得擅自增加收费项目、扩大收费范围或提高收费标准。凡违反收费管理制度，有乱收费行为的工作人员将给予严肃处理，情节严重者，报请上级主管部门处理。

二十八、基地收入

（1）收入凭证必须使用财政部统一印制的非税收入收据和往来结算收据，不得使用自制据、万能据等“白条”入账。

（2）基地在取得各项预算外收入（包括家长缴纳课外兴趣小组活动费用、高校学生社团对外承接项目获得的劳务费等），要做到应收尽收，并全额纳入基地预算管理。

二十九、基地支出

实训教学过程中的元器件采购、PCB 电路板外协制板、焊接钻孔等工序所需耗材等，基地的经费支出严格执行预算，凡预算中没有安排的购物项目基地不得安排支出。

三十、实物保管

建立健全财产物资的管理制度。基地要建立资产登记簿。对于一次性购买的物品，要建立实物领缴登记簿，领用人要在登记簿上签字确认。每学期末，基地组织人员对财产物资进行清查盘点，做到账账相符，账实相符。

三十一、对支出发票审核

（1）真实性。主要审查原始凭证所记载的业务是否确实存在，原始凭证所记载的业务内容与实际发生的经济内容是否相符，严禁弄虚作假。

（2）合法性。审查经济内容是否符合有关政策、法律、法规、制度，是否按规定的开支标准办事，是否符合审批权限，是否符合节约原则等。

三十二、财务结算

每学期末，基地要组织相关人员对本学期所发生的收入、支出及时进行稽核。

三十三、财务公开

财务稽核后及时在基地公示，接受大家的监督，并形成财务分析报告，作为基地负责人下一学期财务预算的主要依据。

三十四、财务报账制度

（1）实行报账制度的原则和目的：有利于规范基地财务管理，便于宏观统一管理。

（2）坚持“保运转，促发展”的财务支出原则。

（3）确保基地经费重点用于实训教学、竞赛等教学活动支出，严控非教学性支出。

三十五、预算管理制度

（1）为加强基地经费预算管理的综合性、有效性、可控性，更好地贯彻“量入为出、收支平衡”的总原则。

（2）收入预算：遵循“全面性、真实性、细化性”原则，各校年初对本单位当年可能取得的各项收入进行预算。

（3）支出预算：坚持“统筹兼顾、保证重点”的原则，在确保正常运行开支的前提下，合理安排本单位的事业发展支出。

第八部分　安全管理制度

三十六、加强基地教室、实验室、多媒体教室、机房的安全防范，配备防盗、防火设备。实行专人负责、责任到人。

三十七、教室安全管理制度

（1）学员不准在教室内追逐打闹，随便搬动课桌椅。

（2）教室内不准乱拉私接电源，乱设插座，乱充电。

三十八、实训场所安全管理制度

（1）学员进入实训场所时需遵守各种规章制度，服从现场教员指挥。

（2）严格按设备（焊接设备、台钻、剪切机）的操作规程进行操作。

（3）不乱接电源，未经管理人员许可不使用其他用电设施。

（4）只要有学生在实训活动，就必须有实训教员在场。

（5）对实训场所进行安全检查，要求离开时必须切断电源，关好门窗，清理桌面、地面，清除隐患。

（6）对库存的易然、带腐蚀危险品，要求专人管理，严格出库制度，定期检查，账物相符。

（7）在进行实训时，应对调试过程中出现的危险进行防护，如四旋翼作品在调试中的护目镜、防割手套等防护措施规定。

（8）如发生事故，必须及时上报，不许隐瞒不报或拖延上报，重大事故要立即抢救，同时保护好事故现场。

三十九、学校组织外出大型活动等管理制度

（1）组织学员外出参加实训教学活动，必须充分考虑活动场所、线路、交通工具、气候环境等方面的安全性。

（2）组织学员活动的辅导教师应切实负起安全责任，学员应自始至终在辅导教师的带领和保护下开展活动。

第九部分　附则

四十、各部门、各工作人员可根据基地管理制度相关原则，同时结合部门实际情况，制定相应的考核办法、实施细则，提报考评小组审核、备案后方可执行。

四十一、本规定的解释权、监督执行权归基地考评小组。本规定自颁布之日起生效。

5.3.3 实践教育基地实践内容

实践教育基地开设了阶梯递进式的实践内容，通过分阶段的教学激励学生进行复杂系统工程的研究与设计，通过实践培养创新意识和创新能力。

阶段一

课程性质：科普性理论课程

课程时长：1课时

课程目标：让学生对电子、计算机行业有基本的认识。

课程内容：

上半课时结合科技热点，介绍电子、计算机领域的宏观知识体系结构，提高学生学习兴趣。

下半课时介绍电子实验仪器的功能和操作方法。

阶段二

课程性质：理论＋实践课程

课程时长：5课时

课程目标：让学生对物联网技术及物联网设备有一定的了解及基础开发能力。

课程内容：

课时一：对物联网技术进行宏观介绍，内容包括：物联网的前身今世；物联网的应用场景；物联网行业的发展趋势。

课时二：以开发者的身份，介绍物联网开发的关键性技术及开发流程，内容包括：介绍物联网开发需要掌握的技术；介绍物联网开发的常用软硬件；介绍“微控制器”概念，让学生在单片机上运行，进行自己的第一次开发。

课时三至课时五：熟悉单片机开发软件及开发流程，尝试通过自己编程实现对单片机的简单控制。

阶段三

课程性质：理论 + 实践课程

课程时长：6 课时

课程目标：让学生实际参与传感器物联网项目的开发，在开发过程中加强知识体系的构建及体验团队合作。

课程内容：

课时一：对一个典型物联网系统——温湿度传感节点的软硬件进行剖析，讲解温湿度传感器的原理。

课时二、课时三：学生尝试自主编写代码，完成单片机 + 温湿度传感器结合的环境温湿度采集系统设计。

课时四：介绍网络模块的软硬件组成，介绍目前热门的三种网络协议——TCP 协议、HTTP 协议、MQTT 协议，帮助学生理解数据在网络中的传输过程。

课时五、课时六：学生尝试自主编写代码，完成单片机 + 网络模块结合的无线数据收发系统设计。

阶段四

课程性质：实践课程

课程时长：3 课时

课程目标：让学生将模块组合成为系统，完成自己的第一个物联网作品。

课程内容：

课时一：学生完成模块联调，搭建自己的第一个物联网设备。

课时二、课时三：学生完成模块联调，搭建自己的第一个物联网设备。

阶段五

课程性质：理论课程

课程时长：2 课时

课程目标：对整一期课程中设计的知识点进行总结和复盘，对项目开发过程中团队合作理念的探讨，解答专业、行业选择的相关问题。

课程内容：

课时一：课程内容总结与复盘，以讨论课的形式分享收获、提出不足。

课时二：结课，解答同学关于专业选择和行业选择的问题。

阶段六

课程性质：理论 + 实践课程

课程时长：3 课时

课程目标：让学生对四旋翼无人机及其控制技术有一定的了解，让学生亲自体验无人机的控制。

课程内容：

课时一：

上半课时对无人机相关知识进行宏观介绍，内容包括：无人机的发展历史；无人机的应用场景。

下半课时让学生体验无人机的控制。

课时二：以开发者的身份，介绍无人机开发的关键性技术及开发流程，内容包括：介绍无人机开发需要掌握的技术；介绍无人机开发的常用软硬件；简单介绍无人机飞行过程中用到的算法，帮助学生理解无人机飞行的原理。

课时三：复习单片机开发流程，编写单片机控制程序。

阶段七

课程性质：理论 + 实践课程

课程时长：9 课时

课程目标：让学生实际参与无人机项目的开发，在开发过程中加强知识体系的构建、体验团队合作。

课程内容：

课时一：对一个无人机系统的软硬件进行剖析，讲解无人机飞行的原理。

课时二、课时三：学生尝试自主组装无人机并编写代码，实现无人机的起飞和降落。

课时四：介绍无人机上搭载的姿态传感模块以及无人机姿态解算法。

课时五、课时六：学生尝试自主编写代码，完成无人机姿态数据的采集和可视化。

课时七：介绍无人机与遥控器之间的交互过程，讲解无线通信中“数据帧”的概念。

课时八、课时九：学生尝试自主编写代码，完成遥控器与无人机之间的数据交互，能够通过遥控器控制无人机的起飞和降落。

阶段八

课程性质：实践课程

课程时长：3 课时

课程目标：让学生将模块组合成系统，完成自己的第一个无人机作品。

课程内容：

课时一：简单介绍 PID 控制的思想，学生开始进行模块联调，搭建自己的无人机。

课时二、课时三：学生完成模块联调，见证无人机从单个零件到真正能够飞行的全过程。

阶段九

课程性质：理论课程

课程时长：2 课时

课程目标：对整一期课程中设计的知识点进行总结和复盘，对项目开发过程中团队合作理念进行探讨，解答专业、行业选择的相关问题。

课程内容：

课时一：课程内容总结与复盘，以讨论课的形式分享收获、提出不足。

课时二：结课，解答同学关于专业选择和行业选择的问题。

阶段十

课程性质：理论 + 实践课程

课程时长：3 课时

课程目标：让学生对图像处理算法有一定的了解，引入 Python 语言在图像处理中的优势与应用。

课程内容：

课时一：

上半课时对图像处理相关知识进行宏观介绍，内容包括：图像处理算法的发展历史；图像处理算法的应用。

下半课时在 PC 机上让学生体验图像处理算法。

课时二：以开发者的身份介绍图像处理的关键性技术及开发流程，内容包括：介绍图像处理中的常用算法；介绍开源图像处理库——OpenCV 以及编程语言 Python；利用 OpenCV 开源库，在 PC 上编写第一个图像处理程序。

课时三：利用 OpenCV 开源库，完成图像的放大、缩小、二值化、腐蚀、膨胀等基本操作。

阶段十一

课程性质：理论 + 实践课程

课程时长：9 课时

课程目标：让学生实际参与图像处理项目的开发，在开发过程中加强知识体系的构建、体验团队合作。

课程内容：

课时一：介绍嵌入式图像处理的概念和硬件平台——树莓派以及软件平台——Linux，进行树莓派的第一次操作体验。

课时二、课时三：体验、熟悉 Linux 中的命令行操作和代码编写方法；体验 Linux 下 OpenCV 开源库的使用。

课时四：介绍 Python 语言语法，利用 Python 语言和 OpenCV 开源库，在嵌入式平台上编写第一个图像处理程序。

课时五、课时六：学生尝试自主编写代码，完成嵌入式平台上的图像处理基本操作。

课时七：介绍树莓派配套 USB 摄像头的使用方法。

课时八、课时九：学生尝试自主编写代码，完成树莓派 + 摄像头的图像采集，实现一个“简易照相机”。

阶段十二

课程性质：实践课程

课程时长：3 课时

课程目标：让学生将模块组合成系统，完成自己的第一个图像处理作品。

课程内容：

课时一：讲解系统工作流程，帮助学生理解图像处理中的关键步骤。

课时二、课时三：学生完成模块联调，完成对图像的采集、处理和输出过程，体验如何用代码而不是修图软件对图像进行处理。

阶段十三

课程性质：理论课程

课程时长：2 课时

课程目标：对整一期课程中设计的知识点进行总结和复盘，对项目开发过程中团队合作理念进行探讨，解答专业、行业选择的相关问题。

课程内容：

课时一：课程内容总结与复盘，以讨论课的形式分享收获、提出不足。

课时二：结课，解答同学关于专业选择和行业选择的问题。

第6章　大学生课外科技活动设计

6.1　科技创新活动的促进作用

创新是一个民族进步的灵魂，是国家兴旺发达的不竭动力。人类社会的每一次进步都离不开创新，现代文明的基础是创新，未来人类社会的进步仍将依赖创新。开展创新教育、培养高素质的创新型人才是知识经济时代高等教育改革与持续发展的一个重要课题，也是国家创新体系不可缺少的组成部分。课外科技创新竞赛是大学生运用所学专业知识和技能，利用课余时间开展的一项学习、研讨、实践、创造的活动。它是大学生培养创新能力的重要载体，是实现教育目标的重要方式。通过科技创新活动，可以极大地促进学生多学科知识的融合、理论与实践能力的提升、综合素质的培养等。

6.1.1　促进专业知识的横纵向学习

在知识经济领域里，学习知识不再是将书本和信息简单地搬进脑袋里，信息化时代要求大学生是创新型综合型人才。课外科技创新是课堂理论知识的实践、延伸与拓展，是一种学以致用，在实践操作中发现所学理论的错误认识，深化对知识正确理解的方式。参加创新竞赛是一个十分严谨的科学实践过程，从选题、查阅文献、收集资料，到设计科研方案、实施步骤，再到数据处理分析、整理资料、撰写科研论文等一系列过程中，参赛者系统地了解并掌握科学的研究方法。此外，团队成员来自不同专业、不同层次、不同领域背景、不同知识背景，成员通过合作与交流，能了解和接触到不同学科知识，拓展每个成员的视野，不同的思想、不同的观念，相互碰撞产生新的火花，增长新知识，产生新思维。

6.1.2　利于培养大学生的综合能力

大学生只有志向远大，信念坚定，才能树立正确的世界观、人生观和价值观，才能把握正确的前进方向，实现“中国梦”的理想，这与一个大学生综合能力密不可分。当代大学生成长成才，重要的是提升自我素质和修养，“远大的理想、精深的学术、强健的体魄、恬美的心境”为大学生成长指明了方向。参加科技创新活动，要求大学生不仅有严谨认真的科学态度、积极探索的专业精神，更需要团结协作的能力、良好的沟通能力以及耐心细致、克服困难的心理素质。科学技术迅猛发展的今天，社会分工越来越明确，科学实践的道路上除了个人艰苦探索、不断创新外，也需要团队的良好沟通、协作与支持，以达到个人无法完成的科学事业目标。

大学生在这种科技创新中经历的协作实践，将会使他们在学习科学知识以外收获更好的心理素质和更强的沟通能力。科技创新竞赛这一载体，将有助于学生在步入高等教育大门之后，尽早地根据社会需要和自身所长，结合理论学习和创新实践的亲身感受进行职业生涯规划，并不断加以修正、完善。如果将科学探索与创新实践的精神和意志品质及社会沟通能力相互交融并内化于心，当代大学生在之后的学习、科技创新活动以及工作中，都将受益匪浅，在各个方面都将具备发现问题、解决问题和创新实践的能力，从而提高了自身的综合素质。

6.1.3 丰富校园文化

科技创新活动作为一种文化在大学中流行起来，这种文化的形成和发展体现在学生生活的各个方面。大学生以科技创新为纽带，团结协作、交朋识友，使他们在获取知识的同时也收获了更多有益的财富，使得校园文化更加丰富多彩。大学生开展科技创新活动主要以团队形式来开展，在团队合作的过程中，学生之间的沟通是否良好、合作是否协调是开展活动成败与否、质量高低的关键。学生以科研项目小组、课程设计小组等形式相互协作，形成了校园科研团队的文化。近年来，各大高校的各类学生科技协会飞速发展和壮大，成为学生拓展和深化课堂学习的实践基地，更成为学以致用、开拓创新及个人素质全面发展的新领域，营造了校园里独特的科研团队文化，进而促进了高校学风建设。

大学的本质是探索高深学问。学术自由是现代大学的一个基本理念。因此，大学校园文化的本质是创新，创新本质上是创造主体的一种精神活动。创新意识和创新能力的培养、创造力的发挥，都需要良好的精神生态环境。大学生科技创新竞赛的蓬勃开展可以改善校园文化的结构，提高校园文化的品位，体现大学的学府气息，从而营造一种良好的学习、育人环境和学术文化氛围，激发学生学习的主动性、积极性和创造性。

6.2 组织及服务课外科技活动

高校课外科技创新活动得到了较快的发展，高水平、高质量的竞赛和活动越来越多，在面对大好机遇的同时，诸多新情况、新现象也不断涌现，如何更好地组织大学生科技创新活动，有效地为其提供服务已成为高校深入推进大学生课外科技创新活动所必需重视和解决的课题。

6.2.1 课外科技活动的特性

（1）科技性

不同形式的科技活动都包含科技的内容。科技活动正是以其丰富的科技内容吸引着广大青年。据调查了解发现，绝大多数青年对科技活动都很感兴趣，并希望以此来开阔视野，提高能力。

（2）实践性

科技活动为青年们创造了书本和课堂教学所不具备的实践条件，他们往往要通过动手操作、实验等环节来获取知识。这不仅把理论和实践结合起来，把学到的知识运用到实践中去，而且开拓了新的知识领域，在实践中学习和提高。

（3）创新性

科技活动作为一种创新性的实践活动，其主要任务是探索未知。对于广大青年来说，探索和创造并不都等于科学发现，它的可贵之处在于在实践过程中勇于认识新事物、提出新问题、想出新方法、创造新作品的探索精神。

（4）综合性

开展任何一项科技活动，都不是只靠某一方面或某一领域的知识就可以完成的，都要涉及多领域的横向联系和多种知识的综合运用。每完成一项科技活动，青年们不仅掌握了某个方面较为系统的知识，也经历了一次科学研究的综合性训练。

6.2.2 组织课外科技活动

任何科技创新活动只有通过精心组织和严格管理，才能保证其沿着正常健康的方向发展。

（1）设立科技活动领导小组

设立科技活动领导小组，其主要目的是体现党团各级领导和有关部门对青年科技活动的重视，激发全体青年参加科技活动的热情，督促各级有关部门认真抓好此项工作，使科技活动逐步实现有序化、制度化。

领导小组的设立应体现各职能部门和各相关单位积极参与的原则。领导小组在活动期间应定期召开会议，商讨青年科技活动的有关事宜。各基层团组织也应成立相应的“领导小组”，聘请专家教授、青年科技带头人对青年的课外科技活动予以指导和咨询。

（2）成立科技创新协会

作为一种群众性、自发性、社团性的组织，科技创新协会是由对科技活动感兴趣，愿意参加科技活动的青年组成的团体。成立科技创新协会可以使青年科技活动制度化、规范化，更便于指导和管理。

因此，科技创新协会都应具备一套较为完整科学的管理制度，确保科技活动的顺利实施。

（3）聘请科技活动指导教师

开展科技活动的关键问题是聘请指导教师和专家教授，只有专业科技人员加入，科技活动的技术含量和专业水平才会提高。应建立相应的科技专家人才库，及时有效地给予青年科技方面的指导。

（4）设立活动专项基金，鼓励青年积极参与活动

为鼓励和支持青年积极开展科技活动，应专门设立一定数额的活动基金，用于资助青年进行课题研究、发明创造、活动奖励和评比。对于具有一定科技基础的青年，应鼓励其积极寻找科技研究课题或项目，按照有关程序申请立项；对于具备一定研究价值的项目，相关单位应给予一定的物质资助，提供有利条件，促进青年进一步的研究。

6.2.3 服务课外科技活动

在策划和实施某项科技活动时，首先要制定相应的活动方案。活动方案的设计关系到活动的质量，这是不可忽视的问题。一般来说，成功的活动总是与预先的活动构想基本吻合，我们要提高活动质量，达到预期效果，就要在策划与设计方面下工夫。一个规范的科技活动设计方案离不开七个基本要素：

第一，明确活动主题。活动主题是组织科技活动的指导思想，是活动的灵魂。它反映活动要达到的目的，也是贯穿活动始终的一条主线。确立主题，要注意以下几点：一是紧紧围绕党目前的中心工作，充分体现形势的发展和需要；二是从本地区、本单位的实际出发，坚持实事求是；三是了解青年的实际需求，把握青年的思想脉搏，从而找准青年的“兴奋点”，以及与活动的最佳“结合点”，正确确立活动的主题。此外，活动主题要体现集中、鲜明、切实、新颖、富有吸引力的特点。

第二，确定活动内容。活动内容是活动的实质部分，是活动的“血肉”，是活动主题的具体体现。设计活动内容时，要求突出主题，内容充实，具有一定的时代感。内容确定的依据主要为以下几方面：一是紧扣主题的需要；二是反映广大青年团员的意愿和合理需求；三是通过调查分析，具有可行性。

第三，选好活动的题目。题目是活动的标志，是活动主题最鲜明、最直接的表达。设计活动题目，要求鲜明、简洁、通俗、易懂、易记、具有鼓动性和号召力，能引起广大团员青年对科技活动的注意力和极大兴趣。

第四，选准科技活动采用的形式。活动形式是活动主题和内容的载体，没有合适的活动形式，活动主题和内容就不能转化为现实。因此活动形式的选取也是整个活动设计的重要组成部分。设计活动形式，要服从主题和内容的需要，要适合青年人的特点。

第五，安排好活动程序。程序是活动进行的步骤。活动程序要安排妥当，一环扣一环，有条不紊，以达到更好的活动效果。

第六，选好活动的时间、地点。选择时间、地点，除考虑正常工作或生产因素外，还要考虑与活动内容相关的其他因素。针对活动内容，选择与之相符的活动时间和地点，能渲染活动气氛，增添活动效果。

第七，做好经费预算。许多科技活动的开展需要一定经费，在设计科技活动时要考虑到经济状况量力而行，尽量少花钱多办事。必要时，还可以与其他社会机构联合活动。

方案设计的七个要素之间是一个相互联系的整体，在确定某项科技活动前，应认真准备设计方案，不打无准备之仗。

6.3 国内大学生课外科技竞赛概况

6.3.1 “挑战杯”全国大学生课外学术科技作品竞赛概况

“挑战杯”是“挑战杯”全国大学生系列科技学术竞赛的简称，是由共青团中央、中国科协、教育部和全国学联、举办地人民政府共同主办的全国性的大学生课外学术实践竞赛。“挑战杯”竞赛在中国共有两个并列项目，一个是“挑战杯”中国大学生创业计划竞赛，另一个则是“挑战杯”全国大学生课外学术科技作品竞赛。这两个项目的全国竞赛交叉轮流开展，每个项目每两年举办一届。

（1）概述

“挑战杯”全国大学生课外学术科技作品竞赛是一项全国性的竞赛活动，简称“大挑”（与挑战杯创业计划大赛对应）。该比赛创办于1986年，由教育部、共青团中央、中国科学技术协会、中华全国学生联合会、省级人民政府主办，承办高校为国内著名大学，“挑战杯”系列竞赛被誉为中国大学生学术科技“奥林匹克”，是目前国内大学生最关注最热门的全国性竞赛，也是全国最具代表性、权威性、示范性、导向性的大学生竞赛。该竞赛每两年举办一次，旨在鼓励大学生勇于创新、迎接挑战的精神，培养跨世纪创新人才。

（2）背景

“挑战杯”科技竞赛是由共青团中央、中国科协、全国学联主办，国内著名大学和新闻单位联合发起，国家教育部支持下组织开展的大学生课余科技文化活动中的一项具有导向性、示范性和权威性的全国性竞赛活动，被誉为中国大学生学术科技“奥林匹克”。此项活动旨在全面展示我国高校育人成果，引导广大在校学生崇尚科学、追求真知、勤奋学习、迎接挑战、培养跨世纪创新人才。这项活动坚持“崇尚科学、追求真知、勤奋学习、迎接挑战”的宗旨，自1989年以来已分别在清华大学、浙江大学、上海交通大学、武汉大学、华南理工大学、重庆大学和西安交通大学等高校成功举办了十七届，“挑战杯”已形成校级、省级、全国的三级赛事，参赛同学首先参加校内及省内的作品选拔赛，优秀作品报送全国组委会参赛。

（3）竞赛影响

由于“挑战杯”竞赛活动在较高层次上展示了我国各高校的育人成果和推动了高校与社会之间的交流，已成为学校学生课余科技文化活动中的一项主导性活动，成为高校与社会交流合作的重要窗口，成为促进高校科技成果向现实生产力转化的有效方式，成为培养高素质跨世纪人才的重要途径，也是企业界接触和物色优秀科技英才、引进科技成果、宣传企业、树立企业良好形象的最佳机会，从而越来越受到广大学生的欢迎和各高校的重视，也越来越在社会上产生广泛而良好的影响。

（4）赛事发展史

自 1989 年以来，“挑战杯”竞赛规模发展到包括港澳台地区在内的千余所国家重点高校，以及新加坡的数所高校，先后共有数以百万计的大学生直接或间接参加了此项赛事。清华大学、上海交通大学、浙江大学、武汉大学、重庆大学、南京理工大学、西安交通大学、华南理工大学、复旦大学、南开大学、大连理工大学、苏州大学、广东工业大学、香港科技大学、上海大学、北京航空航天大学、四川大学先后成功举办了十七届赛事，为国家培养了一批批跨世纪的创新人才，并日渐成为我国培养大学生自主创新能力和展示主办高校所在地区社会经济与高等教育发展水平的重要平台。

“挑战杯”竞赛作为一项综合性、全国性的大学生学术科技竞赛，从一个侧面反映了高校教学水平和师生的科研水平，折射出我国高等教育的育人导向和理念，体现了我国青年人的创新意识和创新能力，从而受到了社会普遍关注和高度重视。随着国家“科教兴国”战略的深入实施，“挑战杯”赛事在高校人才的培养中所起的积极作用也日益凸显出来，成为培养高校学生创新能力的一个重要抓手。在历届获奖者中产生了一大批卓有成绩的青年学者和学科带头人。

更重要的是，“挑战杯”赛事培育和造就了从大学生个体到所在高校，从一所大学到一个省市再覆盖全国的青年学子课外学术创新实践体系，20 年来，200 多万大学生得以直接或间接地在这一创新的舞台上，关注新领域、研究新问题、运用新方法、创造新成果。与之相适应，各省市主管部门和高校则将“挑战杯”赛事构筑为创新教育的系统工程，搭建起大学生课外学术科技创新的组织保障体系，以国家、城市及市场需求为导向的项目推介、成果转化体系，对学生创新能力和项目的综合评估体系。这些创新人才培养的长效机制建设为全面贯彻“科教兴国”战略，切实开展全面素质教育，提升城市甚至整个国家的创新意识和创新能力奠定了坚实基础。

6.3.2　浙江省大学生科技创新活动计划（新苗人才计划）实施办法

为深入实施科教兴省和人才强省战略，加快培养我省高校大学生的实践能力和创新创业能力，造就一大批经济社会发展急需的紧缺人才和拔尖创新人才，为“创业富民、创新强省”总战略的实施提供人才支撑，省教育厅、省科技厅、团省委与省财政厅决定在全省高等学校联合实施浙江省大学生科技创新活动计划（新苗人才计划）。

6.3.2.1 建设目标

以大学生科技创新项目、大学生科技成果推广项目、大学生创新创业孵化项目为载体，不断加大对大学生创新创业的扶持力度。积极倡导和鼓励大学生进行自主性学习和创新性研究，开展多种形式的创新创业实践，努力增强大学生的创新意识和创新精神，切实提高大学生的创新创业能力和实践动手能力，为大学生创新创业提供良好的环境，培育和发现优秀的创新创业项目和人才。

6.3.2.2 管理机构

为加强管理，省成立实施办公室、项目专家委员会，学校成立相应管理机构。

（1）实施办公室

省教育厅、省科技厅、团省委、省财政厅等四家主办单位联合成立浙江省大学生科技创新活动计划（新苗人才计划）实施办公室（简称“实施办公室”）。省教育厅、省科技厅负责协调与指导工作，省财政厅负责项目经费管理，团省委负责具体组织和日常管理工作。

（2）项目专家委员会

大学生科技创新项目、大学生科技成果推广项目、大学生创新创业孵化项目分别成立项目专家委员会，成员由有关高校、院所、行业、企业的代表组成，负责具体项目的评审、中期检查和验收等。

（3）学校管理机构

各高校成立相应的管理机构，制订大学生科技创新活动计划（新苗人才计划）项目实施细则及切实可行的管理办法和配套政策，负责本单位项目的指导工作，为项目的开展提供包括人才、技术、法律、资金、设备和实验场地等综合资源支持。

6.3.2.3 资金使用原则

（1）项目导向原则

以项目为载体，引导大学生积极开展多种形式的创新创业活动，提高大学生创新创业能力。

（2）以学生为本的原则

科技创新资金的支持对象为在校大学生，积极鼓励大学生申请科技创新资金，开展创新创业活动。

（3）鼓励创新原则

为鼓励大学生大胆进行创新创业活动，允许创新创业活动失败，重在考核创新创业实践过程。

6.3.2.4　申报条件及对象

（1）申报条件

①项目申报人必须是浙江省高校全日制在校大学生，项目必须在本省的行政区域内实施。项目可采取个人或团队形式申报，团队每组人数不超过 5 人。鼓励专业交叉融合。

②项目实施周期原则上不超过一年（大学生创新创业孵化项目期限一般为两年）。项目完成时间必须在项目申报人毕业离校前。

③申报项目必须包含实质性的科技成果，或者具有一定应用价值和商业潜力的创新创业创意。项目无知识产权归属纠纷。

（2）申报对象

①大学生科技创新项目：申报对象为在校本专科生及其团队。旨在培育一批大学生创新研究成果。

②大学生科技成果推广项目：申报对象为在校本专科生、研究生及其团队。旨在培育一批具有一定应用价值和商业潜力的科技成果推广项目。

③大学生创新创业孵化项目：申报对象为在校研究生及其团队。旨在搭建大学生创新创业实践的指导、服务、交流平台，为研究生创业提供良好的场地环境、创业指导和培训等相关服务，培育并发现优质的科技经济项目和高素质的创新人才。

6.3.2.5　项目申报与管理

（1）项目申报与审批

①学生申报，学校初审。

采取限额申报，申报指标由浙江省大学生科技创新计划（新苗人才计划）实施办公室确定。

每个项目均应有指导老师，团队指导老师由 1 ~ 3 人组成，指导老师须有中级以上职称。学校应将指导学生科研列为教师考核的一项内容，计算相应的工作量。

各高校负责组织有关专家对本单位大学生科技创新活动计划（新苗人才计划）项目进行初审。

②学校上报，项目专家委员会评审，实施办公室审定。

申报单位须提交项目申报书及相关辅助证明材料。申报资料经学校有关部门签署意见后报送实施办公室。实施办公室组织项目专家委员会进行评审，并确定年度立项项目。

（2）项目立项与管理

①项目下达。

实施办公室将当年度立项项目下达给承担学校，由省教育厅、省科技厅、团省委和省财政厅联合发文公布。

②项目实施与管理。

项目申报人为主要负责人，项目负责人原则上不得更换，对研究项目负全责，组织协调项目组全体成员认真执行实施办公室和学校的管理条例，按期保质保量完成项目研究的各项任务。

③项目检查。

各高校定期组织专家和管理人员对项目进行中期或阶段性检查，对取得的阶段性成果和存在问题要高度重视，及时提出整改意见和措施，并不定期向实施办公室汇报项目的进展情况。实施办公室将组织项目专家进行抽查。

（3）项目结题与验收

①项目组在项目结束后，须及时向学校相关管理部门提出验收申请，填写验收申请报告，并提交成果报告、相关技术资料等辅助材料。

②根据项目研究期限，学校成立项目结题验收工作小组，对申请验收的项目参照项目申报书及验收申请报告，组织专家对项目实施情况、取得成效和存在问题等进行检查验收，撰写项目验收报告提交实施办公室。

③实施办公室组织项目专家委员会进行抽查，抽查结果分为优秀、合格和不合格，并作为下一期计划安排的重要依据。对无正当理由自行中断的项目，实施办公室将取消该项目计划，追回项目专项经费。对项目管理不力的单位，实施办公室将酌情减少该单位下一期申报指标。

（4）推广与奖励

经验收通过后的大学生科技创新成果由实施办公室颁发证书。成果作为学生评优、推荐就业的重要依据。实施办公室适时组织成果展或成果交流会。

6.3.2.6　项目经费管理

大学生科技创新活动计划（新苗人才计划）的每个项目的资助额度一般为5000 元左右，对重点项目给予重点支持。项目经费实行国库集中支付，省财政厅根据实施办公室资助项目立项情况，将项目预算下达到相关高等学校。学校要合理确定每个项目的经费，并给予项目不低于 1 ∶ 1 的配套经费支持，由承担项目的学生使用，教师不得使用学生科研经费，学校不得提取管理费。

各高等学校要加强对大学生科技创新资金的管理，专款专用，专账核算。实施办公室对资助经费使用情况进行监督。如发现项目负责人弄虚作假，一经查实，中止项目资助，由省财政厅追回资助经费，取消其今后申请本计划的资格，情节严重者给予通报批评，并按《财政违法行为处罚处分条例》进行查处。

6.3.3　全国大学生电子设计竞赛概况

全国大学生电子设计竞赛（National Undergraduate Electronics Design Contest）是教育部、工业和信息化部共同发起的大学生学科竞赛之一，是面向大学生的群众性科技活动，目的在于推动高等学校促进信息与电子类学科课程体系和课程内容的改革。竞赛的特点是与高等学校相关专业的课程体系和课程内容改革密切结合，以推动其课程教学、教学改革和实验室建设工作。

（1）指导思想与目的

全国大学生电子设计竞赛是教育部倡导的大学生学科竞赛之一，是面向大学生的群众性科技活动，目的在于推动高等学校促进信息与电子类学科课程体系和课程内容的改革，有助于高等学校实施素质教育，培养大学生的实践创新意识与基本能力、团队协作的人文精神和理论联系实际的学风；有助于学生工程实践素质的培养、提高学生针对实际问题进行电子设计制作的能力；有助于吸引、鼓励广大青年学生踊跃参加课外科技活动，为优秀人才的脱颖而出创造条件。

（2）竞赛特点与特色

全国大学生电子设计竞赛的特点是与高等学校相关专业的课程体系和课程内容改革密切结合，以推动其课程教学、教学改革和实验室建设工作。竞赛的特色是与理论联系实际学风建设紧密结合，竞赛内容既有理论设计，又有实际制作，以全面检验和加强参赛学生的理论基础和实践创新能力。

（3）组织运行模式

全国大学生电子设计竞赛的组织运行模式为“政府主办、专家主导、学生主体、社会参与”十六字方针，以充分调动各方面的参与积极性。

（4）组织领导

全国大学生电子设计竞赛主办方为教育部高等教育司和工业和信息化部人事司，其负责领导全国范围内的竞赛工作。各地竞赛事宜由地方教委（厅、局）统一领导。为保证竞赛顺利开展，组建全国及各赛区竞赛组织委员会和专家组。

（5）组织委员会

全国竞赛组织委员会由教育部、工业和信息化部、部分参赛省市教育主管部门负责人或有关学校专家组成，组委会成员由教育部高等教育司以文函形式任命，每届全国竞赛组织委员会和赛区组委会任期四年。

全国竞赛组委会设立秘书处，设秘书长一人，常务副秘书长一人，副秘书长若干人，主持全国大学生电子设计竞赛的日常工作。

各赛区竞赛组委会由省（自治区）、直辖市教委（厅、局）、高校代表及电子类专家、企事业代表组成，负责本赛区的竞赛组织领导工作。

原则上以省（自治区）、直辖市独立组成一个赛区。若参赛学校少于3所或参赛队少于20个队时，可与邻近省市联合组成一个赛区。

（6）专家组

全国只组建一个全国专家组，主要由来自高等学校电子及其相关专业的专家组成，全国专家组由责任专家、专家和专家库成员三个人员层面构成，全国竞赛的命题和评审工作以责任专家为主体。

各赛区成立赛区专家组，由赛区内高校电子及其相关专业的专家组成，负责本赛区的竞赛征题、评审工作。

（7）参赛单位

以高等学校为基本参赛单位，参赛学校应成立电子竞赛工作领导小组，负责本校学生的参赛事宜，包括组队、报名、赛前准备、赛期管理和赛后总结等。

（8）参赛队和参赛学生

每支参赛队由三名学生组成，具有正式学籍的全日制在校本、专科生均有资格报名参赛。

（9）辅导教师

对于赛前辅导教师的辛勤工作，应按照教育部高等教育司下发的《关于鼓励教师积极参与指导大学生科技竞赛活动的通知》（教高司函〔2003〕165号）精神，承认并计算其工作量。

（10）竞赛时间和竞赛周期

全国大学生电子设计竞赛从1997年开始每两年举办一届，竞赛时间定于竞赛举办年度的9月份，赛期四天。在双数的非竞赛年份，根据实际需要由全国竞赛组委会和有关赛区组织开展全国的专题性竞赛，同时积极鼓励各赛区和学校根据自身条件适时组织开展赛区和学校一级的大学生电子设计竞赛。

（11）竞赛方式

竞赛采用全国统一命题、分赛区组织的方式，竞赛采用“半封闭、相对集中”的组织方式进行。竞赛期间学生可以查阅有关纸介或网络技术资料，队内学生可以集体商讨设计思想，确定设计方案，分工负责、团结协作，以队为基本单位独立完成竞赛任务；竞赛期间不允许任何教师或其他人员进行任何形式的指导或引导；竞赛期间参赛队员不得与队外任何人员讨论商量。参赛学校应将参赛学生相对集中在实验室内进行竞赛，便于组织人员巡查。为保证竞赛工作，竞赛所需设备、元器件等均由各参赛学校负责提供。

（12）竞赛规则

为保证竞赛工作的顺利进行，应严格遵守全国竞赛组委会届时颁布的《全国大学生电子设计竞赛竞赛规则与赛场纪律》。竞赛期间，各赛区组织巡视人员，严格执行巡视制度：

①参赛学生应是高等学校中具有正式学籍的全日制在校本科或专科学生。

②参赛学生必须按统一时间参加竞赛，按时开赛，准时交卷。各赛区组委会须按时收回学生的答卷（含报告和制作实物）并及时封存，然后按规定交赛区专家组评审。

③竞赛期间，参赛学生可以使用各种图书资料和计算机，但不得与队外人员讨论，教师必须回避。

④竞赛期间，各赛区组委会要组织巡视检查，以保证竞赛活动正常进行。

⑤在竞赛中，如果发现辅导教师参与、队与队之间讨论、队员与队外人员讨论、不按规定时间发题和收卷，以及赛前泄题等违纪现象，将取消获奖名次，并

通报批评。

(13)竞赛题目

竞赛题目是保证竞赛工作顺利开展的关键，应由全国专家组制定命题原则，赛前发至各赛区。全国竞赛命题应在广泛开展赛区征题的基础上由全国竞赛命题专家统一进行命题。全国竞赛命题专家组以责任专家为主体，并与部分全国专家组专家和高职高专学校专家组合而成。

全国竞赛采用两套题目，即本科生组题目和高职高专学生组题目，参赛的本科生只能选本科生组题目；高职高专学生原则上选择高职高专学生组题目，但也可选择本科生组题目，并按本科生组题目的标准进行评审。只要参赛队中有本科生，该队只能选择本科生组题目，并按本科生组题目的标准进行评审。凡不符合上述选题规定的作品均视为无效，赛区不予以评审。

(14)竞赛报名

参赛学校应在广泛开展校内培训与竞赛的基础上选拔出适当数量的优秀代表队报名参赛。每个报名的参赛队必须在报名时按照规则确定本队参赛选题的组别(本科生组或高职高专学生组)，开始竞赛后不得更改。各赛区负责本赛区的报名工作，填写全国统一格式的赛区报名汇总表，并在规定的截止时间内上报全国竞赛组委会秘书处备案。

(15)评审工作与要求

根据竞赛评奖模式，竞赛评审分赛区和全国两级评审，按本科生组和高职高专学生组的相应标准分别开展评审工作。赛区的竞赛评审工作由赛区组委会组织、赛区专家组执行，须严格按照全国专家组制定的统一评分及测试标准执行，并在全国统一评分及测试标准基础上制定赛区的评分标准及测试细则，每个测试组至少由三位赛区评审专家组成，每位评审专家的原始评分及测试记录必须保留在赛区组委会，赛区向全国组委会推荐申请全国奖代表队时，必须将报奖队的设计报告、有赛区评审组每位评审专家签字的各项详细原始测试数据及评分记录、登记表和推荐表一并上报，否则不受理评奖。各赛区评分及测试细则需要上报全国组委会秘书处备案，以备全国评审时参考。

全国竞赛评审工作原则上由一个专家组在一地完成。全国竞赛评审分为初评和复评两个阶段。全国竞赛组委会负责组成全国竞赛评审专家组，对各赛区按比例推荐上报的优秀代表队的作品，按照命题时制定的全国统一评分及测试标准，参考赛区评审原始记录进行初评。

全国一等奖候选队一律集中在一地参加复评，原则上不再另行命题，以原竞赛题目为基础，由专家组确定测试内容和方式，参加复评的代表队名单以全国竞赛组委会届时公布的有关通知为准。

（16）上报全国评审的比例

赛区和全国对参赛规模进行统计时，一律以实际参赛队数量为准。实际参赛队是指已经正式报名并按时向赛区组委会上交参赛作品（含制作实物和设计报告）的参赛队。在赛区评审、评奖的基础上，赛区组委会应按时向全国组委会推荐本赛区的优秀代表队参加全国评审，推荐的队数分别不得超过当年本赛区本科生组和高职高专学生组实际参赛队数量的 10%，逾期未上报的不予受理。

（17）评奖工作

评奖工作采用“校为基础、一次竞赛、二级评奖”的方式进行，即竞赛建立在学校广泛开展课外科技活动的基础上，积极组织学生参加全国大学生电子设计竞赛活动，每次全国竞赛后，经赛区评奖（第一级评奖）后再推荐出赛区优秀参赛队参加全国评奖（第二级评奖）。

各赛区组委会聘请专家组成赛区评委会，评选本赛区的一、二、三等奖，获奖比例一般不超过总参赛队数的三分之一。此外，对参赛成功者，赛区也可酌情颁发“成功参赛奖”或“成功参赛证书”。

由于各赛区采用的是全国统一制定的竞赛命题和测试评分规则，赛区颁发的获奖证书、奖杯等冠名原则上为“×××× 年 ××× 杯全国大学生电子设计竞赛 ×× 赛区（本科生组或高职高专学生组）”。

全国分组设立一、二等奖。本科生组和高职高专学生组获奖队数量分别不超过当年实际参赛队的 8%，其中一等奖和二等奖的比例原则上为 3 ∶ 7。竞赛颁发全国统一的获奖证书。全国颁发的获奖证书、奖杯等冠名为“×××× 年全国大学生电子设计竞赛（本科生组或高职高专学生组）”。

（18）异议制度

为保证全国大学生电子设计竞赛评奖工作的公正性，对全国和赛区的评奖初步结果坚持执行异议制度，“异议期”自公布评审初步结果之日起为期 15 天，过期不再受理。异议期间，各赛区竞赛组委会和全国竞赛组委会受理参赛队有关违反竞赛章程、竞赛规则和纪律的行为等。异议须以书面形式提出，个人提出的异议，须写明本人的真实姓名、工作单位、通信地址，并有本人的亲笔签名；单位提出的异议，须写明联系人的姓名、通信地址、电话，并加盖公章。赛区竞赛组委会和全国竞赛组委会必须对提出异议的个人或单位严格保密。

全国竞赛组委会充分尊重各赛区的评审及评奖结果，赛区评审中出现的异议由各赛区组委会协调解决。

6.3.4 全国大学生 FPGA 创新设计竞赛概况

为了加强全国高校学生在数字系统设计领域尤其是可编程逻辑器件应用领域创新设计与工程实践能力，培养大学生积极主动寻找工作任务并利用先进技术平台进行创新设计的能力，丰富和活跃校园创新创业学术氛围，推进高校与企业的人才培养合作共建，为社会培养具有创新思维、团队合作精神、解决复杂工程问题能力的优秀人才，由教育部电子信息类专业教学指导委员会及国家级实验教学示范中心联席会联合组织面向全国大学本科学生及研究生的全国大学生 FPGA 创新设计竞赛（以下简称“竞赛”）。

（1）竞赛的组织与管理

竞赛由东南大学与南京集成电路产业服务中心联合承办，赛灵思以及上海安路科技、紫光同创、广东高云半导体、信息技术新工科产学研联盟可定制计算工作委员会等单位协办，南京依元素公司提供技术咨询服务。

竞赛设立组织委员会、秘书处和评审专家组。竞赛秘书处执行组委会的指示组织安排竞赛的宣传、网站、报名、初赛及复赛、竞赛平台发放、技术培训等管理工作。评审专家组负责竞赛命题方向、竞赛技术平台、初赛及复赛的评审和评奖等工作。

为了方便管理及交流，组委会建立竞赛官方网站和官方微信公众号，用于发布竞赛所有信息，提供竞赛相关培训资料文档下载，开展技术研讨及咨询服务。

（2）竞赛的规模与对象

竞赛主要面向国内电子电气类相关专业（电子、信息、电气、自动化、仪科、计算机等）本科高校的在校本科生及研究生。竞赛分本科生组及研究生组，每人只能参加一支队伍，每支参赛队由不超过 3 名在籍学生组成。

本科生可以参加研究生组竞赛，研究生不能参加本科生组竞赛；参赛队中只要有一名研究生即为研究生组。

（3）竞赛的形式与内容

竞赛以"创意发挥、规范设计、突破自我、快乐竞赛"为原则，采用统一开发平台、开放式自主设计、统一评审评奖的形式。竞赛主题方向如下：

①本科生组。

竞赛的引导性应用方向有高速信息处理、信息安全、测量控制系统、互联网+、智慧物联网终端、娱乐游戏，等等。

各参赛队在必须采用组委会指定的 FPGA 的核心板开发平台作为设计核心的前提下，由参赛队自行选择参赛项目，并可以在指定的 FPGA 开发平台之外自行设计扩展搭建其他电路构成应用系统。

组委会向参赛队提供一套指定 FPGA 开发平台，详情见竞赛官网选题指南。竞赛期间 FPGA 开发平台损坏，可通过技术支持方协调购买。

②研究生组。

竞赛的引导性应用方向有机器视觉、高端仪器仪表、智能工业制造等；各参赛队在必须采用组委会指定的 FPGA 的核心开发平台作为设计核心的前提下，由参赛队自行选择参赛项目，并可以在指定 FPGA 开发平台之外自行设计扩展搭建其他电路构成应用系统，详情见竞赛官网选题指南。

参赛队应选择有特色、有创意的项目参赛，设计方案应适宜对应 FPGA 产品的技术特点，最大限度地发挥指定 FPGA 开发平台能力，拓展思路、精心构思、仔细论证、创新设计，完成参赛作品。

6.3.5　全国大学生智能互联创新大赛概况

为贯彻"国务院办公厅关于深化高等学校创新创业教育改革的实施意见（国办发〔2015〕36 号）"的有关精神，拓展高校创新创业教育，促进校企合作，培养和发掘高端创新人才，教育部高等学校电子信息类专业教学指导委员会和中国电子学会联合主办 了"全国大学生智能互联创新大赛"。

"全国大学生智能互联创新大赛"面向高校电子信息类专业学生，激励智能互联技术创新，是一项非盈利、公益性的科技活动。通过参赛作品的设计与实现，提高学生的工程实践能力、团队协作能力，增强创新意识，提升 STEM（科学、技术、工程和数学）综合素质。"大赛"将搭建创新创业平台，联合安创空间—ARM 加速器、硬蛋等单位，为优秀参赛作品提供全方位的孵化服务，实现全产业链贯通，为高校实验实践、创新创业教学与工业界新技术、新产业动态的衔接搭建桥梁，同时吸引优秀高新技术企业加入高校实验实践教学和创新创业教育改革，深化高校创新创业教育。

按照“全国大学生智能互联创新大赛”章程，设竞赛委员会，竞赛委员会下设竞赛组织委员会、竞赛评审专家委员会、竞赛仲裁专家组和竞赛秘书处。ARM、Xilinx、ST、ADI、Google公司以及清华大学出版社作为协办企业在数字、模拟、SoC及软件等方面提供技术与产品支持。目前，协办企业已经介入国内几百所高校的实验实践改革，特别是“口袋基地”方案，已广泛应用在高校电子信息类专业的教学实践与科技创新中。

大赛评审将从创新性、技术性、作品完成度（提交代码、可以顺利编译下载到指定开发板、设计达到预定目标、完整的设计文档）和团队表现等方面考察与评审参赛作品（详见大赛官网发布的“评审规则”）。参赛作品应使用Xilinx、ST、ADI中一家或多家公司的产品作为硬件平台。

为鼓励创新设计，除设立分赛区与总决赛的各个竞赛组的一、二、三等奖之外，总决赛还设“ARM杯”特等奖和企业奖；并联合安创空间—ARM加速器，设立学生创新创业百万基金，对以创业为方向的创新项目给予孵化加速，帮助其迈向商业化。ARM公司还将在暑期承办大赛的优秀参赛选手夏令营交流活动。决赛中所有获二等奖以上且为大三以上年级的参赛选手，还可申请全国电子信息专业技术资格认证工程师（助理）证书。

（1）竞赛主题

“全国大学生智能互联创新大赛”参赛对象以本科生为主，第三届“大赛”按智能交通、智能医疗、智能家居、智能校园四个主题（参赛学生自行选题），设以下四个竞赛组。

①智能交通组。

针对交通物联化的趋势，通过各种交通工具为载体，以信息的收集、处理、发布、交换、分析、利用为主线，为交通参与者提供多样性的服务为目的，进行各种技术探讨和创新。

②智能医疗组。

针对远程医疗、电子医疗等新兴医疗系统，借助于物联网/云计算技术、人工智能的专家系统、嵌入式系统的智能化设备、智能可穿戴设备进行相关仪器设备领域的创新，如使传统设备具备智能和互联功能，将传统仪器设备与移动应用结合等。

③智能家居组。

针对智能家居热门应用的相关课题进行创新性产品、服务和技术探讨，推荐但不限如下创新方向，如家庭智能化、环保、健康、安全、娱乐、服务机器人等应用。

④智能校园组。

针对教育教学网络化、智能化相关应用进行创新性产品、服务和技术探讨，包括智能教学平台、智能学习终端、智能教学辅助设备、智能教学管理、基地管理、仪器设备管理等应用。

（2）评审组织程序

①“大赛”的组织工作由组委会负责和协调。

②“大赛”专家委员会组织专家首先对申报作品进行初评。

③初评通过的作品将在“大赛”官网上公示，并通过“大赛”官网及邮件发送分赛区比赛通知。

④参加分赛区比赛的作品将在各分赛区比赛，由分赛区专家组对作品进行评审，最终评出分赛区一、二、三等奖，获得分赛区一等奖的作品推荐进入总决赛。

⑤参加总决赛的作品将在总决赛赛区进行决赛及交流，由专家组和企业代表共同对作品进行评审，最终评出一、二、三等奖。原则上，进入总决赛的作品只要符合比赛要求，都能获得总决赛奖励。

⑥选手必须携带参赛作品到现场进行作品演示（不得仅使用视频）及答辩。原则上，答辩时需要赛组所有学生到场。赛场只提供基本的演示条件，选手必须自备特殊条件保障。

6.4　大学生创新创业竞赛概况

创新创业大赛可以培养大学生的综合能力，在带团队比赛的过程中，管理、组织、协调、沟通、领导、控制能力这六大领导力都可以得到锻炼与提升。训练能力的道路千万条，重要的是坚守自己的人品、定位自己的层次，明确自己的目标，了解自己的需求，寻找最适合自己的道路与资源，持之以恒地走下去。拥抱“互联网 +”时代，共筑创新创业梦想。

大学生创新创业大赛分为两大类，一类是创新类，一类是创业类。创新类有

“挑战杯”比赛，创业类包括“互联网 +”“创青春”两个比赛。

三大比赛作为高校深化创新创业教育改革的重要抓手，积极开展教学改革探索，把创新创业教育融入人才培养；推动赛事成果转化和产学研用紧密结合；以创新引领创业、创业带动就业，推动高校毕业生更高质量创业就业，加入大众创新，万众创业的浪潮。

6.4.1 “挑战杯”中国大学生创业计划竞赛

“挑战杯”竞赛是由共青团中央、中国科协、教育部和全国学联共同主办的全国性的大学生课外学术实践竞赛。这项活动坚持“崇尚科学，追求真知，勤奋学习，迎接挑战”的宗旨，被誉为中国大学生科技创新创业的“奥林匹克”盛会，是目前国内大学生最关注最热门的全国性竞赛，也是全国最具代表性、权威性、示范性、导向性的大学生竞赛。挑战杯竞赛有两个并列项目：“挑战杯”中国大学生创业计划竞赛和“挑战杯”全国大学生课外学术科技作品竞赛。

“挑战杯”中国大学生创业计划竞赛于每年的 10 月举行。为做好竞赛的筹备工作，以竞赛为平台进一步培养学生创新意识，提高创业能力，发现并培养优秀创新创业人才，各高校可成立组委会及专家指导委员会，并开展相关参赛作品的选拔工作。

（1）选拔对象

正式注册的全日制非成人教育的在校中国籍本、专科生和硕士、博士研究生（不含在职研究生）。

（2）选拔要求

本届比赛报名形式分为项目报名、个人报名两类。

项目报名：参赛者应已有创业计划项目，但不一定拥有完整的竞赛团队。（如需要招募人员请在项目报名表中说明）

备注：各院系如有优秀项目但无参赛人员也可按照项目报名进行，在报名表表中标注即可。

个人报名：参赛者没有可以加入的创业计划项目，但愿意加入其他项目团队进行比赛。

同时，大赛要求参赛者尽量自行组成学科优势互补、专业配备科学、人员结构合理的创业计划团队，以团队的形式参赛。一个项目的参赛团队主要成员人数原则上不超过 6 人，可以跨学院、跨校区、跨学历组队参赛（但团队成员务必事先协商明确作品申报单位）。建议项目团队人员由相关技术人员及企业管理、财务管理、市场营销、法律专业学生组成。学院经过评审选拔后统一报送学校参加比赛。参赛团队可视实际情况邀请一名指导老师。对于个人报名者，由学院统一上报后，组委会将协助其组成团队或者加入其他团队。

参赛作品应该是一份针对一项发明创造、技术专利或服务类创意的创业计划书。具体内容来源有：参赛团队成员参与的发明创造、专利技术或课外制作；经授权的发明创造或专利技术（此种情况下，参赛团队须向组委会提交具有法律效应的发明创造或专利技术所有人的书面授权许可），应用其产品；或是一项可能研究发现的概念产品或服务。学校可提供部分科研成果和技术项目供各参赛团队选择。

参赛团队应在认真参加学校举办的创业知识与技能培训的基础上，针对本组的核心技术或服务内容，广泛进行市场调研、认真进行企业分析，完成一份把产品或服务推向市场的完整、具体、有实施可能的商业计划书。同时创造条件，吸引风险投资家和企业家注入资金，推动商业计划走入市场。同时，学校可在比赛前、比赛中举办若干次相关培训。

（3）报名方式

所有完成的商业计划书要求同时提交文字版和电子版两种。

（4）奖励办法

为鼓励和表彰在“挑战杯”中国大学生创业计划竞赛中获奖的学生、指导教师和相关组织，学校将予以奖励。

高校奖励办法各有所不同，可参考各校当年政策制定。

（5）日程安排

10 月 ~ 12 月 6 日校内作品征集与选拔

12 月 20 日校内第一轮评审

12 月至翌年 2 月上旬校内第一轮作品深化

2 月中旬校内第二轮作品评审

2 月下旬至 3 月上旬校内第二轮作品深化

3 月中旬校内第三轮作品评审（校内终审）

3 月下旬确定本市参赛作品

3 月下旬至 4 月上旬本市参赛作品深化

4月上旬本市参赛作品报送，参加本市竞赛，确定全国参赛作品

4月下旬至5月上旬全国参赛作品深化

5月中旬全国参赛作品报送

5月下旬至10月全国参赛作品赛前准备

10月（待定）参加全国决赛

6.4.2 中国“互联网+”大学生创新创业大赛

中国“互联网+”大学生创新创业大赛以“‘互联网+’成就梦想，创新创业开辟未来”为主题，由教育部与有关部委和吉林省人民政府共同主办。大赛旨在深化高等教育综合改革，激发大学生的创造力，培养造就“大众创业、万众创新”的生力军；推动赛事成果转化，促进“互联网+”新业态形成，服务经济提质增效升级；以创新引领创业、创业带动就业，推动高校毕业生更高质量创业就业。

大赛采用校级初赛、省级复赛、全国总决赛三级赛制。在校级初赛、省级复赛基础上，按照组委会配额择优遴选项目进入全国决赛。全国共产生300个团队入围全国总决赛，其中创意组100个团队，实践组200个团队。全国总决赛由吉林大学承办。

大赛以“‘互联网+’成就梦想，创新创业开辟未来”为主题，参赛项目主要包括“互联网+”传统产业、“互联网+”新业态、“互联网+”公共服务和“互联网+”技术支撑平台四种类型。

总决赛期间，还将同步举办深入推进高校创新创业教育改革座谈会，举行“互联网+”产学合作协同育人报告会、创业项目团队与投资机构对接洽谈会和高校创新创业成果展等活动。大赛结束后将出版优秀创新创业成果案例、大学生创新创业政策解读，促进大赛成果转化。

中国“互联网+”大学生创新创业大赛首次举办于2014年，第一届到第三届大赛累计有225万名大学生、55万个团队参赛。近年来大赛每年都会吸引31个省份及新疆生产建设兵团的近2000所高校的近6000支团队报名参加，提交项目作品比例超过50%，参与学生超过20万人，带动全国上百万大学生投入创新创业活动。大赛已经成为覆盖全国所有高校、面向全体高校学生、影响最大的赛事活动之一。（下页图所示）

1. “互联网+” 现代农业，包括农林牧渔等；
2. “互联网+” 制造业，包括智能硬件、先进制造、工业自动化、生物医药、节能环保、新材料、军工等；
3. “互联网+” 信息技术服务，包括工具软件、社交网络、媒体门户、企业服务等；
4. “互联网+” 文化创意服务，包括广播影视、设计服务、文化艺术、旅游休闲、艺术品交易、广告会展、动漫娱乐、体育竞技等；
5. “互联网+” 商务服务，包括电子商务、消费生活、金融、财经法务、房产家居、高效物流等；
6. “互联网+” 公共服务，包括教育培训、医疗健康、交通、人力资源服务等；
7. “互联网+” 公益创业，以社会价值为导向的非盈利性创业

“互联网+” 内容

6.4.3　浙江省“互联网 +”大学生创新创业大赛

（1）大赛主题

拥抱“互联网 +”时代共筑创新创业梦想。

（2）大赛目的和任务

大赛旨在深化高等教育综合改革，激发大学生的创造力，培养造就“大众创业、万众创新”的生力军；推动赛事成果转化和产学研用紧密结合，促进“互联网 +”新业态形成，服务经济提质增效升级；以创新引领创业、创业带动就业，推动高校毕业生更高质量创业就业。

重在把大赛作为深化创新创业教育改革的重要抓手，引导各地各高校主动服务创新驱动发展战略，积极开展教学改革探索，把创新创业教育融入人才培养，切实提高高校学生的创新精神、创业意识和创新创业能力。

（3）参赛项目要求

参赛项目要求能够将移动互联网、云计算、大数据、物联网等新一代信息技术与经济社会各领域紧密结合，培育基于互联网的新产品、新服务、新业态、新模式。发挥互联网在促进产业升级以及信息化和工业化深度融合中的作用，促进制造业、农业、能源、环保等产业转型升级。发挥互联网在社会服务中的作用，创新网络化服务模式，促进互联网与教育、医疗、交通、金融、消费生活等深度

融合。参赛项目主要包括以下类型：

①“互联网+”现代农业，包括农林牧渔等。

②“互联网+”制造业，包括智能硬件、先进制造、工业自动化、生物医药、节能环保、新材料、军工等。

③“互联网+”信息技术服务，包括工具软件、社交网络、媒体门户、数字娱乐、企业服务等。

④“互联网+”商务服务，包括电子商务、消费生活、金融、旅游户外、房产家居、高效物流等。

⑤“互联网+”公共服务，包括教育文化、医疗健康、交通、人力资源服务等。

⑥“互联网+”公益创业，以社会价值为导向的非盈利性创业。

参赛项目须真实、健康、合法，无任何不良信息。参赛项目不得侵犯他人知识产权；所涉及的发明创造、专利技术、资源等必须拥有清晰合法的知识产权或物权；抄袭、盗用、提供虚假材料或违反相关法律法规，一经发现即刻丧失参赛相关权利并自负一切法律责任。

参赛项目涉及他人知识产权的，报名时须提交完整的具有法律效力的所有人书面授权许可书、专利证书等；已完成工商登记注册的创业项目，报名时须提交单位概况、法定代表人情况、股权结构、组织机构代码复印件等相关证明材料。

（4）赛程安排

报名阶段（3—5月）。参赛团队登录“全国大学生创业服务网”（cy.ncss.org.cn）进行报名，也可以通过大赛移动端报名（大赛APP名称为“大创空间”或大赛微信公共号，名称为“大学生创业服务网”）报名。报名截止日期为5月31日。

校赛阶段（5—6月）。由高校组织，校赛阶段的参赛材料、比赛环节、评审方式由各高校自行决定。请各高校于6月16日前完成本校项目的评审遴选和推荐工作，并登录“全国大学生创业服务网”，提交参加省赛的项目。

省赛阶段（6月16日—7月3日）。省赛分初赛和决赛两个阶段。

初赛时间为6月16日—6月30日，网络评审形式，遴选前25%的团队参加省级决赛。

决赛时间为7月2日—7月3日，现场答辩形式，决出金、银、铜奖。

国赛时间为8月28日至30日。

6.4.4 “创青春”全国大学生创业大赛

2013 年 11 月 8 日，习近平总书记向 2013 年全球创业周中国站活动组委会专门致贺信，特别强调了青年学生在创新创业中的重要作用，并指出全社会都应当重视和支持青年创新创业。党的十八届三中全会对“健全促进就业创业体制机制”作出了专门部署，指出了明确方向。为贯彻落实习近平总书记系列重要讲话和党中央有关指示精神，适应大学生创业发展的形势需要，在原有“挑战杯”中国大学生创业计划竞赛的基础上，共青团中央、教育部、人力资源社会保障部、中国科协、全国学联决定，自 2014 年起共同组织开展“创青春”全国大学生创业大赛，每两年举办一次。

（1）大赛名称

“创青春”全国大学生创业大赛

（2）总体思路

以党的十八大和十八届二中、三中全会精神为指导，以“中国梦，创业梦，我的梦”为主题，以增强大学生创新、创意、创造、创业的意识和能力为重点，以深化大学生创业实践为导向，着力打造权威性高、影响面广、带动力大的全国大学生创业大赛。

以此为带动，将大学生的创业梦与中国梦有机结合，打造深入持久开展“我的中国梦”主题教育实践活动的有效载体；将激发创业与促进就业有机结合，打造整合资源服务大学生创业就业的工作体系和特色阵地；将创业引导与立德树人有机结合，打造增强大学生社会责任感、创新精神、实践能力的有形工作平台。

（3）大赛内容

大赛下设 3 项主体赛事：“挑战杯”大学生创业计划竞赛、创业实践挑战赛、公益创业赛。

其中，大学生创业计划竞赛面向高等学校在校学生，以商业计划书评审、现场答辩等作为参赛项目的主要评价内容。

创业实践挑战赛面向高等学校在校学生或毕业未满 5 年的高校毕业生，且已投入实际创业 3 个月以上，以经营状况、发展前景等作为参赛项目的主要评价内容。

公益创业赛面向高等学校在校学生，以创办非营利性质社会组织的计划和实践等作为参赛项目的主要评价内容。

以上 3 项主体赛事需通过组织省级预赛或评审后进行选拔报送。有关具体安排将另行通过书面通知、官方网站等形式和渠道进行公布。

大赛将在符合大赛宗旨、具有良好导向的前提下，设立 MBA、移动互联网创业等专项竞赛，由相关地方人民政府及高校负责具体组织，组织执行机构另设，奖项单独设立。

MBA 专项赛：①组织形式：由赛事承办方会同部分高校发起，组织和邀请国内设有 MBA 专业的各高校参加。②参赛对象：就读于 MBA 专业的在校学生。③参赛形式：通过申报创业项目计划书（是否已投入创业及创业领域不限，申报不区分具体组别）参加该项赛事。④参赛名额：每所高校只能组成 1 支团队参赛。⑤赛事组织开展时间：每年 3 月启动，9 月进行决赛。

移动互联网创业专项赛：①组织形式：由赛事承办方直接面向国内各高校开展。②参赛对象：高校在校学生。③参赛形式：通过提交基于移动互联网领域的创业项目计划书（是否已投入创业不限，鼓励申报已创立小微企业、科技企业的项目，申报不区分具体组别）或 APP 应用程序等移动互联网作品说明书参赛。④参赛名额：每所高校最多可申报 3 项。⑤赛事组织开展时间：每年 3 月启动，9 月进行决赛。

（4）工作要求

高度重视，加强领导。举办“创青春”全国大学生创业大赛是落实党的十八大和十八届二中、三中全会精神，推进高校就业创业教育、促进大学生创业实践的有力举措，对于引导和帮助大学生转变就业观念、培养创新意识、提高创业能力具有重要意义和积极作用。各地各高校要在继承和发展原有的“挑战杯”中国大学生创业计划竞赛举办多年来形成的有效经验和做法的基础上，结合各自实际，成立组织机构，完善全国、省、高校三级赛制，切实抓好大赛的组织工作。

建章立制，把握导向。全国组委会制定了《“创青春”全国大学生创业大赛章程》及 3 项主体赛事的具体规则，并将在今后的竞赛中不断加以完善和改进。各地各高校要结合大赛的新改革、新要求，进一步做好机制建设工作；在对参赛项目和个人的奖励支持上，要注重与原有的“挑战杯”中国大学生创业计划竞赛的衔接和延伸。鼓励各地各高校依托大赛平台建立大学生创业就业服务体系，健全完善促进大学生创业的政策体系，注重引入风险投资和联合社会有关方面为大赛提供资金、资源、智力等方面支持，努力推动参赛项目的成果转化。

广泛动员，密切配合。大赛开展时间长、内容多、任务重，各个阶段又各有侧重。各级共青团、教育部门、人社部门、科协组织和学联组织要密切配合，加强协调，切实做好大赛各项工作。各地各高校要广泛动员，认真选拔，既要保证参赛项目质量，也要扩大和提升大赛的参与面、受益面、影响力，努力为实现大赛的目标发挥积极作用、提供有力保障。

加强宣传，营造氛围。各地各高校要将大赛宣传作为工作重点，摆上日程，列入计划。一方面借助电视、报刊杂志、广播等传统媒体，另一方面注重运用互联网、手机等新媒体手段，在学生中和社会上营造关注、理解、支持大学生投身创业的社会氛围，同时提升赛事的社会影响力与品牌传播力，为大学生创业就业创造良好的环境和平台。

（5）推进步骤

大赛的 3 项主体赛事分预赛、复赛和决赛三个阶段进行。各阶段比赛具体事宜参见大赛官方网站通知。

4 月至 5 月，各省（自治区、直辖市）针对各高校评审推报的作品，按照大赛下设的 3 项主体赛事，组织本地预赛或评审，并在大赛官方网站进行校级、省级参赛项目网络报备和申报。

其中，大学生创业计划竞赛实行项目分类申报，即分为已创业与未创业两类（具体标准另行通知）。各省（自治区、直辖市）在推报复赛项目时，两类项目的比例不作限制。评委会将在复赛、决赛阶段，针对两类项目实行相同的评审规则；计算总分时，将视已创业项目实际运营情况，在其实得总分基础上给予 1% ~ 5% 的加分。

6 月 8 日前，各省（自治区、直辖市）汇总经预赛产生的参加复赛项目，对项目申报表及相关材料的填写情况进行把关，按照统一要求，报送至组委会办公室。在 3 项主体赛事中，组委会不接受学校或个人的申报。

报送项目的数量不得超过项目名额分配表（附件）中规定的数量。

7 月至 8 月，举行全国大赛复赛。评委会对项目进行评审，选出若干优秀项目进入决赛，并书面通知各省（自治区、直辖市）及相关高校。

11 月，举行全国大赛决赛。评委会将通过相应评审环节，对 3 项主体赛事分别评出若干金奖、银奖、铜奖。

第7章　校企联合实验室课外科技创新活动实践

科技创新活动作为一种探索性的实践过程，其任务是探索未知，其最为突出的特征就是“创新”。学生课外科技活动是一种实践环节，在活动过程中强化学生实际动手能力和实践技能，实现从科学知识型向实用技能型转化。群众性的学生科技创新活动是迸发创新灵感的好时机，有利于学生将课本知识和实际问题相结合。许多新思想、新方法、新技术的产生均源于这种实践活动。

7.1　校企联合实验室创新技术训练实践

7.1.1　基于无线通信的智能调试与仿真系统

7.1.1.1　引言

无线通信技术的开端为1920年至1950年，主要是在军用和航海的通信上。从1950年到1995年逐渐发展起来，取代了之前落后的固话的无线通信系统，开始向相对较复杂、系统整体较庞大、结合领域较多样的服务类项目和相关的业务过渡。自1995年至今，其进步速度一向呈上升趋势，其发展规模也在现代技术的背景下进一步壮大，且自身也被广泛地运用到信息时代的各行各业。随着互联网技术、云运算等相应技术的逐步发展，无线通信技术利用信息技术时代所提供的新兴技术来促进自身的不断发展，使得无线通信技术的相应科学技术得到了升华，也使得无线通信技术能够更方便地运用于现实生活中的各行各业，并逐步进入服务社会的功能多元化、网络一体化、服务人性化的发展阶段。

本设计是一个基于无线通信的小型监控系统。由于目前传统的监控系统主要是以闭路电视监控系统为主，用于监控商场、小区、店铺和银行等重要领域的出入口和内部，使得人们可以实时地了解和掌握整个监控区域的情况以及历史记录。但是，这种监控系统存在一定的盲区，以及加上其为有线通信方式，如果一个地方布置多个摄像头往往会造成布线问题，而且一般重要领域的摄像头不只一个，会使得布线变得十分复杂且困难，安装麻烦，成本较高，且可维护性比较差，还影响美观。因此，本设计基于无线通信的调试与仿真系统侧重于实现一款基于无线的监控系统，可以云端上传、云存储服务，由于云端容量足够大，因此可以采用分辨率较高的摄像头，以实现一些违法犯罪嫌疑人人脸的更高精度识别，以及更清晰准确地检测火灾等灾情。而且由于该设计是基于无线通信方式的系统，使得其摄像头安装方便美观，从根本上解决了布线问题，且更易于维护，有利于节省时间资金。

7.1.1.2　系统设计

整个无线通信系统的基本组成如图 7-1 所示，是一个无线视频监控设备的最小组成部分。这个系统主要包括摄像头电路部分、MK60 单片机最小系统部分、NRF24L01 无线通信模块部分，以及上位机显示部分。其中控制摄像头数据采集及进行图像数据压缩和驱动 NRF24L01 无线模块的单片机模块，是整个系统的最核心部分；无线转 USB 模块，是实现了将 NRF24L01 无线模块的数据通过转成 USB，串口传输至上位机；摄像头电路负责图像信号的搜集；NRF24L01 无线通讯模块主要负责图像信息的无线数据传输；上位机主要负责摄像头所搜集的图像数据的解压并通过显示屏显示出来。

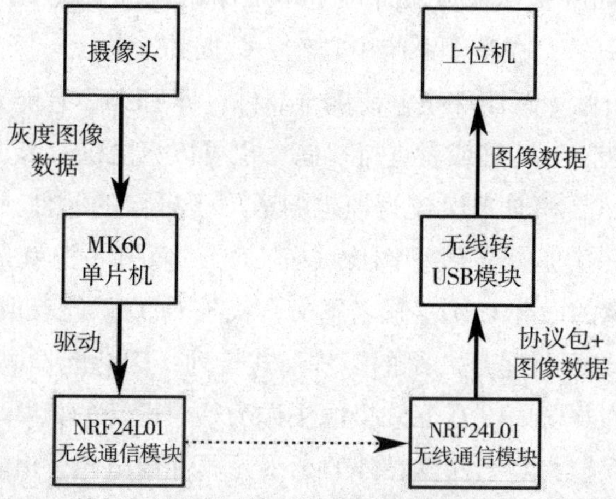

图7-1　基于无线通信的智能调试与仿真系统的基本组成

（1）系统总体构成

基于无线通信的智能调试与仿真系统，其工作原理是外界光信号传播到镜头，经镜头聚焦到 CCD 芯片上，产生了一幅幅图像，再经处理后输出 PAL(Phase

Alteration Line）信号，传输到单片机，单片机经过软件压缩后，经过 NRF24L01 模块无线传输至另一个 NRF24L01 模块，再通过无线转串口模块，上传到上位机，经上位机把图像数据解压缩后，显示在屏幕上。

基于无线通信的智能调试与仿真系统结构组成框图如图 7–2 所示。该系统包括 CCD 摄像头模块、电源电路以及图像信号处理电路、MK60 单片机、NRF24L01 无线模块、上位机五大部分。

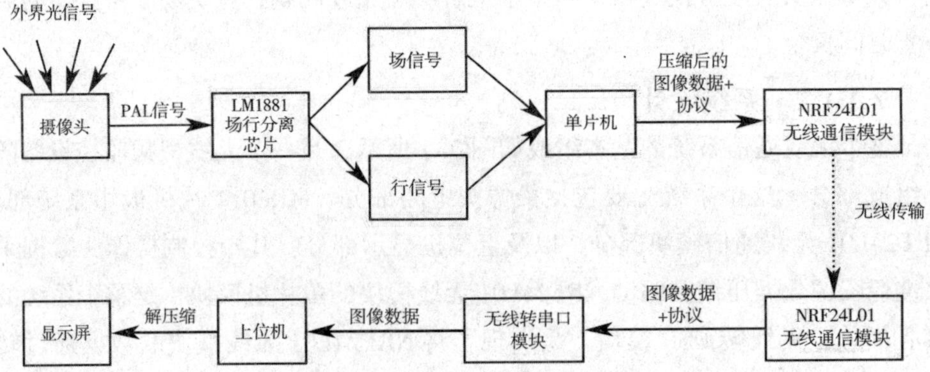

图7–2　仿真系统总体结构框图

（2）系统硬件主要设计内容

①摄像头电路设计。

由索尼 CCD 面阵摄像头以及外围基本电路组成，采集图像速度较快，输出稳定的 PAL 图像信号，在整个系统中是作为数据的来源。

摄像头主要图像传感器件是电荷耦合器件，即 CCD，它能实现将光信号转变为电信号并可将电信号转移或者进行存储，也可以将之前存储的电信号取出从而使电压发生变化，是相对来说较为理想的适用于摄像的元件，一般 CCD 图像传感器分为两类：一类是获取线型图像线阵 CCD，而另一类就是本次课题中所使用的获取面型图像的面阵 CCD。顾名思义，线阵 CCD 只能获取线型的图像信息，而面阵 CCD 的感光元件呈现二维的矩阵形式排列，因此能检测到二维平面图像，正好符合本设计的要求。CCD 面阵摄像头作为整个设计的最基本器件，应该对其电路进行很好的保护，对于裸露在外的小型元器件像电感、电容等，应当贴上胶带以与外界进行绝缘，防止出现短路而损坏摄像头。

②电源电路设计以及图像信号处理电路设计。

TPS7350 用来给单片机提供 5V 电源的芯片电路，TPS55340 用来给摄像头提供 12V 电源的芯片电路，TLC5510 芯片电路用于进行 8 位高速 A/D 转换器和进行摄像头场、行信号分离的 LM1881 芯片电路。

TPS7350 芯片属于由 TI 公司生产的具备复位功能的低压差稳压器，具有热损小、纹波小、高效稳压、更小电流、外围元件少、持久耐用等优点。TPS55340 是一款单片非同步开关稳压器，具有相对宽的输入电压范围，用来支持由多节电池或者经过调节过的 3.3V、5V、12V 和 24V 电源供电的应用。TLC5510 芯片是一款由 TI 公司生产的 8 位 AD 转换器，采用 COMS 工艺制造，广泛用于各个领域。由于其内部采用的是 CMOS 工艺而非 TTL 工艺，使其很大程度上削减了元器件中比较器的个数，并且保持相对较低的功耗。

③无线通信电路设计。

该电路的核心为 NRF24L01 无线通信模块。其主要任务是完成整个系统的无线通信，把上位机的命令及时传递至下位机，下位机再通过这个无线模块发送图像至上位机，这个模块的注意点是软件上的信号源地址和目的地址、通信频道、波特率等要和上位机相一致，以防出现一些难以解决的问题。

NRF24L01 模块是一款无线收发通信芯片，由于 NRF24L01 的输出功率频道的选择和通信协议的设置可以通过 SPI 接口 (Serial Peripheral Interface, 即串行外设接口）进行配置，使其差不多可以连接到各种单片机，并完成无线数据传输的工作。由于此款无线通信模块体积小、低功耗设计以及宽电压工作范围使其成为了此次课题的首选。该无线模块可支持 1Mbps 与 2Mbps，其中最高工作速率为 2Mbps，其抗干扰能力较强，并具有相对比较宽的电压范围，内置硬件循环冗余校验（Cyclic Redundancy Check，CRC）检错，并且具有 126 个通信频道和 6 个数据通道，并且内置 2.4GHz 天线，工作频率为 2.4 ~ 2.525GHz，可以通过软件编程来设定本地和目标地址；内置专门的稳压电路，而且数据包每次可传输 1~32 个字节的数据，此模块工作于 Enhanced Shock Burst 时，其内部具有可选的内置包应答机制，极大地降低丢包率。

④无线转串口电路设计。

该电路包括一个 USB 无线串口模块。其主要目的是使得 NRF24L01 无线模块接收到的数据，通过 USB 传输到上位机，使得上位机能接收到图像数据。

该模块的主要功能是把 NRF24L01 无线模块所接收到的数据转为串口数据，然后再通过上位机的命令操作，把数据发送给上位机或下位机。无线串口模块单次传输有效字节数为 1~31 字节，比 NRF24L01 单次传输的最大字节数少了一个字节，原因是其内部自带把第 0 位数据视为一次传输数据的字节长度。模块连接上计算机之后，红灯为无线模块电源指示灯，蓝灯为无线模块的自检灯，当检测到无线模块便会持续闪烁。

⑤液晶显示电路设计。

该电路包括一个 OLED 液晶显示模块。其主要作用是显示单片机内部的一些参数，可以让调试者简单方便地快速得知单片机的运行状况，对于整个系统的调试带来了便利。

本设计中采用 0.96 寸的 OLED 显示屏，主要用于显示单片机内部参数，方便直接反馈给用户或者开发者。它是一种有机发光二极管，正由于该液晶具备轻薄、低功耗、自发光、对比度高、反应速度快等优点而成为首选显示模块。市面上的不同 LED 均需要背光，而 OLED 不需要，这能节省一部分资源。

该 OLED 液晶模块具有的特点，例如它具有 128×64 的高分辨率，正常显示时 0.06W 的超低功耗远低于 TFT 显示屏，而且具有 –30 ~ 70℃的工业级工作温度，其内部 4 线 SPI 接口，可使用普通 I/O 口模拟，具有大于 160° 的超广可视角度，是显示屏中可视角度最大的屏幕之一，具有直流 3 ~ 5V 的宽供电范围，而且具有 29.28mm×27.1mm 的超小体积，兼容 3.3V 和 5V 控制芯片的 I/O 电平。

⑥单片机及外围电路设计。

本设计采用由飞思卡尔公司生产的 32 位 ARM 内核单片机 MK60DN256ZVLL10，这是一款低功耗、单时钟 / 机器周期、高速稳定、抗干扰能力较强的控制器，比较符合设计的需求。该微控制器具备 IEEE 1588 以太网、防止窜改探测和硬件内部加密功能等优点。

该单片机采用的是 ARM Crotex–M4 内核，32 位的内核具有单精度浮点运算单元和 DSP 指令，基于 ARMv7 结构，在某些系列中还包括 16KB 的数据 / 指令高速缓冲。内部系统集成控制模块，有多种电源模式可供选择，其中包括运行、等待、停止和掉电模式，具有内存保护单元，直接内存访问（DMA）控制器与复用器等，还具有可选的多个时钟源，包括内部时钟和外部时钟系统提供系统时钟的振荡器，自带 CRC 校验模块和硬件加密与随机数发生器模块。

⑦时钟电路设计。

MK60 单片机最小系统的外部时钟源电路如图 7–3 所示，晶体振荡器是整个单片机、整个系统工作的最为基本的一个单元，其作用是为单片机输入一个外部的时钟基准信号，提供一个最小的振荡周期。本课题这次采用的是使用性能较为稳定的 50MHz 的有源晶体振荡为单片机提供时钟信号，即 CLK 信号，该有源晶体振荡器采用 3.3V 直流供电。

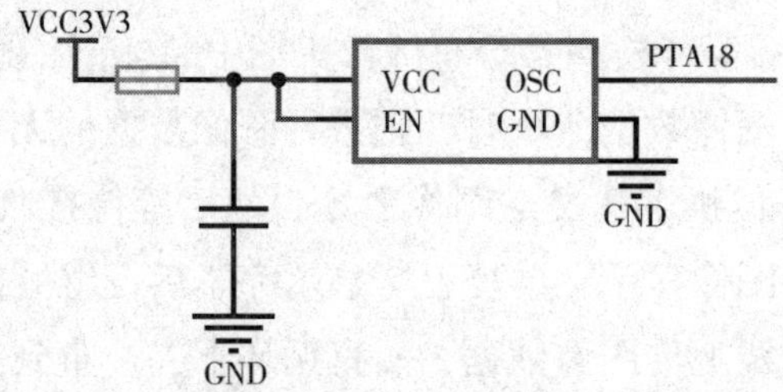

图7–3　MK60单片机最小系统外部时钟源电路图

⑧复位电路设计。

MK60 单片机最小系统的复位电路如图 7–4 所示。复位分为热复位和冷复位，冷复位就是断电后，这时内部整个电容、电感存储的电荷基本放光后重新上电的复位，程序从启动地址开始处执行，而此时内存中的所有数据丢失。热复位就是在没有断电的状况下，但复位管脚有复位信号，程序仍从启动地址开始处执行，而此时内存中的所有数据都还保持着原来的状态。分析一下复位电路易知，当按键未按下时，在 4.7K 上拉电阻的作用下，复位端口一直保持高电平，而此时单片机处于正常工作状态；当按键按下时，复位端口则直接接地，保持低电平，芯片产生复位。若按键一直保持按下状态，则单片机就一直处于复位状态而不能正常工作。

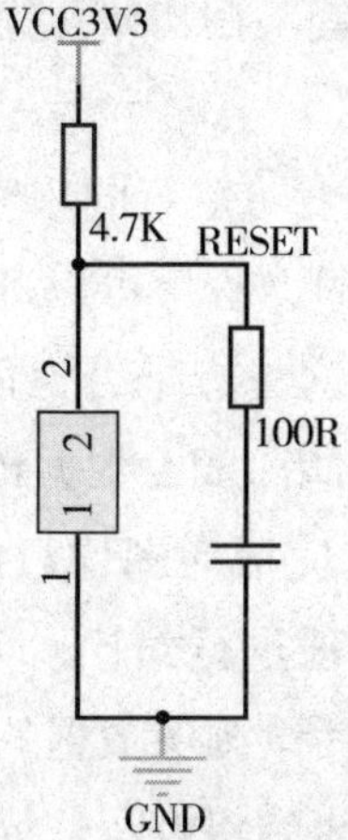

图7–4　MK60单片机最小系统复位电路

（3）系统软件主要设计内容

软件方面，下位机程序整体采用C语言编写，采用Keil uVision4的开发环境进行程序编写和编译以及调试，通过Keil uVision4下载到单片机内部进行执行。上位机程序采用C++语言在Visual Studio辅助软件下进行编写。

基本设计思路是先对下位机系统、液晶以及摄像头进行初始化，然后进行对无线模块的自检，随后等待检测是否有摄像头场中断标记，随即进入图像的压缩，等待上位机发来发送图像数据命令时，则进行图像数据的无线发送；上位机则是在检测串口后就给下位机下达发送图像命令，然后等待接收图像，若收到图像，则进行解压缩，并将图像显示在屏幕上。显示完毕后，继续向下位机下达发送命令，而下位机继续无线上传图像数据，一直循环下去，直到完成无线图像数据的传输。

①摄像头信号采集子程序。

主要完成图像信号的搜集，然后将所采集到的灰度图像经过与软件阈值相比较后，生成黑白图像暂时存储在单片机内存中，然后等待压缩。

摄像头信号采集子程序主要是依据索尼CCD面阵摄像头采集回来的PLA数据信号，对其中的场信号和行信号进行分离后，再通过捕捉行同步脉冲和场同步脉冲来进行图像处理。

在主函数执行前，要对摄像头的各个引脚进行I/O口的初始化，包括场数据端口、行数据端口，以及8位的图像数据端口，初始化的最后还要进行DMA（Direct Memory Access，直接内存存取）传输通道，DMA传输数据长度，DMA源地址和目的地址等进行适当的配置。在初始化完毕后，主函数要开启场中断，即开始摄像头的运行。

摄像头每扫描完一行均会产生一个行同步脉冲信号，而单片机可以通过I/O口中断使得产生行同步脉冲信号时，程序可以进入行中断处理函数。在行中断函数里面，判断当前摄像头扫描的这一行是否为目标行，若是则进行DMA数据传输，即开启DMA传输中断，开启后DMA数据传输则会不经过CPU的主动处理，而在CPU处理其他线程的时候，完成对图像数据的传递。此外，DMA中断函数则会对该行图像灰度值与软件阈值进行对比，大于阈值为1，反之为0，并把结果存储至图像数组中，为了方便后续图像数据的压缩。

程序一直进行上述行扫描，直到摄像头扫描完整场图像，便会产生场同步脉冲信号，而单片机也可通过 I/O 口中断来捕获该信号，并进入场中断函数。场中断函数中包含对图像地址和行指针的初始化，以及行中断的开启，即下一幅图像行扫描的开始。最后把场中断标记置高，即标记整场图像已采集完毕，主程序就收到图像数组里已是一幅完整的图像的信号，可开始进行图像压缩了。整个摄像头采集的相应子程序的流程图如图 7-5 所示。

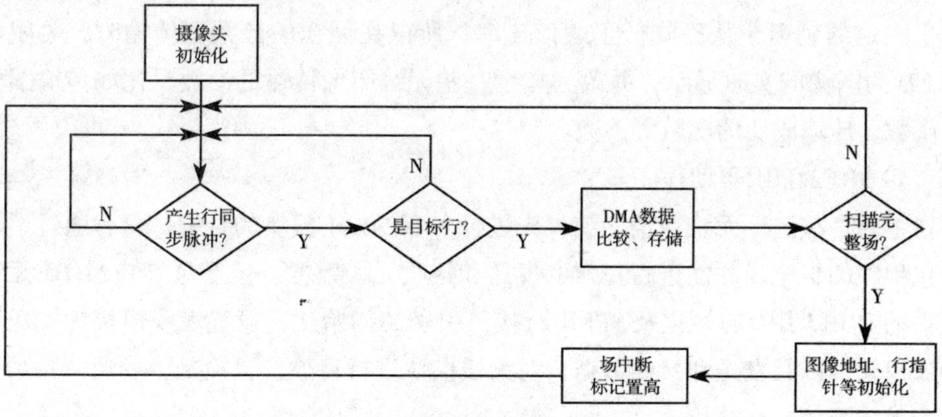

图7-5　摄像头采集子程序流程图

②OLED 液晶显示子程序。

主要是通过 OLED 显示一些单片机内部参数，以及提前显示摄像头所采集到的图像，用来调试所采集的数据以及各个模块初始化是否正确。

OLED 液晶是由 128×64 个点阵组成，由于每一个点都能发光，因此无须背光设计，使其整体功耗较低，根据历程所给的 OLED 的函数库，其内部给出了两种字体的库，一种为小字体显示，其字符宽高为 6×8，每页字符为 21×8，即每页最大可实现 21 行 8 列的小字体；另一种为大字体显示字符宽高为 8×16，每页字符为 16×4，即每页最大可实现 16 行 8 列的大字体。字库中包含阿拉伯数字和英文大小写 26 个字母以及基本的符号。在所给的数据写入函数的基础上进行适当程序的修改和应用，即可实现在 OLED 上显示摄像头采集过来的图像数据，甚至直接显示图像。

由于摄像头采集回来的图像数据是以 1 或 0 的形式存储在图像数组里，所以可以按照 1 点亮 OLED，0 不点亮 OLED 的模式来在 OLED 上显示摄像头所采集回来的图像。每次进行一行图像的绘画时，先设定好每行的起始点坐标，例如从（0,0）点开始，然后再开始该行一列一列地进行图像的描绘，由于 OLED 液晶写入函数的绘图方式为一小列（1 列 8 行）的形式，所以先通过移位将后 7 行的第 0 列的图像数据汇集到一个 8 位的字节里，再通过 OLED 液晶写入函数进行这一小列图像的绘画。如此循环，直到这一整行的数据都被呈现在 OLED 液晶显示屏上后，再进行下一大行图像数据的绘画。直到完成整幅图像的绘画后，等待下一场的场中断信号。

由于通过 OLED 实时显示摄像头所采集回来的图像，会对无线数据的传输产生一定的延迟，从而降低了通信速率，所以在无线图像数据传输时，关闭了 OLED 的图像的实时显示，并改为显示一些无线图像传输的参数，比如传输图像的次数、传输成功的次数等参数。

③ NRF24L01 驱动程序。

主要是在进行无线通信之前，先进行 NRF24L01 模块的自检。只有通过了初始化程序的自检，才能进行正常的发送和接收无线数据。包括对 NRF24L01 无线模块的 I/O 口引脚初始化及 SPI 串行接口引擎的初始化，设置无线模块为发送和接收模式，以及发送和接收数据，对无线模块进行自检。自检是否成功，关系到整个无线图像数据的传输。

NRF24L01 的自检函数通过无线通信模块的写入指令给发送地址处写入 5 个数据，再从发送地址处读出 5 个数据，然后把读出来的 5 个数据和之前人工写入的 5 个数据进行对比，若发现一个数据不等则无线模块自检失败，若 5 个数据均与写入的数据相等，则通过自检函数，即可以开始正常发送和接收无线数据了。

在主程序捕捉到场中断标记被置高以后，根据 NRF24L01 无线模块的数据手册的各个寄存器，再通过 NRF24L01 写寄存器来设置无线模块为接收模式，其中包括接收地址和本地地址的设置、使能通道是否自动应答、设置 RF 通信频率、配置通道的有效数据宽度，以及发射参数。其中在配置完所有寄存器时，必须把 CE 引脚置高后至少 1ms。特别值得注意的是，例程里给的是 10 μs，但是这里必须根据不同的单片机进行不同的配置，对于 MK60 来说，这里至少延迟 1ms，否则会产生达到最大发送次数的错误而导致发送失败。

设置完接收模式后，在主程序中检测到 IRQ 引脚被置低时（即单片机端无线收到了数据），对收到的数据进行检测，若为上位机的发送命令，则设定无线模块为发送模式，准备发送图像数据。

其他配置与接受模式一致，但是 CONFIG 寄存器的配置不同。通过给

CONFIG 寄存器写入 0x0f 即可设置为接收模式，相应地写入 0x0e 为发射模式。

设置为发送模式后，由于 NRF24L01 每次最大只能发送 32 个字节，除去第一个字节用于存放数据长度，因此每次最大发送 31 个字节。由于摄像头传输图像总大小为 64×64，经过压缩，只有 8×64 个字节，即 512 个字节。所以总共要分为 17 次数据传输，前 16 次每次传输 31 个字节，最后一次发送 16 个字节。这样就完成了整幅压缩后图像的无线传输。

这里值得注意的是，由于每次发送需要一定的时间，所以在前 16 次发送完一次数据时，必须适当地延迟 3 ~ 5ms，以确保数据的稳定传输。

④图像压缩子程序。

主要是把摄像头所采集到的黑白图像数据进行压缩，把 8 位数据压缩至一个字节，这样不仅加快了传输速度，而且也节约了芯片内部资源。

本设计中图像压缩子程序的目标在于压缩整个头像数据，提高整个系统的传输速率。由于经过了摄像头信号采集的子程序，所有图像数据均以 1 或 0 的形式存储在一个字节中，浪费了大量的硬件资源，也大大降低了无线图像传输的实时性。

图像压缩子程序中，通过定义一个共用体，即定义一个字节和一个位域结构体，由于是共用体，所以这个字节和位域结构体的地址是共享的。于是对位域结构体的八位数据分别进行操作，即是对这个字节的操作。因此，通过循环函数，将原图像数组的各个数据以 8 个一组的形式依次赋值位域结构体中的各个位，即赋值给了共用体中的一个字节中，再把这个字节赋值给压缩后的图像数组中，即完成了 8 个数据的无损压缩，从原来的 8 个字节的数据压缩为 1 个字节的数据。逐步压缩后，就使得原来的 64×64，即 4096 个字节，经过无损压缩后变成为 512 字节的图像数据，大大降低了无线模块的压力。

⑤ DMA 数据传输子程序。

这个程序主要是通过 DMA 进行对数据的转移，而不经过 CPU 内部处理，从很大程度上节省了 CPU 的资源，加快了数据的传输。

⑥上位机串口子程序。

主要是检测计算机上是否有串口连接，并对串口进行参数的配置，包括串口波特率、串口校验位、串口数据位、串口停止位等，还包含了串口接收和发送数据的子函数，是整个上位机与下位机进行通信的必不可少的部分。

本设计中上位机的软件编程，对整个系统的实现也是不可或缺的。上位机串口子程序主要用于检测串口模块、配置串口发送和接收参数，以及发送和接收串口数据。上位机软件的窗口加载函数会对各控件的参数范围进行配置，包括波特率的几个常用的数值、串口号、数据位、停止位、校验位、串口检测和打开按钮，以及发送数据和清除数据按钮等。上位机加载结束后，显示的窗口如图 7–6 所示。

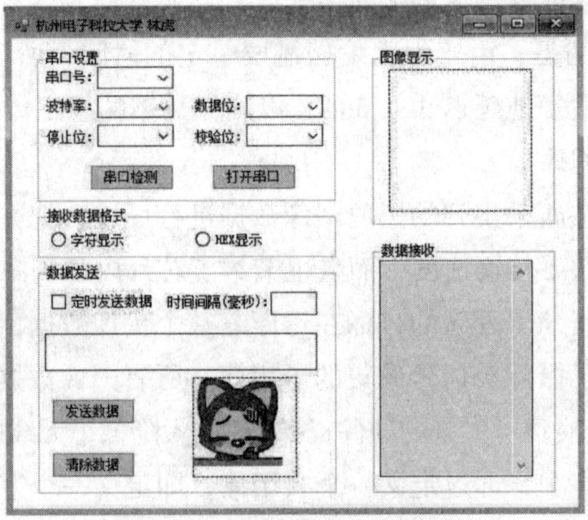

图7–6　上位机加载结束窗口

上位机每 100ms 给下位机发送“*”，当下位机收到发送命令时，即会开始向上位机发送图像数据。上位机显示一幅幅来自下位机的图像，构成了整个无线视频的实时传输与显示。

当用鼠标单击串口检测按钮时，便会触发串口检测点击函数，通过循环函数遍历计算机上的各个 COM 口，寻找连接着硬件串口模块的 COM 口并把所有可用的串口记录下来，以备人工选取实际需要的串口。搜索串口时，会有 try 和 catch 语句来进行串口的查找，当此 COM 口没有连接到任何硬件串口模块时，try 语句的串口尝试开启便会出现异常，从而进入 catch 语句中，并判定此 COM 口为不可用的 COM 口，直接开始下一个串口的检测。逐步检测，直到检测完所有的串口，若仍然没有发现可用的串口时，系统会通过 MessageBox 语句来提示使用者或开发者系统没有找到可用的串口。

当用鼠标单击打开串口按钮时，便会触发串口打开点击函数，其中包括检查串口是否进行过配置，打开和关闭串口。若检测到串口未经过任何参数的配置，则系统会对其进行默认参数的配置。此时当原本串口处于关闭状态时，此时会打开串口，并关闭对串口一系列参数的修改以防出现问题，而若原本串口处于开启状态时，此时会关闭串口，并开启对串口一系列参数的修改，其中若出现任何异常系统总会通过 MessageBox 来提示用户串口打开或者关闭发生异常。

当用鼠标单击发送数据按钮时，便会触发发送数据点击函数，其中会检测串口是否已正常开启，若串口处于关闭状态，系统会通过 MessageBox 来提示串口未打开，若已经打开，则会进一步检测数据发送区是否为空，为空则会通过 MessageBox 来提示用户要发送的数据为空，反之则会把数据发送区的数据写入串口，并进行发送。此外，还可以通过设置定时发送数据来进行每间隔一段时间就发送一次数据的自动操作。上位机通过调用定时器模块，当用户给定时发送数据按钮打上勾并且设置好定时数据发送的时间间隔后，定时器便会每经过设定的时间间隔后，通过软件触发发送数据按钮，从而实现定时发送数据的功能。当用鼠标点击清除数据按钮时，会同时清除数据发送区和数据接收区的所有数据。

在整个上位机的窗口加载函数中，通过订阅委托来定义串口接收到任何数据后触发相应的接收函数子程序，其中会检测串口是否打开，以及对接收到的数据的处理。当收到数据时，子程序会先让进程挂起 60ms，60ms 的设定是根据下位机发送完一幅图像的总时间来设定的，过多或者过少均会使接收的图像数据出现重叠或者数据丢包的问题。60ms 的线程挂起结束后，通过接收数据格式的两种格式的不同选择，上位机会在接收数据区显示出不同的数据格式。若用于选择字符显示，则数据接收区会以原来的字符数据即 ASCII 码显示，反之若选择十六进制显示，则会以十六进制的数值即“0X??”的形式显示出来。在十六进制显示的同时，上位机会把接收到的数据赋值给解压前的数组中以备后续的解压和显示，并且在完全接收完一整幅图像时，上位机会清空内部接收区的缓存以等待下一幅图像数据。

⑦上位机图像显示子程序。

主要是把收到的数据进行解压缩，然后把解压后的图像数据显示在显示屏上。它是对串口接收到的压缩图像数据进行解压缩，以及显示到屏幕上。上位机解压缩的过程与下位机压缩的过程正好反过来，通过对一个字节的移位可以把一个字节里的 8 位数据分离开，对于原来最高位即第 7 位的数据移动 7 位到最低位，第 6 位数据移动 6 位……依次下来，并且分别赋值给解压后的数组，即原图像数组，这样就完成了对压缩图像的解压。

解压完图像数据以后，便是对图像数据的显示。由于 C++ 语言自带的 picturebox 没有专门画点的函数，因此一开始采用画长度和宽度均为 1 的矩阵对图像数组中为 1 的数据的相应位置画上黑点，而在为 0 的数据的相应位置画上白点。但是经过实际的调试后发现，画矩阵的方式来画像素图耗时太多。此时可以用 C++ 语言中一个叫位图的类，这是专门用来处理像素图的类。因此仍然通过图像数组的数值来决定是画黑点还是白点，但是在一幅图像上的耗时减少了很多，也增强了摄像头图像的实时性。

7.1.1.3 系统整体制作与调试

系统整体制作和调试主要包括硬件电路的连接、调试方面包括软件调试和硬件调试。

（1）硬件电路的连接

本设计的大部分器件，包括 Sony CCD 面阵摄像头、MK60 单片机最小系统板、图像信号处理模块、NRF24L01 无线模块，以及无线转串口模块均是已经进行过封装的，所剩下的要求即是对整个电路的连接。基于无线通信的智能调试与仿真系统硬件电路连接的注意事项如下：

①摄像头电源线和地线以及信号线必须正确连接。

② MK60 最小系统板的电源线须仔细对照硬件电路接 5V 供电，接 3.3V 有可能烧毁整个单片机。

③无线模块除电源必须要 3.3V 供电以外，其中两根 SPI 的线：MOSI、MISO 必须正确接到单片机对应的 I/O 口。因此保证硬件电路的正确连接，是整个系统正常运行的重中之重。

④无线模块接无线转串口模块必须按照模块的要求连接，不然无线转串口模块的蓝色指示灯会一直亮，表明系统检测不到 NRF24L01 无线通信模块。

（2）调试

调试整体包括硬件电路的调试和软件程序的调试，各部分的调试对整个系统的最终实现都是至关重要的。

①硬件调试。

由于本课题的摄像头采集图像的电路与无线模块电路相互之间的联系不是很强，完全可以通过分开调试各个电路模块，待各个电路模块均成功实现功能以后，再把整个电路连接在一起，进行整体调试。

电源电路以及图像信号处理电路，也是本系统的电源供应电路，对于能否正常通过升压芯片给摄像头提供直流 12V 的电源，以及能否正确给单片机提供 5V 的电压均是本系统的关键。在整个系统上电以前，必须先将电路中的所有电源供电开关端口关闭，先保证电源指示灯能够正常点亮后，通过万用表检查电路的各个电源供电部分的电压是否稳定，是否符合要求，等均符合要求后方能一个个连接到各个模块，给一个个模块提供电源；反之应当立即断开学生电源，进行电源电路的仔细检查，以免烧毁整个电路。值得注意的一点是，必须使用学生电源对整个电路进行供电，因为学生电源的自保护功能不至于烧坏本系统的电源供电部分。而单用 12V 电池供电，极易造成电路的发烫甚至电源电路的烧毁。

摄像头电路的检测可以直接通过学生电源给其供直流电 12V，然后用示波器来观察其信号线的输出是否符合要求，若电流过大或者整个摄像头处于异常发热状态，则应当立即断开学生电源，进行电路检查。

无线模块电路的检测方式与摄像头电路一致，可以直接通过学生电源测试。而无线转串口模块的电路，则可以通过直接连接上电脑的 USB 口，通过其自带的电源指示灯判别电路是否正常运行。

②软件调试。

软件调试包括下位机软件和上位机软件的调试两大部分。首先，下位机的调试主要包括摄像头采集图像、OLED 液晶显示子程序、无线模块驱动子程序等的调试。值得注意的问题是，当所给的例程出现了问题时，应当先在自己的程序中寻找错误。其次，是否有可能是硬件电路的连接问题导致软件出错。最后，若仍然解决不了，则需上网搜索类似问题。例如调试中无线模块发送模式的配置最后，软件例程里备注在使能信号 CE 拉高以后 10 μs 后即可开始正常的数据发送，按照此操作却一直提示数据发送达到最大上限，使得发送端发送数据失败。经过软件查询和硬件查询却仍然解决不了问题，上网搜索，找到了类似问题才得以解决。其他下位机部分，均按照此步骤得以顺利地调试完毕。而上位机的软件调试，则省去了查询硬件电路这一步骤，可以直接搜索问题，重新理一下自己的思路，大部分问题均可得以解决。

7.1.1.4　结论

当前正处于信息爆炸的时代，高速的无线通信在这个时代发挥的作用将会越来越大，成为将来各大领域的一大基本要求。本书中所介绍的基于无线通信的智能调试与仿真系统，数据传输稳定，丢包率较少，程序编程相对方便。

一是本设计基本实现了预期的目标和要求，下位机实现了摄像头图像数据的采集和压缩，并通过 NRF24L01 无线模块上传至上位机。上位机成功通过无线转串口模块检测到无线图像数据，并对其进行解压缩和显示，基本完成了无线监控系统的基本要求。其中，整体图像数据的丢包率较低，符合设计的要求。

二是对摄像头信号的采集以及信号的分析有了进一步了解，研究了使用单片机来驱动无线模块，实现了基本的无线通信，研究了上位机软件的编程，实现了一个小型软件的应用。

三是在完成系统硬件连接和软件设计之后，再对整个系统进行优化，保证了系统整体运行的稳定性和可靠性。总结软件与硬件的问题所在，并记录下来，以防以后出现类似问题而浪费时间。

7.1.1.5 不足

基于无线通信的智能调试与仿真系统，虽然实现了基本功能，仍然存在着一些不足之处，主要有：

无线图像数据传输一幅图像的数据量不够大，图像数据的丢包率相对来说不是很低，会出现图像的重叠和丢失。可以通过提升硬件措施，改变硬件方案而得到解决。

上位机的接收串口数据的方式不能很好地适应各种工程，应对不同的数据和不同的数据长度时，可能会出现异常。可以通过上网查询其他接收串口数据的方式，来改变人工设定接收数据时间，使得上位机能适应各种各样的工程串口数据。

7.1.2 基于蓝牙的家居环境参数检测设计

7.1.2.1 引言

随着衡量我们整体基本国情和基本资源的最重要的指标不断上升以及科技水平的不断进步，人们的生活水平渐渐提高。人们对物质层面和精神层面都有了更高的追求，对于置身于其中的环境质量的关注度也不断增加，其中最典型的就是对于家居环境质量的关注。市面上专门针对家居环境中某些不利于人体的物质的检测装置并不多，且功能也不齐全，这对于人们日常居家防护和及时采取措施帮助不大。为了在低成本、操作简单的基础上让人们能准确地知道自身所处环境的相关参数，就需要设计出一款能快速、实时检测家庭环境参数的装置，以供在日常生活中方便使用。

本设计是一款便捷的基于蓝牙技术的住宅环境参数测量系统，它能够实时地检测出人们所在室内的一些典型数据。主要监测的参数是温湿度、PM2.5 值和甲醛浓度。在室内环境中，直径较小颗粒物的长时间暴露可能会引发人们的呼吸道相关疾病；甲醛更是可能会产生让人头痛、乏力的症状。在对设计成本进行考虑时，使用 WiFi 模块虽然传输速率较快，但是除了云之外还需要配置数据存储单元，设计的成本会大大提升。与此相比，蓝牙模块的速率和覆盖范围虽不及 WiFi 模块，但能实现所求数据的实时视图，成本更低。

系统通过三个传感器装置对上述提到的参数进行收集，并会把采集到的各个信号发送到 STM32 宏处理器进行信号的处理。STM32 再通过蓝牙模块与移动端口进行通信，从而在应用程序上实时显示测量出来的数据。此设计能够快速并且准确地对建筑物内空气的质量进行检测，对于家庭环境中的一些重要参数进行实时监控。

7.1.2.2　总体设计

(1) 系统框图

作为检测系统整体的主要控制器，本系统选择采用一块 STM32 集成电路芯片。家庭环境中表示物体冷热程度的物理量、潮湿情况度、甲醛气体及可吸入小颗粒有害物的浓度通过这个系统的三个传感装置的收集被传送到 STM32 宏处理器的中央处理单元，进行信号的转换、放大和处理等操作。最后，STM32 的最小系统可凭着其中的近距离无线传输模块与手机移动终端进行通信，在 App 小程序上实时显示测量出来四个数据，非常直观。(图 7-7)

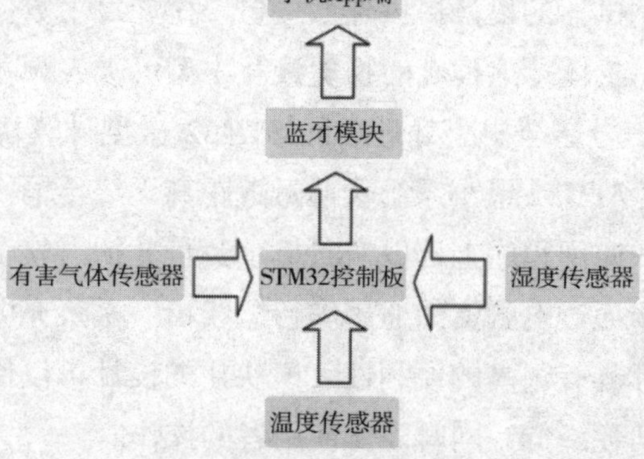

图7-7　系统框图

（2）设计目标和技术指标

本设计主要的实时测量是针对温度、湿度、甲醛浓度、PM2.5 浓度这四个参数，主要原因有以下两方面：一方面是温度、湿度能最直接地被人体感受到，无论是过高还是过低都会让人们感到不舒适，而甲醛和 PM2.5 是在家庭环境中最常见，对人体影响比较大，检测起来比较便捷，且最容易受人体各项活动所波动的，所以对它们检测有实际意义；另一方面，对有些参数例如苯、氨气浓度等的检测所需的传感器更多、更大，成本也更高。综合以上两方面，本设计能更方便简单且经济地解决人们日常对家居环境参数的了解。

本设计最终能在手机 App 画面显示出四个参数的实时信息，各个参数的范围以及精度说明如下：对于表示物体冷热程度的物理量的检测数据要求其范围在 0 ~ 50℃，精度为 ±2℃；空气干燥程度的测量范围为 20% ~ 90%，精度为 5%；甲醛浓度检测范围在 0 ~ 1.00mg/m^3，分辨能力≤ 0.01 mg；PM2.5 的浓度数据在 0~3000 μg/m^3，精度为 1 μg/m^3。整个设计装置的供电方式为通用串行总线 +5V 供电，这样大大提高了整个设计在日常合理范围内的精确度，使随机误差尽可能小，同时它的便利程度也增大了。

7.1.2.3　硬件设计

（1）硬件设计方案

系统是基于 32 位集成电路芯片进行设计的，将整个系统模块化，以 STM32 最小系统作为主要控制装置，剩下由对人体有害气体检测模块、电源模块、测量冷热和潮湿程度传感器模块、小直径细颗粒检测模块和近距离无线传输模块等几个部分组成。

STM32 为整个测试器的设计提供外部接口，比如每个数据采集电路。首先通过各传感装置对表示物体冷热程度的物理量及小型可吸入颗粒物等的浓度信号采集，再将采集到的信号送至中央处理单元 STM32 微型计算机系统芯片进行信号转换、放大和处理。STM32 最小系统会通过近距离无线传输模块与移动终端进行通信，在最终呈现的应用程序上可以实时显示测量数据。整个系统设计采用通用串行总线电源，可以通过电脑上的通用串行总线口、手机充电器以及充电宝对其提供电力，使该设计具有很高的便利性。模块化的设计可以使系统设计更加清楚简单，让整个系统功耗降低，同时简化使用者的操作。

本系统在洞洞板上焊接电子元器件，所使用的各个传感均选用外接模块，这让整个设计的设计成本更低廉，同时具有很长时间的保持性，它能够合理地提高各个装置之间的集成程度。设计结束进入使用环节时，也方便了设计完之后对各个模块的独立调节测试，能在某个元件出现问题时进行快速的调整更换。下面分别对各个模块进行介绍描述。

（2）STM32 控制器核心电路

运算和控制用途的中央处理单元、将数据进行内部储存的随机存储器、数据进出设备端口、进行程序储存的只读存储器等和中断系统处于同一芯片的电子元器件上，就构成了集成电路芯片，主要分为 STM32 系列、51 系列和 AVR 系列微型计算机系统芯片三种。其中，STM32 系列是被专做导电材料的公司使用 cortex-M 为中心模块生产出来的 32 位单片微型计算机，它的寄存装置相比其他微型计算机系统芯片都要多，很多外设设备也同样丰富。在日常生产生活中，我们大量使用着 STM32 微型计算机系统芯片，例如我们的手机和路由器中都有。同时，STM32 集成电路芯片有着非常强大的传递信息和检查纠正功能。这一点是 51 系列的微型计算机系统芯片不能相提并论的。STM32 微计算机系统芯片本身执行各种时钟模块，与 51 微计算机系统芯片所传送的唯一串行端口相比，32 微计算机系统芯片有 5 个串行端口进行通信。它可以在实现要求的同时有比较低的功能消耗。

STM32 拥有两个 2 位 16 通道的模拟数字转换通道口，这些从集成电路内部电路引出与外围电路的接线要保留给有毒气体传感装置和极小直径的颗粒物传感设备。所以，不需要进行整流 12V 供电，只需要 5V 的直流电。

（3）数据采集模块

①温湿度检测模块。

本次对家居环境参数检测设计中，由于考虑到所设计的产品是用来检测日常居住环境，可能会受到居住者活动的影响，所以应有尽可能大的不受外在干扰影响的能力。DHT11 温湿度传感器经常被用于工厂、公司、家庭等地，尤其适用于数字温湿度检测的小空间，抗干扰自我控制能力优秀，精度也很高，被人们广泛运用。这款温湿度检测装置采用的是用数字的方式进行单总线的数据传输，它的转换时间相比传统的传感器要快得多。图 7-8 为 DHT11 温湿度传感器模块电路图。

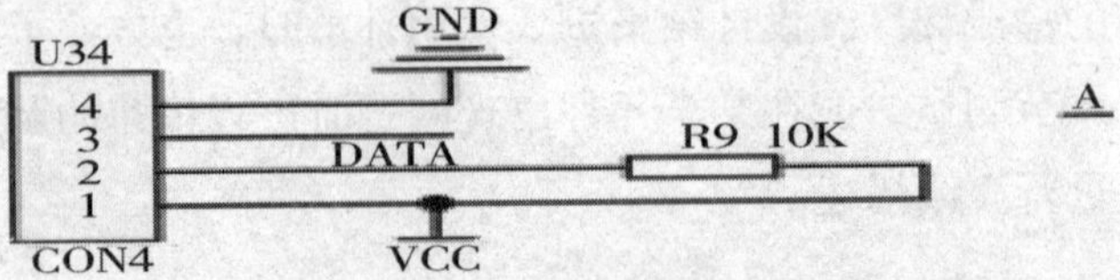

图7-8 DHT11温湿度传感器模块电路图

DHT11 温湿度传感器可以同时检测表示物体冷热程度的物理量和湿度数据，它有专用的技术，对于所传输的表示物体冷热程度的物理量和空气干燥程度数据有校准信号的功能。在这种能力下，所设计出来的环境检测系统的数据很可信，不会因为很小的偶然波动使数据的传达不正确，同时能长时间保持稳定。DHT11 温湿度传感器拥有一个会随着表示物体冷热程度的物理量的下降而增大电阻指数的材料体，也就是所谓的热感电阻。用一个高质量的微型计算机系统芯片与测温器件相连接。DHT11 运用的是单线制串行接口，在性能不减的情况下，做到了尽可能小的占据体积；在达到一定的功能条件下，它的消耗很低；在不损失信号的条件下，它的信号传达距离可以达到 20m，甚至更长。这种种表现都使其成为便捷优秀高响应的性价比极高的传感装置，使它能在各个不同场合应用，且表现不凡。该传感器是用四个针型从集成电路内部电路引出与外围电路的接线封装起来的，它们单独排成一列。可以根据使用者的设计实现特殊封装形式，以满足需求，这样能让 DHT11 和其他装置的连接更加方便快捷。图 7-9 是该传感器的实物装置图片。

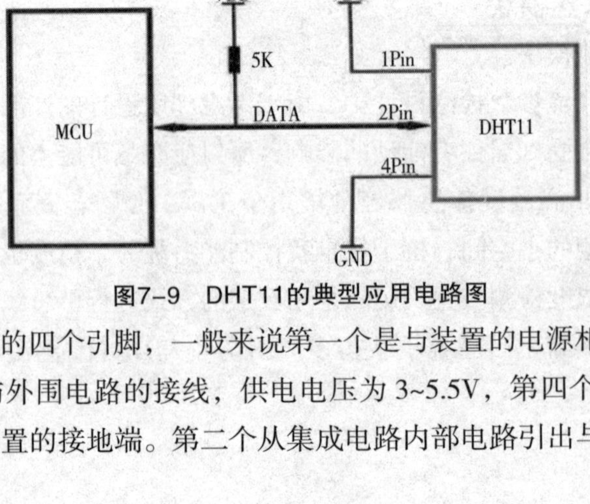

图7-9 DHT11的典型应用电路图

对于传感器的四个引脚，一般来说第一个是与装置的电源相连的从集成电路内部电路引出与外围电路的接线，供电电压为 3~5.5V，第四个引脚为和电源负极相接的传感装置的接地端。第二个从集成电路内部电路引出与外围电路的接线是用来单总线传输数据的，剩下的第三个引脚为空着的状态，可以将它悬浮。在连线时对于短于 20m 的情况一般选用 5K 上拉电阻。

② PM2.5 浓度检测模块。

有关小直径细颗粒检测模块的通信方式目前主要分为以下两种：一种是将感知装置和所选微型计算机系统芯片的接口相接，微型计算机系统芯片的串联口能获取收到的数值，凭借对其读取指令集的方法；第二种是直接将所选用的传感装置所收集的数据进行模拟和数字数据的转化。综合考虑了功能和用户将要付出的成本后，本设计采用的是 GP2Y1010AU 粉尘传感器来感受空气环境中的小直径细颗粒量。它是将所测得的小直径细颗粒数据通过微型计算机系统芯片串口直接获得。这个传感装置是靠脉冲的高度来对应所处环境中颗粒物的多少。（图 7–10）

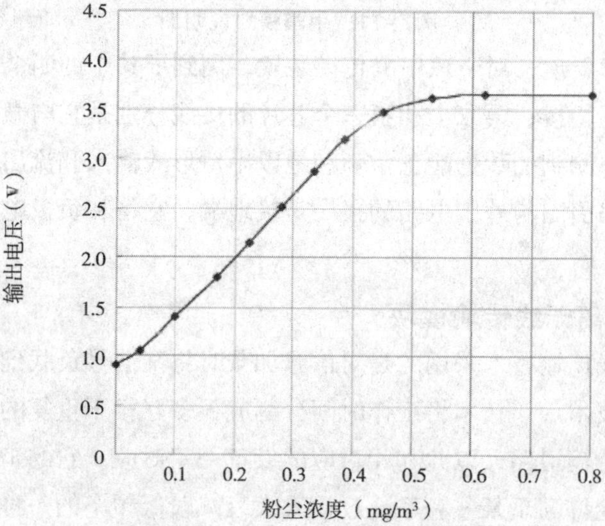

图7–10 PM2.5模块浓度特征图

选择该粉尘传感装置的其中 3 个从集成电路内部电路引出与外围电路的接线，分别用来进行数据的发送口，供电压以正常工作的口和接地引脚 GND，以此来将数据发送到 STM32 微型计算机系统芯片的 RXD 引脚进行数据接收。

③甲醛浓度检测模块。

在对于家居环境中甲醛这一个数据的测定需要建立一个与电化学相关的有毒刺激性气味气体的模块，它比较通用，可以快速准确地对空气中存在的甲醛气体含量进行感应测定，同时能有较好的稳定保持能力，因为其自带有表示物体冷热程度的物理量补偿装置，可以避免所测量数据的不必要波动，合理地将化学装置和电器相结合，符合设计需要。在考虑了仪器的便携能力、数据持久能力等方面，选择运用 MQ—135 这款有害气体传感器，它一般被应用在新风换气装置和智能空调中，对甲醛和其他气体进行检测。

将该模块的整体电路和传感器装置进行模块化处理后，可以得知甲醛电路对于感知到数据的传送和通信是通过连接 STM32 微型计算机系统芯片的相对应串口完成的。图 7-11 是对甲醛模块的说明图片。

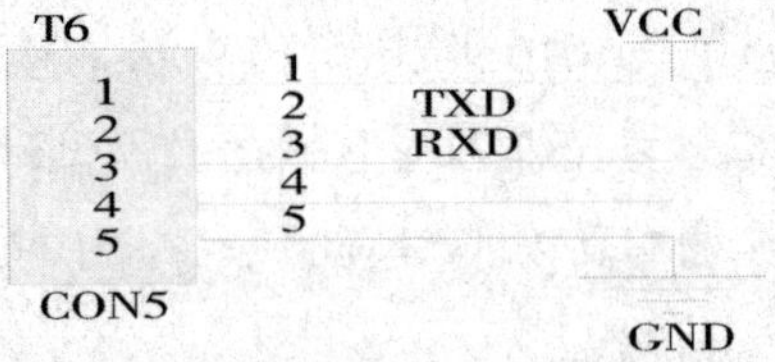

图7-11　甲醛模块说明图

从上图可以看出，对于该甲醛传感装置，用到了其中的四个管脚，接口一是与输入电压进行相接；第二个和第三个芯片的接线分别是它与微型计算机系统芯片连接来保证检测到的数据能正常顺利地以串口形式输入和流出；最后一个从集成电路内部电路引出与外围电路的接线是接地端，它将和负极电源的供电口相焊接在一起。

（4）近距离无线传输模块

近距离无线传输技术采用的是对信号加载时将某信号负载到另一个固定频率的波上的跳变技术。该技术将工作时间分割成很多互相不重复的信号，进而再分成不同的信号传输道路，以此和相对应的设备一一对应。它的工作过程中包括了很多振荡器和允许高于某些频率通过而大大衰减较低频率的一种滤波器，最终达到多地址的相互对应和相连。

设计选用 HC05，它是主从一体化的模块，功能非常稳定有效，它每秒能传送的码元符号的个数范围非常大，从 4800 ~ 1382400，所以可以和很多不同设备进行适配，同时它也可以和 3.3V 或 5V 的微型计算机系统芯片相互协调兼容。该模块可以和手机及掌上电脑等具有近距离无线传输功能的各种设备实现配对连接，性能较其他的近距离无线传输串口更高。

（5）电源模块设计

图 7-12 中的 SWICH 是电源开关，POW 是电源的输入端，其中供电端口的

供电电压为 5V 的直流电。

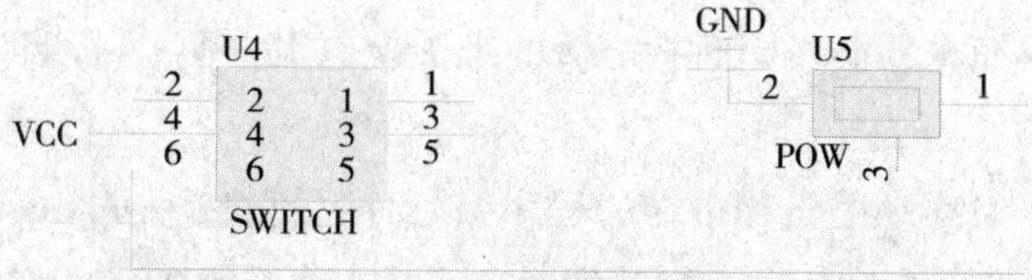

图7-12　电源模块电路图

7.1.2.4　软件设计

（1）软件开发工具

① KEIL 软件。

本次设计的软件开发部分所用到的工具是美国一家公司出品的 KEIL μVision5，它包括 C 语言的编译器、各个库函数和对程序的仿真调试部分等，可以对微型计算机系统芯片 C 语言软件开发系统兼容，并且它的环境中将上述几个部分完美地组合在了一起，Windows 系统上可以很好地运行 KEIL 这个软件。在这个软件上运行 C 语言能使代码清楚易读，同时可以调用其中的库函数，使得编写过程更快、更有效率，而且它的编译和调试工具也让设计更快捷和人性化。

本设计的代码编写过程主要在 KEIL μVision5 上完成，大概经过了以下几步：首先要在 KEIL 上新建一个工程项目，并且根据 STM32 微型计算机系统芯片对该软件上编译的环境进行配置；其次在创建的工程项目里添加 .c 和 .h 文件，在其中进行 C 语言的代码编写；最后当编写程序完成后，可以通过接口或者硬盘访问模式等方式将所写的文件通过下载器下载到 STM32 微型计算机系统芯片中，以实现相关的功能。

②编程语言。

本设计的软件部分用 C 语言来进行编写，它一般被主要用在底部的开发环境中，是便捷且通用的一款程序编写语言。因为 C 语言的编写遵循着面向过程的特性，所以它很简单，适合新手操作。它的语言很简洁，有丰富的数字符号的类型和运算符号。在进行 C 语言的编写时，能用到一些浮点型数据和一些特有的指针型数据；它还有结构化的控制语句比如 for 语句来实现逻辑上的控制编写，让使用者能更方便快速地对程序进行编写和整理；同时 C 语言编写的代码可以很方便地在不同平台上转移，比如在某一台设备上编写的程序可以轻松地在另一个移动端上运行，有很强大的普遍适用性能，可以在高速运转电脑和嵌入式系统处理装置等多种平台上进行翻译和编写。

软件开发平台 KEIL，可以很好地和 C 语言开发系统相互兼容，所以两者结合能让设计变得简单易懂，同时在之后的维护上也很方便。

③ App 的网页开发工具。

本设计中在对移动手机 App 端的程序编写时用到的是 App Inventor 这个环境。Google App Inventor 是一个线上开发的对安卓应用的编程环境，它是将代码语句的含义通过逻辑关系堆砌起来，就像拼图一样，而不需要大众普遍意义上的一些繁多而复杂的代码。这对于安卓移动手机端上 App 的开发者来说不需要很多的编程知识，只需要理清楚逻辑和需求关系，用中文语句块拼凑起来就行了。在本次设计中主要用的都是一些基本的元件，像是对数字符号的输出和近距离无线传输的连接等。首先是对该程序的外表进行设计，通过调节字体、背景和按钮等达到目的，然后是对这个小程序的行为编写，只需要拖动相应的逻辑块以连成能完成工作的语句。整个界面十分简洁，使用时也很方便。

这款 App Inventor 编程软件不需要很多专业的编程知识，只要根据需求对相应的逻辑块拖动就行了，因为每个逻辑语句背后都有开发者对代码的封装。完成之后，只要生成 apk 文件，并用安卓手机对其进行下载，就能实现手机移动端和微型计算机系统芯片端的连接。

（2）数据采集程序设计

①温湿度检测程序设计。

首先，STM32 微型计算机系统芯片的微控制单元发送程序开始的信号给传感装置，使它变换成高速的工作模式，之后它将发出 40 位的数据，使得微型计算机系统芯片完成一次对表示物体冷热程度的物理量空气干燥程度数据的采集。

因为微型计算机系统芯片的总线在没有收到任何信号的时间为高电平，所以在工作状态下，为了对传感装置即将发送过来的响应做好准备，微型计算机系统芯片的总线被拉低了。同时为了让 DHT11 传感器感知到起始的数据信号，在大于 18ms 的时间段中，STM32 集成电子芯片会把总线拉为低值。之后，等微型计算机系统芯片的信号结束后，DHT11 会发送低电平。经过这些步骤，微型计算机系统芯片的总线又被拉成高电平状态，继续下一次的接收和发送信号数据。

② PM2.5 浓度检测程序设计。

GP2Y1010AU 是灰尘传感器，可检测空气中可被人体吸入的小直径细颗粒浓度。它的检测和数据传输步骤和有害气体传感装置比较像，首先是对人体可吸入颗粒物检测部分相关的计时装置组进行关闭，同时，为了能让它处于接收信号的状态，能够及时对所接收的数据进行响应，将单片微型计算机中的离散值的数字和连续模拟信号转换的部分进行最初的定义处理。接着到了信号接收的步骤，据资料显示，这个所选的传感器能在 1s 的时间内采集十次。采集完成后，系统将会对收到的数据进行滤波，将一些可能产生干扰的数据剔除。最后经过优化后，即可通过换算得到所需要的 PM2.5 浓度。

③甲醛浓度检测程序设计。

MQ—135 气体传感器在和微控制单元的数据通信时，需要调整它的波特率在 9600 频段。同时这个传感装置的数据位是 8 位，信号的停止位是 1 位。

在这个有毒害气体传感器的协议说明中，它的读取协议部分又分成信号的发送和数据的返回。主要内容如图 7–13 和图 7–14 所示。

图7–13　甲醛传感器的接收指令格式

图7–14　甲醛传感器的数据发送格式

通过上面协议的内容，可以根据传感器返回的数据来计算出环境中所需要测的甲醛气体含量，可以方便对程序的编写。例如：当发送 A5 5A 02 80 AA 的信号给气体传感器，而传感器返回数据为 A5 5A 06 80 00 7C 00 64 AA 时，甲醛的含量就可以算出为 (0X00*256+0X7C)/100=1.24mg。

（3）App 程序逻辑

在对手机端进行 App 的编写时，所用到的是 App Inventor 这个开发环境。首先是对应用程序中的组件部分进行设计，主要包括对软件的测试以及近距离无线传输连接的按钮和标志，如图 7–15 所示。

图7–15　App界面图

整个手机移动端界面设计的逻辑设计大体根据它们的功能可以分成下面三个部分：

第一部分是关于集成电路芯片和手机应用端的近距离无线传输的连接。从开始在选择近距离无线传输到连接成功或者是连接失败，在 App 上都会呈现出相应的不同文字，程序上的图标的变化也能引导用户进行正确近距离无线传输的连接。

第二部分是对微型计算机系统芯片上数据的分割。通过对关键字符的搜索和分割，再重新排列，使它们能在移动应用端根据不同的功能分别显示出来。

第三部分是对系统做一个开始前的测试，同时将所需要的四个数据进行初始化处理，来避免一些不必要的误会。

经过上述的设计，可以完成在手机端通过近距离无线传输获取到连接在微型计算机系统芯片上的三个传感器所得到的数据，用户可以在不同的环境中，实时了解一些参数的值。

（4）程序总体流程

对于该设计的软件程序编写也一样是分别做成各个模块来编写的，对这些模块和一些微型计算机系统芯片上的串口进行初始化，然后按照数据手册上的说明进行设置参数，如不同的波特率。再调用不同的功能函数来最终实现整个设计的信号收集和让不同的参数在不同的位置进行呈现等功能。主要程序代码如图 7–16 所示。

```
int main(void)
{
   delay_init();         //延时函数初始化
   NVIC_Configuration();    //设置NVIC中断分组2:2位抢占优先级，2位响应优先级
   Usart1_Init(9600);//对串口3进行初始化，波特率9600
   USART3_Init(2400);
   delay_ms(300);
   DHT11_Init(); //DHT11初始化

   while(1)
   {
       DHT11_Read_Data(&Temperature,&HUM);//读取温湿度值
       Get_CH2O();//获取甲醛值
       Get_PM();
       SEND_BUF[5]=Temperature/10+0x30;
       SEND_BUF[6]=Temperature%10+0x30;
       SEND_BUF[13]=HUM/10+0x30;
       SEND_BUF[14]=HUM%10+0x30;
       SEND_BUF[23]=PM25_Value/100+0x30;
       SEND_BUF[24]=PM25_Value%100/10+0x30;
       SEND_BUF[25]=PM25_Value%10+0x30;
       SEND_BUF[37]=CH2O_mgvalue/100+0x30;
       SEND_BUF[39]=CH2O_mgvalue%100/10+0x30;
       SEND_BUF[40]=CH2O_mgvalue%10+0x30;
       Uart1_SendStr(SEND_BUF);
       delay_ms(1000);
   }
}
```

图7-16　主函数示意图

比如说在获取甲醛的信号时，首先要对传感装置发送的数据进行校验，然后再通过公式计算出最后的数值。

7.1.2.5　实验结果与分析

将各个传感设备焊接在洞洞板上，用来测试当前环境下各个参数的数值。通过通用串行总线连接计算机，对所设计的测试设备进行供电，打开板子上的开关按钮，并和手机端通过近距离无线传输相连接，可以在 App 的界面上直接看出参数的值，从而了解当时环境的空气质量。图 7-17 为板子的成品。

图7-17　实物成果展示图

图 7-18 是近距离无线传输连接成功后手机界面显示的数值，此数值为监测环境当前的空气质量。

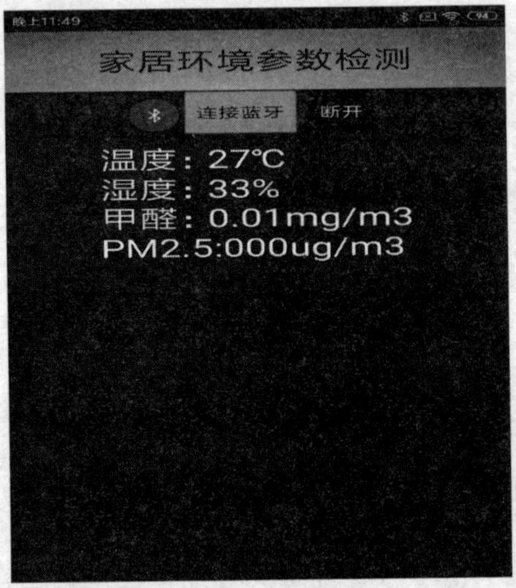

图7-18　手机端App界面展示图

7.1.2.6　总结

本设计主要是基于低成本的蓝牙技术来设计出一种家居环境实时检测系统，将所选传感装置得到的一些环境中的参数值经过 STM32 集成电路芯片的传输处理后，然后通过近距离无线连接将数据内容传送到手机的 App 端，最终实现通过手机 App 对所在环境的空气质量进行实时测定的目的。

设计实现了预期功能，同时对 App 端的美观程度上进行了一定的优化。它能够快速并且准确无误地对所在建筑物内空气的质量和相关的参数进行检测，对于室内环境中的温度高低、潮湿程度、有害气体甲醛浓度和可以被人体吸入的小颗粒物浓度等重要参数进行实时监控，并直接显示在手机界面上，能为健康地工作和生活提供强大和有效的保障。

不过，虽然针对室内环境中的主要污染物和参数，本次设计能准确快速地进行测量，实现了室内环境检测仪设计的基本功能，但仍有部分可进一步加强和完善。比如可以添加另外一些气体传感器模块来对空气中的氡、二氧化硫等污染气体也进行进一步的感应测量，使得该设计能在更多的环境中应用和测量，更有应用价值。

7.2　校企联合实验室创新产品开发实践

7.2.1　基于单片机的直流电机自适应控制系统的设计

7.2.1.1　引言

电机作为一种长久以来最主要的实现机械能与电能之间能量转换的装置，在一个多世纪的发展进程中，其应用领域已经广泛深入了人们的日常生活中，可以说具有非常广阔的使用前景。不同的直流电机自适应控制系统在实际运用方面对系统整体性能的要求不同，比如对于电钻来说，只需要控制大致的电机转速，针对不同的材质，分为高中低档即可，而对于数控机床来说就必须保证一定的精度，且一定要有较高的抵抗外界干扰的能力和较快的响应速度。所谓控制精度，是指在控制电机调速过程中，电机转速与期望值之间的偏差程度，偏差越小则说明控制精度越高，控制越准确。抗干扰能力指的是该控制系统应对外界干扰变化时的能力，即电机在遇到干扰时保持或偏离原运转速度的程度大小。外界干扰有很多，如人为阻碍电机的运转、对电机施加不同大小的负载以及电机所处的工作环境等都属于外界干扰。稳定性则是针对整个系统而言的，若系统稳定性不够，很有可能因为某个抖动而导致控制失调，使得整个系统进入不可控状态，对于数控机床这种系统来说，一旦失控，后果很可能会十分严重。本设计主要研究的就是比较不同的控制方法对于直流电机自适应控制系统整体性能高低的影响。

本设计以 MK60 单片机为核心，通过控制单片机 PWM 脉冲信号的输出来达到控制电机转速大小和转向的目的。分别利用增量式 PID 和滑模变结构两种控制方法进行电机转速调节，使直流电机的转速跟踪设定值变化而变化，并时不时施加一定干扰，观察系统在干扰条件下的整体性能情况，同时利用串口将电机转速的相关数据发送到上位机中，从而实现了对电机转速的在线实时监测，便于转速变化数据的观察与分析，对照在这两种不同的控制算法下电机转速跟随设定值变化时系统的响应情况和跟踪情况。

7.2.1.2　概述

（1）系统基本组成

如图 7–19 所示是一个直流电机自适应控制系统。直流电机自适应控制系统主要包含核心控制系统、测速系统、制动系统、显示系统和数据传输系统。其中，整个系统的核心部分是核心控制系统，该部分主要由单片机模块组成，用来控制电机转速和转向变化；制动系统包括对电机的驱动部分以及齿轮的传动连接装置，是整个系统执行任务的部分；测速系统负责测量电机的转速，以反馈给核心控制系统，从而达到闭环控制的效果，这可以说是系统的关键部分，没有这部分就不可能实现电机转速的自适应调控；显示系统和数据传输系统主要完成必要信息的显示和传输任务，以便于观察和分析。

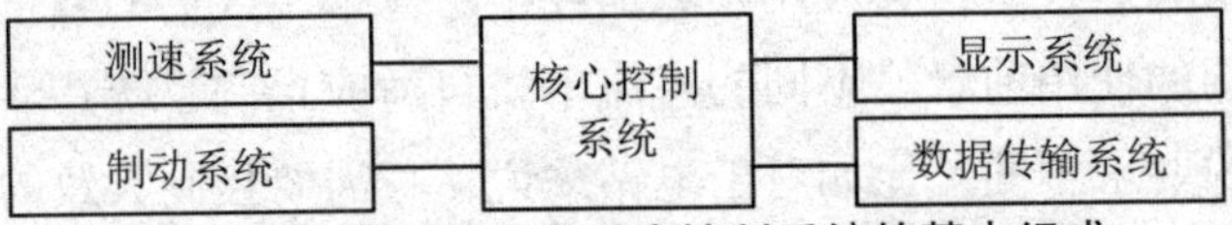

图7-19　直流电机自适应控制系统的基本组成

（2）主要技术任务和关键

本设计的主要技术任务和关键分为以下几点：

①搭建直流电机自适应控制系统实验平台；

②查阅有关电机数学建模的资料，推导相应的动力学方程；

③根据动力学方程推导并设计这两种控制算法，利用 MATLAB 软件进行相应的仿真测试实验；

④熟悉 Keil uVision 5 软件的操作环境，用 C 语言进行编程；

⑤比较两种方法的仿真和实际控制效果，得出结论；

⑥实现从下位机（单片机）到上位机之间的数据通信。

7.2.1.3　系统总体设计方案

（1）系统整体结构框图

直流电机自适应控制系统的基本组成框图如图 7-20 所示，该系统主要由核心控制单元 MK60 单片机、电机驱动模块、编码器测速模块、串口传输模块、按键模块、显示模块以及电源管理模块七部分组成。

本系统采用光电式编码器对电机转速进行测量，将得到的转速值通过 I/O 口传入单片机中，根据所采用的控制算法，计算当前应输出的 PWM 脉冲的占空比，再由单片机给出相应的 PWM 脉冲信号，通过电机驱动电路实现对电机转速的调控，形成一个速度闭环系统。系统运行过程中，单片机通过串口不断向上位机发送相关数据信息，从而实现对电机转速的实时观测，以便于观察和分析电机的控制效果。

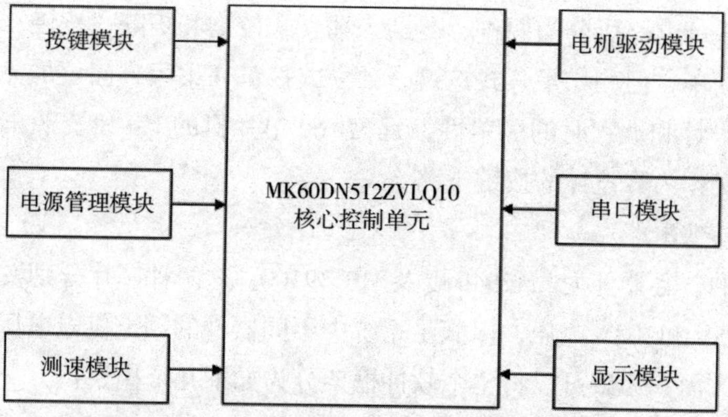

图7-20　直流电机自适应控制系统结构框图

（2）系统软、硬件设计

整个控制系统可分为两个部分：硬件电路和软件程序。硬件部分主要包含转速测量电路、电机驱动电路、液晶显示电路、按键电路等；软件部分主要包括电机转速测量子程序、电机驱动控制子程序、串口数据发送子程序、液晶显示子程序以及按键控制子程序等。

在硬件方面，各个模块的设计方案为：

①转速测量电路。

通过齿轮将电机与编码器连接到一起，电机齿轮的转动会带动编码器齿轮的转动，经过编码器内部集成电路的处理，将会输出一定的方波脉冲信号，此时再由单片机接收这一方波脉冲信号，并利用单片机内部集成的 DMA 计数功能，实现对方波脉冲的测量，再经过一系列的转化即可得到电机的转速大小。

②电机驱动电路。

对于电机驱动电路，可有多种选择，像专用电机集成驱动芯片 MC33886、LM298、BTN7971、电调、MOS 管 H 桥等。其中，MC33886 使用方便，但内阻较大；MOS 导通电阻小，响应快，所以为了确保电机的响应速度，本设计采用英飞凌经典的驱动组合 IR2104 和 IRLR7843，通过搭建两个 H 桥来驱动电机实现正反转。

③液晶显示电路。

该电路的核心器件为 OLED 液晶显示屏，与传统的液晶屏如 1602、12864 等相比，OLED 具有体积小、电路简单的特点，而且 OLED 显示屏编程简单，可以显示复杂的图案、字符、英文、标点符号和汉字等，足以满足本设计的要求。

④按键电路。

常见的按键电路可分为两种，分别为独立式按键和矩阵式按键。这两种按键电路都比较简单，但相比矩阵式按键，独立式按键在编程方面更加灵活方便。考虑到前者在设计和编程时的简单性，且 MK60 单片机的 I/O 口资源丰富，故而选用独立式按键作为本设计的按键电路。

⑤电压转换电路。

该电路的核心器件为 LM2940 以及 MIC39100。这两种芯片分别实现了将 7.2V 电压转化为 5V 和 3.3V 电压，以满足系统中不同器件的额定供电电压的要求。

在软件方面，大致可以将整个软件框架分为如下几个模块：

①测速模块。

主要是对单片机内部 DMA 模块进行初始化配置，以实现 DMA 计数的功能。对编码器传入的方波脉冲信号进行边沿计数，根据公式换算得到电机转速并返回该转速值。

② PWM 模块。

主要是对单片机内部 PWM 模块进行初始化配置，根据传入该模块的占空比数值大小，输出对应占空比大小的 PWM 波。

③控制器模块。

主要是根据测速模块返回的电机转速值，经过设计好的控制器算法，计算出下一时刻系统应该输出的 PWM 脉冲的占空比大小。

④数据传输模块。

主要进行单片机内部串口模块的初始化配置，并将电机转速、控制器输出、转速设定值以及控制过程中的其他参数值发送到上位机中。

7.2.1.4 控制器设计及仿真

（1）PID 控制算法的推导及实现

PID 控制是一种十分经典的控制规律。它是由三个基本单元比例 P、积分 I 和微分 D 构成的。

因为单片机控制不是连续控制，所以采用离散 PID 形式，以下三个式子体现了整个离散化的过程。其中 k 代表采样序号，T 代表采样周期，t 代表连续时间，kT 则代表离散时间。

$$t \approx k \times T \tag{7-1}$$

$$\int_0^t e(t)\ \mathrm{d}t \approx T\sum_{j=0}^{k} e(jT) = T\sum_{j=0}^{k} e_j \tag{7-2}$$

$$\frac{\mathrm{d}e(t)}{\mathrm{d}(t)} \approx \frac{e(kT)-e[(k-1)T]}{T} = \frac{e_k - e_{k-1}}{T} \tag{7-3}$$

将上述公式代入模拟 PID 的计算式中，可以得到离散 PID 的计算式，其中模拟 PID 的计算式如式（7–4）所示，离散 PID 的计算式如式（7–5）所示。

$$u(t) = K_p\left[e(t) + \frac{1}{T_1}\int_0^t e(t)\mathrm{d}t + T_D\frac{\mathrm{d}e(t)}{\mathrm{d}t}\right] \tag{7-4}$$

$$u_k = K_p\left[e_k + \frac{T}{T_1}\sum_{j=0}^{k} e_j + \frac{T_D}{T}(e_k - e_{k-1})\right] \tag{7-5}$$

在式（7–5）中，定义积分系数 $K_i = K_p\dfrac{T}{T_1}$，微分系数 $K_d = K_p\dfrac{T_D}{T}$，则可得到简化的离散 PID 计算式，如式（7–6）所示。

$$u_k - K_p e_k + K_i\sum_{j=0}^{k} e_j + K_d(e_k - e_{k-1}) \tag{7-6}$$

式（7–6）即为常见的位置式 PID。然而在常见的直流电机自适应控制系统中，通常都使用增量式 PID，易知控制器在第 k–1 时刻的输出值，如式（7–7）所示。

$$u_{k-1} = K_p e_{k-1} + K_i\sum_{j=0}^{k-1} e_j + K_d(e_{k-1} - e_{k-2}) \tag{7-7}$$

将两个式子进行相减就能够得到增量式 PID 的算术表达式，如式（7–8）所示。

$$\Delta u_k = u_k - u_{k-1} = K_p(e_k - e_{k-1}) + K_i e_k + K_d(e_k - 2e_{k-1} + e_{k-2}) \tag{7-8}$$

（2）增量式 PID 控制算法的仿真结果

为了保证本次设计，即基于单片机的直流电机自适应控制系统的可行性，同时也是为了验证增量式 PID 算法在此类控制中的适用性，利用 MATLAB 软件对系统进行相应的仿真，分别模拟了电机转速在保持一定期望值不变、随正弦波变化和随方波变化这三种情况下，该控制器算法的响应情况和跟踪效果。如图 7–21 所示，模拟的是电机转速跟踪固定期望值时的情况，图 7–22 表示的是电机转速跟踪正弦波变化时的情况，图 7–23 表示的是电机转速跟踪方波变化时的情况。观察图形，能够得出该控制算法适用于直流电机自适应控制系统的控制，且仿真结果也较为理想。

图7-21　电机转速跟踪固定值变化情况

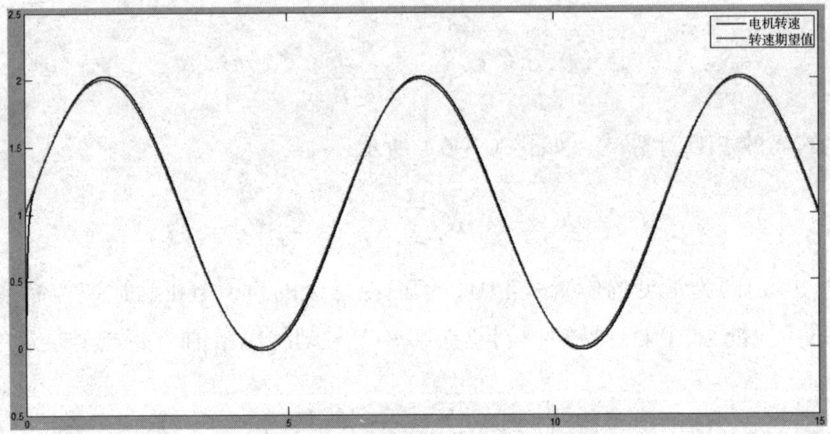

图7-22　电机转速跟踪正弦波变化情况

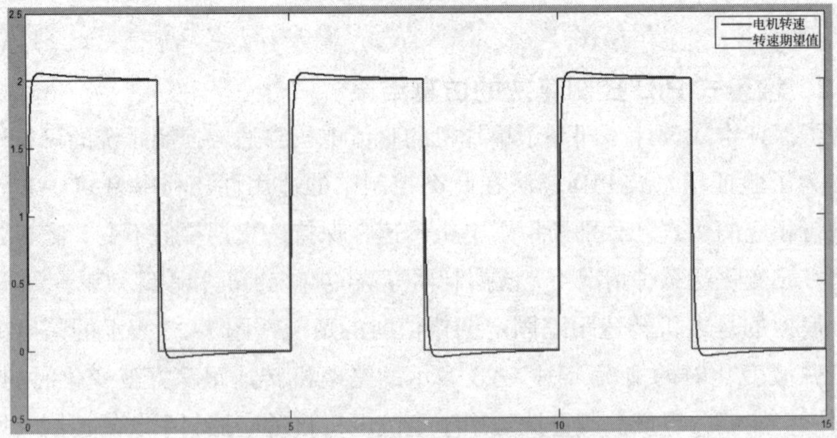

图7-23　电机转速跟踪方波变化情况

(3)滑模变结构控制算法的推导及设计

考虑到在设计滑模变结构控制器时需要知道直流电机自适应控制系统的动力学方程，因此，在设计具体的滑模变结构控制器之前，先对直流电机自适应控制系统的数学模型进行分析和动力学方程的推导。

①电机数学模型及动力学方程的推导。

本系统所使用的电机为恩智浦智能汽车比赛统一规定的 E车电机，该电机型号为 RS—380SH。该电机简化之后的物理模型如图 7–24 所示。表 7–1 中详细介绍了图中符号的含义。

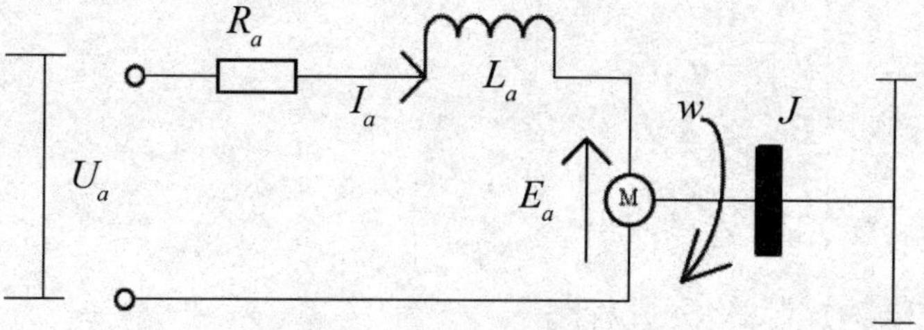

图7–24 直流电机物理模型

表7–1 直流电机自适应控制系统的符号说明

符号	释义	符号	释义
U_a	电枢输入电压	R_a	电枢电阻
L_a	电枢电感	ι_e	电机电磁转矩
J	转动惯量	B	黏性阻尼系数
I_a	流过电枢的电流	w	电机输出角速度
E_a	电机电动势	K_t	电机转矩系数
K_e	电机感应电动势系数	τ_f	电机受到阻力的力矩

直流电机自适应控制系统中存在下面几个平衡关系：

a. 直流电机的电压平衡关系：

$$U(t) = R_a I_a(t) + L_a \frac{\mathrm{d}I_a(t)}{\mathrm{d}t} + E_a \tag{7-9}$$

b. 直流电机机械能守恒定律：

$$\tau_e = J\frac{\mathrm{d}w}{\mathrm{d}t} + Bw + \tau_f \tag{7-10}$$

c. 电磁转矩正比于电枢电流：

$$\tau_e = K_t I_a \tag{7-11}$$

d. 反电动势正比于转速：

$$E_a = K_e\omega \tag{7-12}$$

根据以上 4 个公式，经过一系列的整理，消去多余变量，最终能够得到电机的动力学方程，如式（7–13）所示，为方便计算和分析将其进一步简化为式（7–14）。

$$L_a J\frac{\mathrm{d}^2\omega}{\mathrm{d}t} + (R_a J + L_a B)\frac{\mathrm{d}\omega}{\mathrm{d}t} + (R_a B + K_t K_e)\omega = K_t U \tag{7-13}$$

$$\begin{cases} J_{eq}\dfrac{\mathrm{d}^2\omega}{\mathrm{d}t} + B_{eq}\dfrac{\mathrm{d}\omega}{\mathrm{d}t} + P_{eq}\omega + \tau_{eq} = K_t U \\ J_{eq} = L_a J \\ B_{eq} = R_a J + L_a B \\ P_{eq} = R_a B + K_t K_e \end{cases} \tag{7-14}$$

②滑模变结构控制算法的设计。

定义电机转速偏差 $\varepsilon = \Omega_m - \Omega_h$，其中 Ω_m 为电机转速的实际测量值，Ω_h 为设定值。设计滑模变量如式（7–15）所示，李雅普诺夫函数如式（7–16）所示。

$$S = \dot{\varepsilon} + \lambda\varepsilon \tag{7-15}$$

$$V = \frac{1}{2}S^2 \tag{7-16}$$

则对李雅普诺夫函数进行一阶求导，并将式（7–14）和式（7–15）与之结合化简可得

$$\begin{aligned} \dot{v} &= s\dot{s} = s(\ddot{\varepsilon} + \lambda\dot{\varepsilon}) = s[\ddot{\Omega}_m - \ddot{\Omega}_h + \lambda\dot{\varepsilon}] \\ &= s\left[\frac{K_t}{J_{eq}}U - \frac{P_{eq}}{J_{eq}}\Omega_m - \frac{B_{eq}}{J_{eq}}\dot{\Omega}_m - \frac{\tau_{eq}}{J_{eq}} - \ddot{\Omega}_h + \lambda\dot{\varepsilon}\right] \\ &= s\frac{K_t}{J_{eq}}U - s\frac{P_{eq}}{J_{eq}}\Omega_m - s\frac{B_{eq}}{J_{eq}}\dot{\Omega}_m - s\frac{\tau_{eq}}{J_{eq}} - s\ddot{\Omega}_h + s\lambda\dot{\varepsilon} \end{aligned} \tag{7-17}$$

根据式（7–17）后面几项可以设计控制器 U，如式（7–18）所示。其中 K_{t_0} 要小于 K_t，P_{eq_1} 要大于 P_{eq}，B_{eq_1} 要大于 B_{eq}，J_{eq_1} 要大于 J_{eq}，τ_{eq_1} 要大于 τ_{eq}，$\ddot{\Omega}_h$ 要大于 $\left|\ddot{\Omega}_h\right|$，相当于对这些参数取一定的上界，这样就能满足 $\dot{v} < 0$，即满足李

雅普诺夫稳定性条件。sign(*s*) 为符号函数，表达式如式（7–19）所示。

$$U = -\operatorname{sign}(s)\frac{1}{K_{t_0}}\left(P_{eq_1}\left|\Omega_m\right| + B_{eq_1}\left|\dot{\Omega}_m\right| + \tau_{eq_1} + J_{eq_1}\ddot{\overline{\Omega}}_h + J_{eq_1}\lambda\left|\dot{\varepsilon}\right|\right) \tag{7-18}$$

$$\operatorname{sign}(s) = \begin{cases} 1,\ s > 0 \\ 0,\ s = 0 \\ -1,\ s < 0 \end{cases} \tag{7-19}$$

（4）滑模变结构控制算法的仿真结果

与之前仿真 PID 控制算法一样，分别模拟电机转速在保持一定期望值不变、随正弦波变化和随方波变化这三种情况下，该控制器算法的响应情况和跟踪效果。如图 7–25 所示，模拟的是电机转速跟踪固定期望值时的情况，图 7–26 表示的是电机转速跟踪正弦波变化时的情况，图 7–27 表示的则是电机转速跟踪方波变化时的情况。观察这些图形，可以看出该控制算法确实满足该类型控制的需要，且仿真结果较为理想。

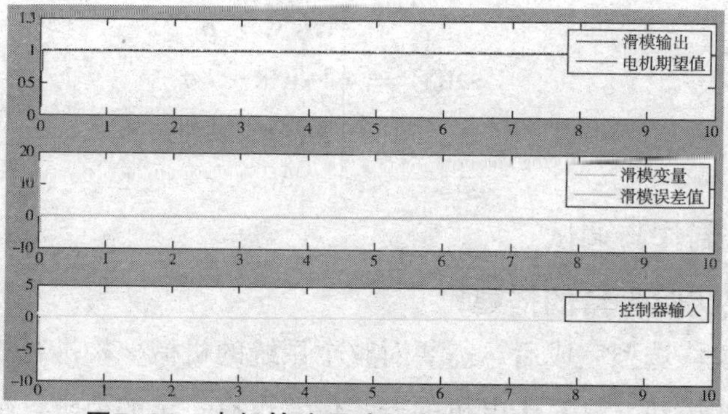

图7–25　电机转速跟踪固定期望值变化情况

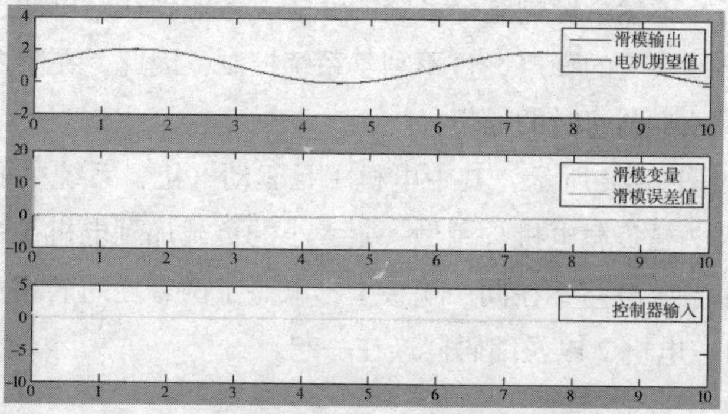

图7–26　电机转速跟踪正弦波变化情况

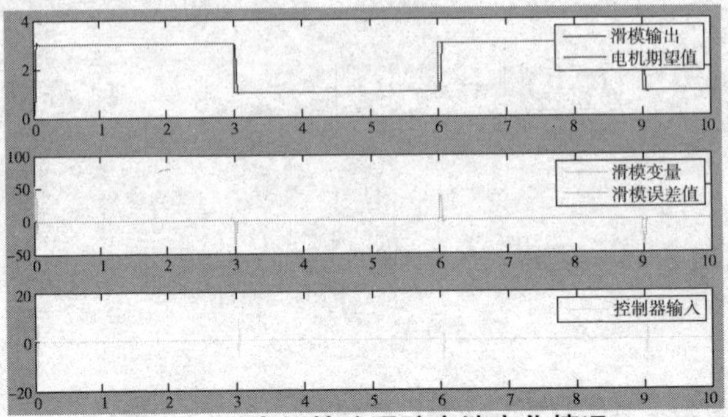

图7-27　电机转速跟踪方波变化情况

比较发现，滑模变结构控制算法在响应速度和跟踪速度上明显优于增量式PID算法。但是，美中不足的是在滑模变结构控制算法的控制下，电机转速的抖动明显多于PID控制算法，且一直处于小抖动状态。因此，如何减小这个抖动成为滑模变结构控制算法研究的一个基本方向，本设计采用的是最基本的滑模控制算法，并没有做更加深入的研究。因此，对于此抖动，只是简单地使用了斜坡函数 sat(*s*) 来减少抖动。斜坡函数如式（7–20）所示。

$$\mathrm{sat}(s)=\begin{cases}1, & s>\sigma \\ -1, & s<\sigma \\ s/\sigma, & 其他\end{cases} \tag{7-20}$$

7.2.1.5　制作与调试

（1）系统实验平台的搭建

硬件电路模块选型完成后，需要对整个系统的机械架构进行搭建，关键之处在于传动装置的搭建，且对于电机的安装位置也有一定的要求。传动装置齿轮之间需要吻合恰当，不然会影响整个系统的性能。考虑到在电机调速时若直接将其放在桌上，会导致很大的噪声，且不利于系统控制，因此，在整个系统板下方加一层泡沫层，以减少调速时的噪声。

系统布局如图 7–28 所示，其中电机 1 是驱动电机，系统主要控制该电机的转速变化；电机 2 是负载电机，用做一定大小的负载加到电机 1 中；电机驱动电路与单片机最小系统电路不在同一块板上，减少了两者之间的相互影响，通过传动装置将电机 1、电机 2 以及编码器连在一起。

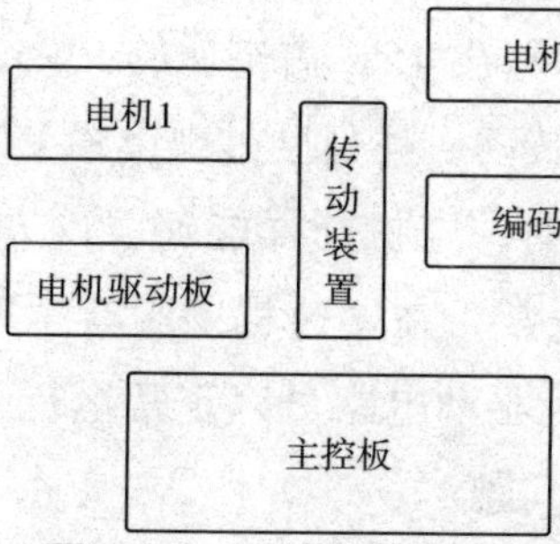

图7-28　系统整体布局结构图

（2）调试

由于整个系统涉及的电路模块较多，因此在调试时采用分模块调试的方式，最后再将其组合起来，完成整个系统的调试过程。

①按键电路与液晶显示电路的测试。

按键电路的测试可以与液晶显示模块的测试相结合。在测试之前，将电机驱动模块与最小系统模块之间的数据连接线断开，这样就排除了电机驱动部分和测速部分的影响。测试程序显示的是一个菜单界面，上电后观察液晶的显示内容是否符合程序设计，其亮度是否正常，同时按下不同的按键，看看菜单中的数据是否随按键的控制而变化。若均正常，则说明一切正常，否则就应该马上断开电源，用万用表检测相应模块的电路是否短路或断路。

②电机驱动电路的测试。

为了确保该驱动电路能正常工作，首先得确保单片机输出的 PWM 脉冲信号是正常的方波信号，可用示波器进行观察，如图 7-29 所示展示的是输出占空比为 50%、频率 100kHz 的方波信号，可知单片机 PWM 模块输出正常。

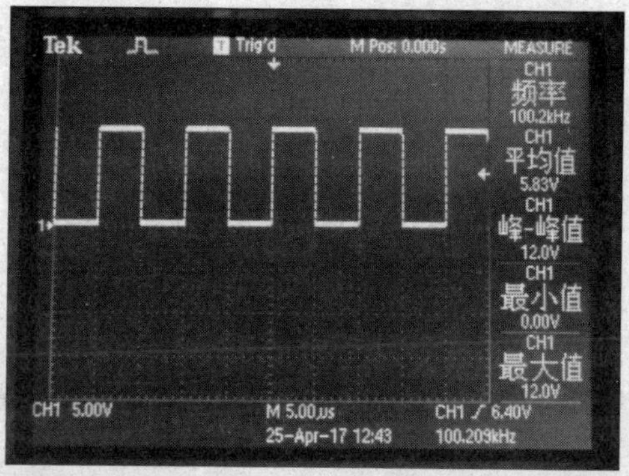

图7-29　频率为100kHz、占空比50%的方波信号

接下来就是对电机驱动电路的测试。本设计中电机 PWM 输出口分别为 PTA8 和 PTA9，先设置 PTA8 口输出 15% 占空比的 PWM 信号，PTA9 口输出为 0，若电机能够以较慢的速度匀速转动，且当反过来设置 PTA9 口输出 15% 占空比的 PWM 信号，PTA8 口输出为 0 时，电机同样能够以反方向较慢的速度匀速转动，则说明电机驱动的 H 桥电路正常，在这过程中观察学生电源的电流大小，若一直都不大于 2A，则说明该电机驱动电路可以正常运行。反之，则同样进行相应的电路检测，找出并尝试解决问题。

③测速模块的测量。

连接好电路后，用学生电源上电，测速程序在 OLED 显示屏上显示转速值大小，用手拨动编码盘齿轮，观察显示屏上数值是否会发生跳变，若会，则说明测速电路也正常。

④整个系统的测试。

将上述各个模块的测试子程序集中到一个控制程序中，上电后进行测试，观察系统是否按照程序的设计正常运行。

（3）系统实测结果

根据设计好的控制器进行实际测量，同仿真测试一样，实际测试中也分别测试了电机转速在保持一定期望值不变、随正弦波变化和随方波变化这三种情况下，该控制器算法的响应情况和跟踪效果。实测结果如图 7-30 ~ 图 7-35 所示。其中图 7-30 ~ 图 7-32 表示在 PID 控制算法下的测量结果，图 7-33 ~ 图 7-35 表示在滑模变结构控制算法下的测量结果。通过比较相同跟踪情况下两种控制器的控制器情况，可以很明显地得出滑模变结构控制在直流电机控制中的优势大于增量式 PID 控制的结论。

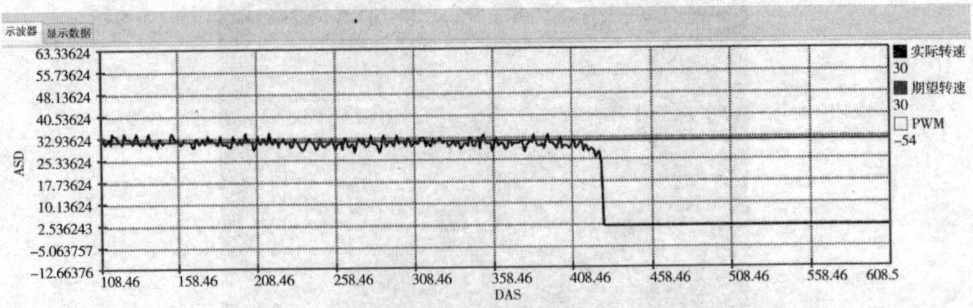

图7-30　PID控制下电机转速跟踪固定值变化情况

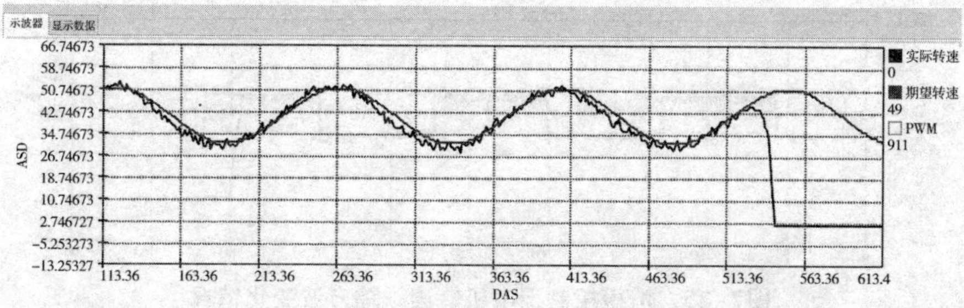

图7-31　PID控制下电机转速跟踪正弦波变化情况

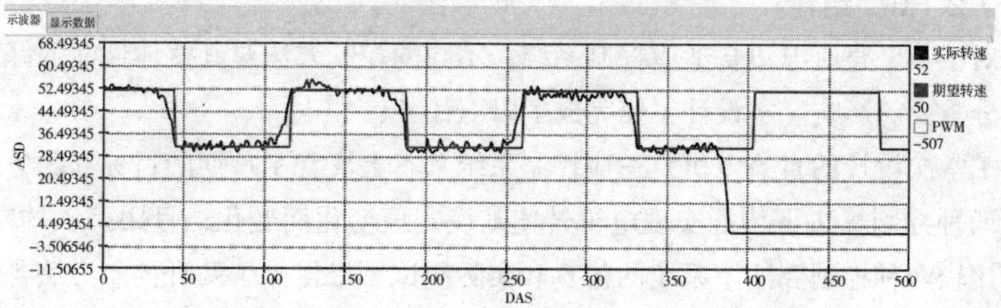

图7-32　PID控制下电机转速跟踪方波变化情况

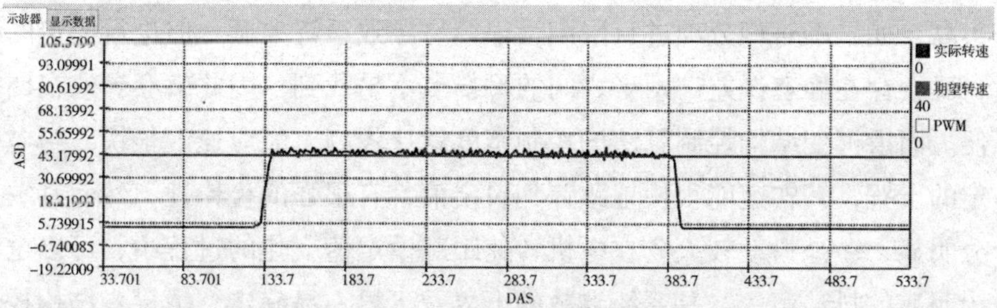

图7-33　滑模控制下电机转速跟踪固定值变化情况

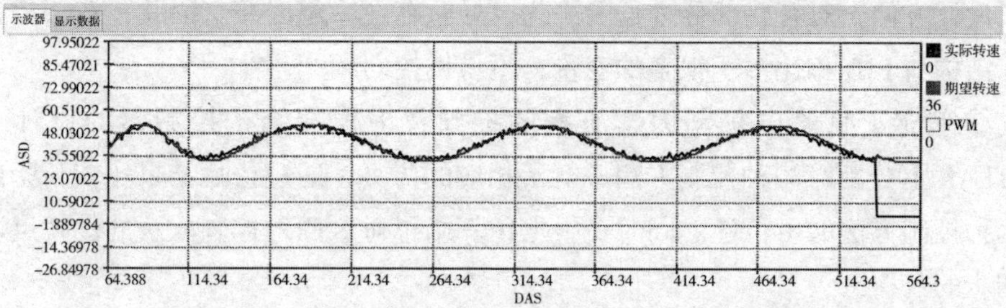

图7-34　滑模控制下电机转速跟踪正弦波变化情况

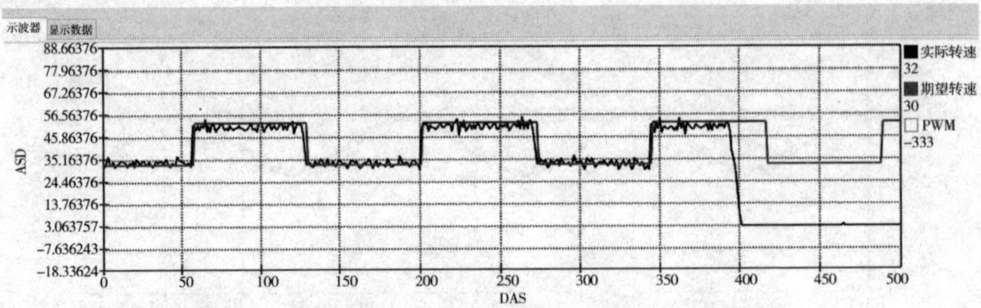

图7-35　滑模控制下电机转速跟踪方波变化情况

7.2.1.6　结论

对于一个直流电机自适应控制系统，不同的控制方法对其整体性能的好坏有着十分重要的影响。本设计主要完成了以下任务：

①本次设计的直流电机自适应控制系统基本上实现了预期的目标和任务，系统在两种控制算法下均能实现电机转速随设定值变化而变化，且跟踪误差较小。通过比较两种控制算法下系统的仿真和实际测试结果得出了两种控制方法各自的优缺点，其中，PID 控制算法设计简单，不需要知道非常精确的系统模型，在调试过程中可以根据前人经验较快地得到一个较好的控制参数，然而其控制精度并不算很高，如果不对积分项进行限制，很容易导致系统失调，但进行一定的限制之后，又会存在静态误差，两者之间的平衡点不易找到，因此就会导致在调控上的不便。而滑模变结构控制算法的控制精度就比较高，响应速度很快，给电机施加一定的干扰，其转速能很快地跟踪到设定值，有很强的鲁棒性，然而其缺点也是十分明显，一是抖动较大，在电机转速跟踪设定值变化的过程中，可以全程听到较为明显的抖动声；二是系统参数的上界及下界不易确定，滑模变结构控制算法需要比较精确的系统模型，而在直流电机自适应控制系统模型的建立过程中，为了设计方便，对有些部分进行了简化，导致存在一定误差。因此，在调控上滑模变结构与 PID 相比多了很多的变量，不易调控。

②完成了直流电机动力学方程的推导及滑模变结构控制器的设计。在 MATLAB 上分别对两种控制方法进行了相应的仿真，通过仿真结果比较，验证了这两种控制方法的可行性。同时，根据仿真结果对这两种控制方法的优缺点进行了初步的分析。

③确定了具体各个模块的电路设计，利用 Altium Designer 软件进行系统原理图的设计，确定了各个元器件的封装以及型号，根据原理图完成了 PCB 的排版和布线。考虑到整个硬件电路设计量较大，不易用铜板腐蚀制作，因此在确认无

误后，在网上进行 PCB 投版制作。最后完成了电路各个模块元器件的焊接并进行硬件测试，完成了整个直流电机自适应控制系统硬件部分的制作。

④完成了直流电机自适应控制系统实验平台的搭建，在搭建整个实验平台时，综合考虑了诸多因素，最终确定了具体的布局结构。

⑤对整个系统进行功能测试，编写相应的 C 语言程序进行控制，针对不同模块编写不同的控制程序，最后再整合到同一控制程序中，完成了整个系统的程序设计。

⑥对系统建模的知识有了更加深入的了解。本次设计分析了直流电机的数学模型，根据电机的一些平衡关系式包括电压平衡、机械平衡以及存在的比例关系等，推导出了电机模型的动力学方程。

本设计的难点问题主要有：

①由于机械架构等原因，电机齿轮在转动时总是会出现松动等情况，导致测量出来的电机转速值经常会有一些抖动，很难稳定下来，这就导致很难做到精准控制电机转速维持某一设定值不变，总是会上下波动，影响系统稳定性。

②在进行滑模控制时，有些系统参数很难测量，在实际调速过程中，仅凭经验给了一个大概值，这就导致了一定的误差。而且本设计中采用的滑模变结构控制算法属于最为简单的一种设计，在减少抖振方面的优势并不明显，还存在着更大的优化空间。

③串口数据传输只实现了从单片机端到上位机端的传输，从上位机端到单片机端的数据传输并没有实现，所以不能称为通信互联。

7.2.2 智能家居照明控制系统的设计

7.2.2.1 引言

新兴智能化技术的发展和各种互联网技术的进步为智能照明的发展提供了广阔的舞台。智能照明系统在满足需求的同时，降低照明设备对电量的消耗，减少电费的开支，满足节约能源的设计理念，是今后智能照明系统发展的趋势。

1961 年，调光器开始在全世界范围内生产，智能照明由此开始兴起。随着 20 世纪 90 年代智能照明进入中国，一直到今天，智能照明系统经历了漫长的发展。根据市场的变化，照明不再仅仅执行简单的照明工作，而是带给人们舒适、温馨的环境氛围，因而智能照明系统发展迅速。

智能照明控制系统包括输入部分、输出部分、控制部分、系统部分四个组成单元。智能照明系统有很多的优点，最重要的三个优点是节能、舒适和方便。在我国，建筑中的智能设备越来越多，所占的比重越来越大，各种智能系统越来越复杂。但不论多么复杂，智能控制占据了很大的比重。目前，我国照明用电占整个室内用电的 20% ~ 30%，而采用智能照明设备，就可以节约 20% 以上的电能，为我们国家节约大量的资源，缓解我国能源短缺。而且传统照明需要大量的连接线，这些线分布在房墙内不仅不安全，而且也是一笔不小的开支，更会加重电磁干扰。而如果采用智能照明，因为它是采用网络控制技术，因而可以很方便地进行连接，实现控制。且控制端不仅仅局限于按键，还可以实现多端控制，更为人们的生活提供了方便与舒适。

在我国，智能照明技术仍然没有得到大面积的推广和使用。因为人们对于智能照明产品的消费意识还很弱，使得智能照明的市场还有更大发展潜力。只要人们产生了需求，这种需求就会比科技更加促进人类的进步。只有提升人们的意识，从而带动技术的进步，降低生产成本，才能带来更好的收益。近年来，随着各种高新技术的发展，智能照明向着产业化方向发展，智能照明也必将在生活中扮演更加重要的角色。未来，智能照明必将会向着半导体照明、绿色照明的方向发展。

本设计是基于单片机的智能照明系统，包括如下几个模块：按键模块、光照检测模块、AD 转换模块、声音检测模块、蓝牙模块以及单片机最小系统。可以实现手机和按键的多重控制，避免了单端控制给人们造成的不便，而且可以实现亮度调节及声音控制，节约了能源，更能根据人们的需求选择合适的灯光，使人们生活得更加舒适，更加满足人们的要求。

7.2.2.2 概述

（1）智能照明系统概述

智能照明控制系统是利用各种先进技术实现对供电的监控与控制，减少照明电路中因为各种原因所带来的额外功耗，从而达到节能减排的目的。基于单片机的智能照明控制系统的工作原理是将单片机作为核心，其他控制设备和照明设备与单片机相连，传感器设备采集到的信号经过单片机处理之后，根据设定去控制灯具的运行状态。（图 7–36）

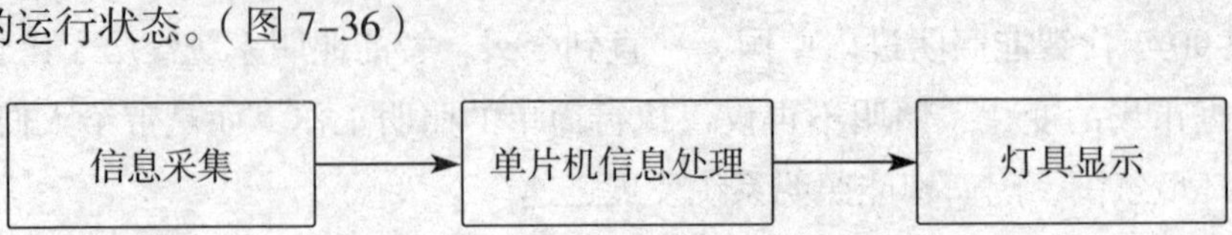

图7–36 智能照明系统运行原理图

智能照明控制系统主要有以下的发展趋势：

①半导体照明的应用：随着半导体技术的发展，半导体照明必将走入人们的生活，给人们带来便利和有效性更好的设备。半导体是指导电能力比金属差却又比绝缘材料好的一种物质，比如说硅、锗、砷化镓等。半导体的导电率可以被人们控制，也就是说人们可以通过控制导电率来控制电流的大小，因而在电子设备中有着很重要的应用。半导体的导电率会受到光和热辐射的影响而改变电阻率，而且在其中加入杂质也会改变其特性。由于其特性的可控制性、性能优良、轻便小巧、价格便宜，因此必然会得到广泛应用。而且，因为受到国家的大力支持，满足国家节能减排的目的，因而半导体照明将得到更加广泛的应用。尽管我国在半导体方面有很多方向处于世界顶尖水平，但仍坚持创新。因为创新使得我国的科学技术水平不断进步，更进一步推动智能照明系统的发展。随着二次光学、防静电技术的发展，智能照明采用的新技术更加快研发速度，满足人们的要求。正是各种技术的支持，才有了智能照明系统的一片蓝天。目前，半导体照明将会朝着以下方向前进：一是在液晶显示方面有着很大的应用，促进液晶显示的清晰化；二是会促使 LED 灯价格的下降，使其得到更加广泛的应用，走进人们的日常生活。

②绿色照明的应用：绿色是永续发展的必要条件。绿色发展是生活的主色调，人们需要做到节能减排。而灯具的使用在我国电力使用中有很大的比重，因而在质量有保障的前提下，必然会在绿色方面提出更高的要求。我国在现有技术的基础上，广泛吸取国外经验技术，促进我国真正可以实现可持续发展，实现建设资源节约型、环境友好型社会的目标。随着绿色照明的观念深入人心，我国绿色照明项目不断进步，实现了大约 80% 的节能，这也证明了我国绿色发展照明有着很大的潜力。绿色照明的兴起，必然会为我国发展注入新动力。

（2）设计方案

设计以智能照明的实现，满足人们个性化需求为目的，以单片机为基础实现控制。在电路方面，主要由各个模块与单片机的连接实现功能。传感器在与单片机的连接应用中发挥着采集信息的重要作用，是实现控制的基础模块。

在软件方面，主要通过 keil4 和 proteus 的联合运作来进行仿真，使得单片机能够按照预想实现其功能。当然，不是所有的功能都可以通过仿真来实现，因而就需要与实物不断结合，才能更快更高效地实现目标。

在实现方面，关键的部分是手机端的控制，与蓝牙的连接及其信息传送方式的选择，将会是智能照明控制系统实现的重点。而且，如何实现多端控制的共存也是很大的一个难题。

（3）研发方向和技术关键

①研发方向：

总控开关：供电控制。

声音控制：可以根据室内人员的声音来控制自身的亮灭。

光强控制：将光强信号转化为电流之后来控制室内灯的亮暗。

灯光颜色选择：灯光每灭一次再开启就会换一种颜色。

多灯控制系统：可以实现对整间屋子的灯光控制。

手机信息传输：通过蓝牙与手机相连，打开手机软件通过按键可以控制灯光的亮和灭。

②技术关键：无线控制的实现；无线与按键控制的兼容问题；光控与声控使灯亮之后通过其他端控制使其熄灭的问题。

7.2.2.3 软硬件设计

（1）硬件设计

智能照明控制系统的整体框图如图 7–37 所示。该系统包括光传感模块、AD 转换模块、声音控制模块、蓝牙模块、按键模块、显示模块以及单片机最小系统等七部分。另外包括对于整个系统的供电模块，因而对电池有一定要求。

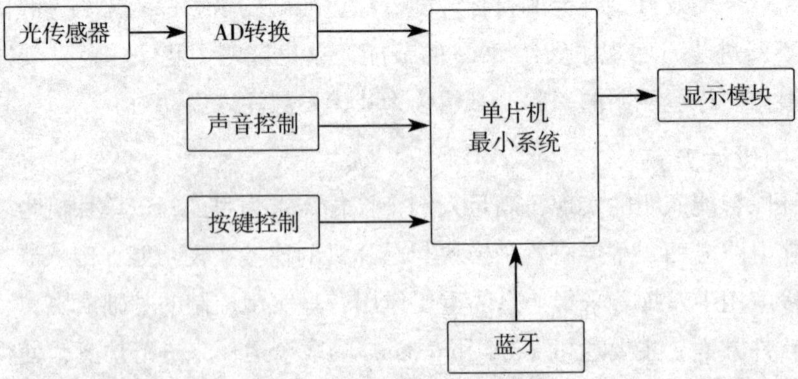

图7–37 系统总体结构框图

①光传感模块。

光照度的检测可以通过光传感器来完成，市面上的光传感器有很多，如光敏电阻、光敏二极管、晶体管等。本设计选择光敏电阻作为传感器模块。

a. 光敏电阻的优点：

一是其光电效应和供电模块的正负极无关，即可以随时工作，不存在极性相反而不能工作的问题；二是可以使用直流电源供电，使用直流电更加稳定，且能减少损耗；三是灵敏度好，即对光源的亮度变化有着很强的感知性，可以随时检测光强度；四是可靠性好，光谱特性好，反应速度快。光敏电阻比较特殊，它的阻值会随着光强而变化，且成反比。因而其上的电压值会改变，将电压值进行一定的变换，就可以再次得到光强度值。因为在选择灯具显示时灯光亮度不能改变，因而在实现亮度调节功能时就显示光强度值和亮度等级。根据光亮度的采集值将灯光亮度分为三级：当光照强度大于 300 lx 时，灯光不亮：当光照强度大于 200 lx 小于 300 lx 时，为一级亮度；当光强介于 100 lx 和 200 lx 之间时，为二级亮度；当光照强度小于 100 lx 时，为三级亮度。这样就可以根据需要来改变亮度。

b. 光敏电阻的主要参数：

光电阻：在一定的工作电压下，当有光照射光敏电阻时，它就会具有一定的阻值。由于其对光灵敏，因而其光电阻在不同光照下不是确定的，这也就为其实现光控提供了可能。

暗电阻：光敏电阻在室温、完全无光的条件下，经过一定的时间所测得的稳定电阻值称为暗电阻。

光电流：亮电流与暗电流之差称为光电流。

光敏电阻因为其光谱特性峰值分布在可见光范围内的优点，硫化镉光敏电阻适用于可见光的测量，而且硫化镉光敏电阻的伏安特性也很好，在工作范围内是一条过原点的直线，其阻值不会因为电流和电压的变化而改变，因此此设计主要采用硫化镉光敏电阻。而且硫化镉光敏电阻占整个光敏电阻生产的 90% 以上，应用十分广泛。因而，选择硫化镉光敏电阻进行系统的设计。

② AD 转换模块。

AD 转换就是将模拟量转化为数字量，根据转化原理，是先将模拟值按照一定的抽样频率进行抽样，然后将数值量化。抽样定理是模数转换得以实现的基础定理。本设计中，将光强度进行 AD 转换之后就可以进行光照强度的控制。将光敏电阻得到的模拟量进行转化，并于设定值比较，才会实现光的控制。AD 转换有很多不同的类型，其主要的衡量指标是分辨率、转化的速度、线性度和量化误差等。

AD 转换的基本方法主要有逐次逼近法、双积分法、电压频率转换法。本设计中，采用 AD 转换主要是为了将光传感器采集到的模拟量转化为数字量，为接下来将要进行的光控功能打下基础。

逐次逼近法：逐次逼近法就是单片机的寄存器从高到低将各位分别置 1，然后经过 AD 转换之后与输入模拟值进行比较，若小于模拟值，就将此位保留为 1，如果大于模拟值的话，此位就置 0，直到各位都比较完毕，将得到的二进制数进行转化，然后显示。

双积分法：双积分法就相当于是一个补偿过程，外界输入模拟量经过积分之后保存，假设其是一条过原点的直线，模拟量越大，则直线的最终值就会越大，然后单片机内部开始输入基准电压值对其进行补偿，直到直线按照一定的斜率降为 0。整个过程中，直线上升的过程和下降的过程都有一定的时间计量，基准电压补偿时间与基准电压和输入模拟值与输入时间之间有一定的关系，经过关系式就可以完成转化。

电压频率转换法：此法就是将输入的模拟量转化为脉冲信号，且输入电压越大，产生的脉冲数量就越多。在一定时间内对这些脉冲数量进行计数，然后经过转化之后得到与模拟量有关的数值，即 AD 转换过程完成。

通过对以上三种方法的比较，可发现它们各自的特点不同，应用方式和范围也就会不同：逐次逼近式 AD 转换设备具有很快的转换速率和很高的精度，且是对光强度的瞬时值进行测量，满足及时测量的要求；双积分法是对平均值进行转换，不能转换瞬时值，就会产生一定的误差，虽然抗工频能力强，但不适合此次设计的要求，而电压频率转换法不是特别常见。此设计选择逐次逼近法设备来完成 AD 转换。

XPT2046 内含 12 位分辨率 125kHz 转换速率逐步逼近型 AD 转换器。它具有四个输入接口，可以接光传感器、热敏传感器以及电压值的测量。虽然不能同时进行四个端口的输出，但是只要可以通过一定的控制，如通过按键来控制不同接口的选通，就可以通过时间上的不同完成多种数据的测量，集成化程度高，适合于多种场合。

③声音控制模块。

声音传感器模块的主要工作原理是外界声音的变化会引起其内部驻极体的电

压变化，从而产生一定的输出。现在的声音传感器有的具有 AOUT 和 DOUT 两个输出，给人们提供了更多的选择。其工作过程是当模块的咪头靠近发声源时，模块指示灯会亮起；当远离发声源时，模块的指示灯熄灭；随着传感器与发声源距离的变化，串口输出数据有相应的变化。之所以在设计过程中采用声音控制，是因为声音的检测更加灵敏，控制的有效性也会更高。

LM386 是市面上比较常见的声传感器模块，它具有工作电压跨度范围大、功耗低、结构简单和总谐波失真较小的优点，而且其灵敏度很高，可以充分检测外界有无声音和声音的大小。且 LM386 具有模拟和数字两种输出，若使用模拟输出，则可以听到具体的声音，但因为要求很高的采样频率，因而单片机不能胜任其转化要求。而若采用数字输出，就可以有高低电平的输出，经过单片机的处理，可以很容易地实现控制。

当 LM386 模块的探测端靠近发声源时，模块上的信号指示灯点亮，输出低电平并被单片机所接收，可以使得 I/O 口的电平发生变化。当模块的探测端远离发声源时，模块上的信号指示灯熄灭，输出改变，置 1。通过对两种输出方式的介绍和优缺点的比较，因为模拟量不能够代表信号的强度，且编程困难，因而最终采用数字量作为输出。

④蓝牙模块。

蓝牙是一种近距离无线通信的有效工具，支持点对点以及点对多的通信。蓝牙也有多种类型，且蓝牙的使用很广泛。尤其是蓝牙在手机的应用，为我们面对面传送数据提供了另一种选择方式。且蓝牙传输速率较快。蓝牙技术的优点：一是低功率，即蓝牙工作在电压比较小的情况下，一般是接 3.3V 电压，便于电池供电设备工作；二是很便宜，市场价格大约在 20 元，可以应用到低成本设备上，从而赚取更多的利润；三是可以进行数据的传输；四是低延时。目前蓝牙已经开发到 4.0 和 5.0 版本，传输距离有了很大加强，因而具有广泛的应用。采用蓝牙与手机相连，是整个设计系统中智能化的最主要体现。人们对于手机越来越依赖，几乎不会让手机离身，这也就使控制更加便捷，且打开蓝牙也不会对手机电力造成严重负荷。而且可以通过一些设计好的软件直接相连控制，只需要进行简单的编辑就可以使用，为用户提供了便利，也减轻开发者软件方面的工作量。

HC—08 是串口通信模块，其数据的传输主要通过串行传输来进行，可以节约大量的单片机 I/O 口。相比于以前版本，HC—08 在通信距离上有了很大的突破，在空旷条件下可以达到80m的超远传输距离，完全满足通信要求。且HC—08更新了新的指令集，给用户提供了更加广阔的开发环境。基于蓝牙4.0协议，也可以与很多软件直接进行连接，只需要对发送数据进行编辑，就可以很好地实现控制，大大节约了人们的工作时间与难度。HC—08具有主从工作模式，且人们可以对其进行设定，为多蓝牙的连接提供了平台。

⑤单片机最小系统。

使得单片机能够运行的最小硬件电路称为单片机最小系统，一般包括复位电路和时钟电路。选择单片机来实现系统，是因为单片机上手比较简单，且对于编程语言没有太高的要求，只需要用C语言就可以进行程序的编写，因而编程者很容易就可以实现自己的设计目标。51单片机有32个I/O口，可以外接很多的设备，包括声音模块、AD转换模块、光控模块、蓝牙模块等，单片机端口可以充分外接各设备，满足设计要求。而且单片机具有很多的优点：一是集成度高；二是结构简单，人们可以方便地使用，将各部分划分为各模块，让人们可以更清楚地分析与使用；三是有很强的可靠性，可连续工作；四是有较强的信息处理能力，且运行速度快；五是功耗低，在低电压下就可工作，因而只要连接一块小电池就可以生产便携式产品；六是控制能力强；七是对环境有适应性。

单片机最小系统包括以下几个部分：

①晶振电路：51单片机是12MHz的晶振。但若直接将此晶振接入单片机晶振引脚，会发现系统工作不稳定，这是因为晶振起振的一瞬间会产生电感，为了消除这个电感所带来的干扰，可以在此晶振两端分别加上一个电容，电容的选取需要无极性的，另一端需要共地。

②复位电路：复位电路主要作用是在单片机运行出现故障时可以重新启动运行。单片机引脚当中有一个RST复位引脚，而STC89CXX单片机又是高电平复位，所以只需要让这个引脚保持一段时间高电平就可以。在本系统设计过程中使用手动复位。不到系统崩溃，几乎不会操作复位。

③电源电路：任何电子器件都需要有一个合适的电源进行供电，这就好比人要吃饭一样，没有电源，系统是不会工作的。

④程序下载电路：下载文件到单片机。

STC89C51是一款高速且低功耗的单片机系统，是一种增强型的设备，相比于其他51单片机设备，其运行更加迅速，功能更加强大，但其基本原理和接口是没有什么太大变化的。使用单片机更加可靠，更加有利于实现节能、高效、环保的智能控制系统。

⑤模块连接。

本设计中所使用的开发板中，系统自主集成了一部分设备，包括按键模块、LED 模块、AD 转换模块和光敏电阻模块。

①光敏电阻的连接：光敏电阻未直接与单片机相连，因为它输出的是模拟电压值，因而是将其接在 XPT2046 的 AIN2 口，可以通过编程调动 XPT2046 来实现功能。

② XPT2046 的连接：其 DIN（串行数据输入端）引脚与 p34 口连接，可以在一定条件下将数据锁存。其将单片机发送来的数据锁存与 AIN2 口得来的数据进行比较；其 CS（片选信号）引脚与 p35 引脚连接；其 DCLK 引脚与 p36 端连接，从而可以接受来自单片机的时钟信号，便于同步。其数据输出端与单片机的 p37 口连接，将比较得来的值返还给单片机。

③按键模块的连接：四个按键分别与 p31、p30、p32、p33 连接，但因为 p30 口的第二作用和设计的需求，将 p30 口留出，外接设备，即 k1 按键无效，其余按键每一次按下都会使得其对应的接口电平置于低电位。

④ LED 模块：与单片机的 p2 口连接，单片机串口为低电平时可以亮起。

⑤数码管电路：p22、p23、p24 口通过 74hc138 控制哪一个数码管亮起，因而与 LED 共用 p2 串口，两者不可以同时工作。p0 口进行数据的发送，将要显示的数字通过 p0 口传送。

⑥蓝牙模块接口：由以上电路的连接，发现 p0 口和 p2 口已全部占用，因而将输出端口 TXD 直接与 RXD 连接，可以直接进行信息传输。

⑦声音控制模块：将声音模块直接与 p12 口连接，可直接对输入口的电平进行检测。

（2）软件设计

根据系统设计要求，通过 keil4 软件进行代码的编写，并在 proteus 上进行电路的搭建，以单片机为中心，将所需要器件与之相连。将代码写入之后进行程序的验证，若能够实现功能，则证明代码是正确的。当然，电路的仿真连接与实际电路会有差别，也就需要根据实际来进行仿真。在仿真过程中，有些器件是无法使用的，比如说声音的检测，就需要用按键来代替。

①软件设计流程。

系统上电之后初始化，检测是否有按键或者手机端的输入，因为按键和手机端是根据人们的需要来设计的，它们的优先级是最高的。若有输入，则根据输入内容去进行反应。若没有，则系统是工作在自动模式下，系统会检测周围的亮度值，并与设定的值进行比较，当小于其值时，证明此时光线较暗，若此时有人进入发出声音，则灯光亮起，若无人，则系统继续保持闭起状态。而且当灯光亮起后，还会持续检测周围光强度，根据光亮度改变灯光亮度，分为三个等级，更适合人们的要求。（图 7–38、图 7–39）

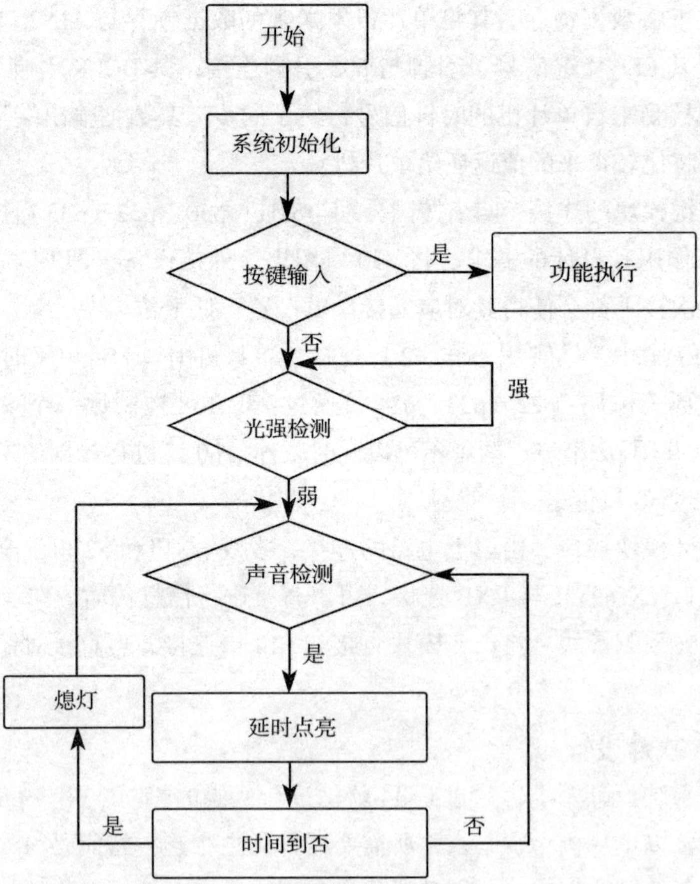

图7–38　系统整体流程图

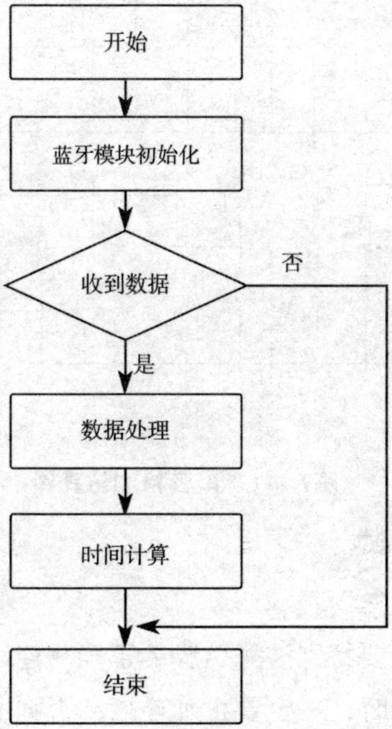

图7-39　蓝牙模块运行流程图

②软件仿真。

根据设计要求进行仿真，由于仿真软件的限制，只能进行一部分内容的仿真，包括按键、光声以及颜色选择的仿真。因为软件无法进行声音的检测，所以将声音用按键来代替。在仿真时，由于对实物缺乏了解，所以在接口方面可能会存在一定的偏差，但主要能仿真的功能都已经通过仿真进行了实现。（图 7-40、图 7-41）

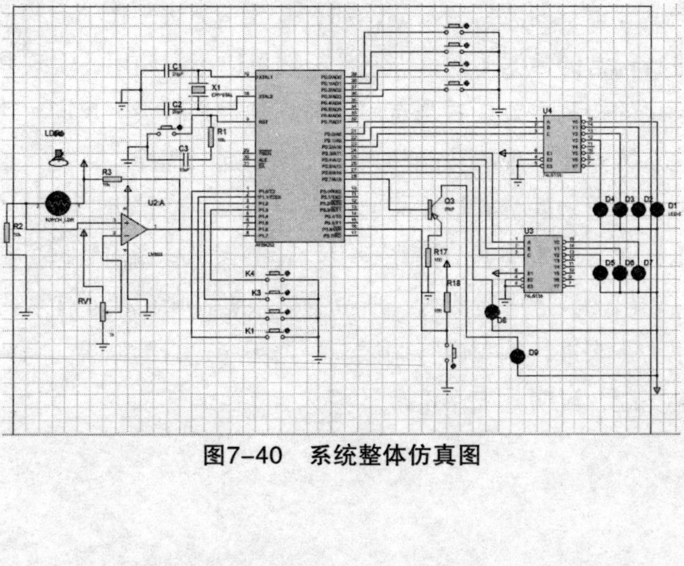

图7-40　系统整体仿真图

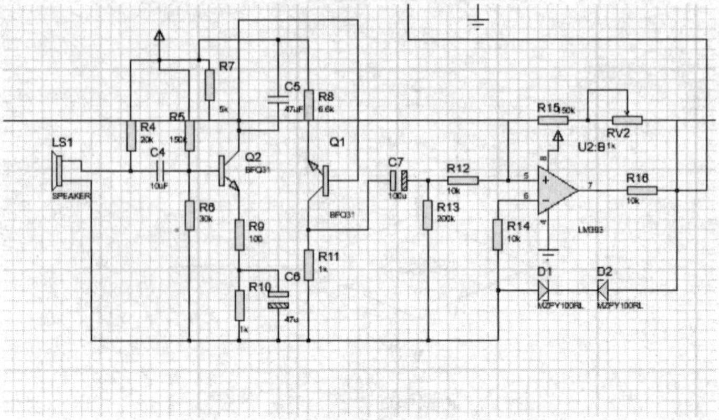

图7-41　声音检测仿真图

7.2.2.4　制作与调试

（1）硬件电路的连接

在进行实物连接时，要特别注意引脚的正确相连，否则可能会出现烧坏的情况。在与单片机引脚连接时，一定要正确连接，否则不能实现其响应的功能。

（2）调试

①对于蓝牙模块的调试，需要先与电脑相连验证各发送数据是否准确，方法如下：使用参数架连接模块与计算机，选择对应的模块型号；如不清楚模块波特率，可按“模块波特率查询”按钮查询当前模块的波特率，默认为 9600；也可以通过 AT+BAUD 指令来进行设定；发送 AT（或点击 HID 软件右上角的测试指令按钮），返回 OK，即为模块工作正常；通过手机 App 发送数据，看是否可以接收到正确的数据。在编写程序调试时，要特别注意波特率的设定，如果程序编写的波特率与蓝牙运行的波特率不同，那么蓝牙是无法工作的；当蓝牙与手机连接时，可以进行正常的数据传送，即蓝牙模块可以正常使用，实现其功能。

②声音模块的检测主要是看当有声音时，硬件是否会有反应。声音传感器的选择应该围绕系统需要实现的功能和系统设计原则来选择。首先，LM386 根据使用手册，模块在上电之后会有灯光亮起提示；当有声音接近时，另一个指示灯会亮起，还会根据声音的大小调节灯光亮度。其次，对其输出数据进行测试，由于缺乏设备对其输出的波形进行测量，所以直接根据使用说明：有声音时输出为 0，无声音时输出为 1 来进行编程进行调试。根据程序运行的结果，可以发现当有声音时，灯光会亮起，说明其工作正常。

③对于按键模块的测试，也主要是通过按键来控制 LED 灯光的亮灭来实现当按键按下时，灯会相应地亮起和熄灭，证明按键是正常的。

④对于光敏电阻进行调试，主要通过对光强度值的显示来进行调试，也对于 AD 的运行进行了简单的测试。

⑤对于整体的测试，主要是验证各功能是否成立，以及硬件的反应是否符合要求。防止各功能之间相互影响，出现混乱。最主要的问题是手机端控制与按键控制的并存运行问题，通过手机端调节亮度时不能够与光照的部分相互矛盾，这也是整个控制的关键；另一点是按键和手机的联合控制，按键和手机不能是单独作用，这样就会造成按键端开启，而手机端无法关闭等问题。

整个调试过程所遇问题如下：

①手机端和按键端的联合实现问题。在前期实现的过程中，只能是在灯具关闭的状态下才可以实现双端的控制，经过改善之后可以实现双端的开与关。

②光控和声控模块的问题。在光控和声控起作用之后灯亮起，就无法再通过按键和蓝牙关闭，只能等待延时函数结束才能关闭。

③声控部分的灵敏度很强，很小的声音就可以点亮，经过一定的延时处理，有了一定的改善。

7.2.2.5　结论

本设计实现了按键控制、光照度检测、声音检测、手机端控制、蓝牙信息传输等功能，达到了设计要求。

在按键控制方面，既可以通过按键来控制灯光的亮灭，也可以通过多次的闭合来实现灯光颜色的选择，满足人们对于不同场景的需求。

经过调试，由于灯光的亮度不能够改变，因此在亮度调节方面只能显示当下的光照值，并通过数码管来显示亮度等级，实现对于亮度的调节。

在声音检测模块方面，在调试过程中，由于对于所发送数据的不了解，走了很多的错路，最终虽然实现，但这方面仍然可以有很大的改进。

在蓝牙进行信息传输方面，采用串行传输来进行，可以直接实现对于灯光颜色的选择，满足人们对于不同光线的要求。